阅读成就思想……

Read to Achieve

CRIMINAL CAPITAL

How the Finance Industry Facilitates Crime

资本犯罪

金融业为何容易滋生犯罪

[英] 史蒂芬·普拉特（Stephen Platt）◎ 著

赵晓英 张静娟 ◎ 译

中国人民大学出版社
· 北京 ·

1988 年冬，我完成了从事数年的卧底工作——替巴勃罗·埃斯科巴（Pablo Escobar）和他的亲信们洗钱。这项隐秘工作给予我太多有趣的经历，例如，进入众所周知的最肮脏的银行——国际商业信贷银行（the Bank of Credit and Commerce International，BCCI）的董事会。国际商业信贷银行是世界第七大私人控股银行，它在全球范围内为毒枭、军火商、恐怖分子和逃税者提供资金支持。作为地下财富的"守门员"，国际商业信贷银行的工作人员教会了我他们所知道的全部洗钱技能。这次调查使近 100 名毒品交易者、洗钱者和银行从业人员被捕。这则丑闻常年占据新闻头条，令每个人，包括政府都震惊不已——世界最大的银行之一竟然与世界最狠毒的犯罪分子有着千丝万缕的联系。调查结束后不久，我和我家人的生命安全受到了威胁，我们不得不躲了起来。

当我正为将在美国和欧洲进行的刑事审判做出庭准备的时候，我在位于坦帕（Tampa）的美国海关办公室里注意到一张陌生的面孔。他是一名来自伦敦的学生，来研究我们的工作以完成他的大学论文，这对他来说的确是一个千载难逢的好机会。由于我待在办公室的时间很短，所以只能远距离观察他。他就是史蒂芬·普拉特。23 年后，当我再见到他时，我意识到他就是当年我在坦帕见到的那名学生。他之所以专攻法律并从事阻止金融犯罪方面的研究，就是受到当年国际商业信贷银行案子的影响。我很高兴，他一路走来的表现非常出色，这使得他对在岸和离岸两大金融中心的金融服务犯罪漏洞问题有着非常深厚的专业见解。现在，他无可争议地被视为全世界范围内该领域的领先从业者之一，深受政府和监管部门的信赖，所以他常被派去调查那些敏

感且对司法机构具有重要意义的案件。

在《资本犯罪：金融业为何容易滋生犯罪》这本书中，史蒂芬向人们呈现了一份无价之宝。他向读者展示了犯罪分子如何在金融机构的帮助下犯罪和洗钱。他考察了一系列不同的上游犯罪类型，解释了犯罪分子如何通过这些方式获得巨额财富，并且阐释了这些犯罪活动对银行甚至对所在区域的司法机构产生的巨大影响。通过向读者列举近十年来发生的大型银行洗钱丑闻，他讨论了洗钱行为为何会与金融领域的其他不当行为发生关联，比如过度风险、不当销售和汇率操纵等。

本书是作者经过充分调查后完成的诚意之作，它应该成为金融业专业人士，以及负责银行业重要改革项目的政策制定者的案头必备读物。

罗伯特·马祖尔（Robert Mazur）

前美国联邦特工

《卧底特工：走进银行洗钱案的幕后》（*The Infiltrator*）作者

　　在过去 20 年的大部分时间里，我对成千上万份来自世界各地各种金融机构的文件进行了彻查，这些机构之间有着千丝万缕的联系。为了客户的利益，它们或是协助犯罪，或是洗钱。起初，我试图保持一种平衡的观点，认为大多数金融机构主观上都会阻止非法经济活动的。但是，当卷入丑闻的金融机构的数量不断增加，我的主观经验不断受到冲击时，我意识到我必须作出改变。有一些观点认为金融服务行业天生带有毒性，对此我不敢苟同。但是金融业的确容易卷入协助犯罪或洗钱这类勾当，对此金融业应该采取更为强硬的防范措施。然而，要想使这些措施有意义，金融业就必须重新调整其价值。为此，检方和监管机构都必须"挥动大棒"。

　　我写这本书的目的在于让读者对金融服务机构的过度行为有所了解，并且我尽量避免使用行业术语分析那些被滥用的产品、服务、合约和关系，将它们的本质呈现给读者。在本书中，我试图将那些看似高深莫测的概念用通俗易懂的方式表述出来，并试图分析不同的上游犯罪类型以及金融服务机构是如何洗钱和滋生犯罪的。

　　毫无争议，我们要为客户保密，所以我在书中并没有透露任何具体客户和案例的细节信息。相反，凭借在职业生涯中积累的经验，通过虚构场景，我在书中阐明了金融服务行业对于犯罪行为是毫无抵抗力的，并希望通过本书达到两个目的：警示金融服务行业，使其采取更有效的预防犯罪的措施；帮助政府更好地支持这个行业的发展。

| 目录 |

击参与者的关键因素被采纳。

第9章 反制裁

对那些在政治上被视为危险的或不受欢迎的国家实施制裁很常见，但是近年来，其对国际金融环境的作用日益增强。而且，通过贸易和金融交易违反国际制裁制度已经成为当下银行和金融服务机构违反法律法规的重要原因。这种发展态势在很大程度上是由于美国在实施和执行制裁政策时所采取的激进方法造成的。

第10章 逃税/避税

逃税和避税是个人和企业常用的、为降低其纳税金额在其总收入和总资产中所占份额的方法。个人和企业常用的减免税收的方法有两种：合法的和不合法的。通常情况下，避税是遵守法律条文却不符合法律精神的减免税收的方法。然而，逃税通常涉及对资产真实价值的不实陈述、隐匿财产和低报应税收入等行为，这些行为没有在法律范围内进行，而是刻意违反了法律。

第11章 原因及对策

目前，我们处于一个立法和监管措施的风险都达到了收益递减点的阶段，需要进一步改革。这不仅是为了避免重蹈2008年金融危机的覆辙，并且也是为了解决金融机构参与洗钱和协助犯罪的问题。

第 1 章

金融业的有害行为

风险是银行业的同义词。每一笔贷款、每一项再融资协议都是由银行执行的一次风险管理操作，而这些操作都基于这样的共识：没有风险就没有回报，不承担风险和承担过度风险同样危险。

近年来，关于银行承担过度风险的事实和由此引起的后果被不断推到聚光灯下——理应如此。正如 2008 年金融危机所揭示的那样，大型银行的重要性以及它们与市场、政府之间的互联互通，导致一些金融机构因为承担过度风险而陷入瘫痪。然而，这些金融机构被视为"大而不倒"，也就是说，它们的崩溃可能不仅会为自己的客户带来灾难，而且还会将整个国际金融体系以及依附于该体系的一切卷入灾难。

然而，银行承担一定程度的风险对于全球经济持续健康的发展是有必要的：首先，企业的启动和发展需要资金支持，而银行贷款是其资金的主要来源；其次，就个人而言，购买住房、积存收入以备养老都需要银行，同时人们还可以通过投资银行债券获得收益；再次，国库也能从银行盈利的税收中获益（至少在国库不必拨付资金帮助银行摆脱困境的情况下）。总之，公众的利益驱使银行承担风险，但却因银行不能承担过度的风险而最终让纳税人买单。

意识到银行行为中的社会利益，就能解释为什么公众利益让金融机构承担并管理风险。在 2008 年之前，我一度认为金融服务机构的一些行为有违公众利益，并非只是因为其一贯都采用不恰当的风险承担方法。其中两个非常重要却被忽视的原因最终均指向了过度承担风险：银行业在洗钱过程中所扮演的角色，以及银行在直接滋生犯罪行业的活动中所扮演的角色。自 2008 年以来，过度承担风险和其他一些破坏性的活动，如不当销售、利率 / 汇率操纵等，经常会登上新闻头条；相反，关于金融机构洗黑钱以及相关的滋生犯罪等活动却并未被特别关注。此外，人们很少意识到潜藏在所有这些不当行为背后的共同原因，而这个原因对转变公众态度和改革至关重要。

金融机构参与洗钱和滋生犯罪是我们这个时代的两大弊病。因为有了金融机构，世界范围内的毒品交易、人口贩卖、偷税漏税、行贿受贿、恐怖主义等活动才有了可能。洗钱和滋生犯罪使得数百万普通大众蒙受苦难，而犯罪分子却逍遥法外，并且获得了丰厚的不法收益。更糟糕的是，大多数银行在整个过程中是无意识的（不排除少数监守自盗的）。如果大多数人得知他们的银行被不法分子滥用，肯定会感到震惊。事实上，这种对金融机构的滥用在更大程度上起因于部分银行的玩忽职守，而非政策性失误导致的洗钱和犯罪。然而，不论原因如何，最终产生的影响是一样的。

从广义上讲，本书并非谈论如何"定位"金融业。相反，它试图提出三个观点：第一，金融机构不计后果地承担过度风险、作出各种形式的有害行为、参与洗钱和滋生犯罪有多重原因；第二，在对 2008 年的金融危机作出回应之前，政策制定者和银行家们需要研究所有的相关原因，尤其是那些最鲁莽的无视法律的行为，可迄今为止，他们还没有这样做；第三，传统的洗钱模式是有缺陷的，而金融业仍以此为基础来预防金融犯罪，这就造成了金融机构本应该发现并阻止洗钱和滋生犯罪，却放任其发生并带来恶果，究其原因，就是金融机构一直在错误的方向设防，本书适时提出了它们需要的新型模式。

金融业就像一个病人，症状表现为过度承担风险、操纵汇率 / 利率、违反法律不当销售金融产品、洗钱以及滋生犯罪。本章对所有这些症状都做了大致的介绍，其中洗钱和滋生犯罪是植根于这个行业最致命的毒瘤，也是本书主要探讨的内容。

过度承担风险

众所周知，金融业过度承担风险是促成 2008 年金融危机的诸多因素中的关键一个。2011 年，美国参议院常设调查小组发布了一份报告。这份报告对数百万份文档资料和不计其数的采访进行了分析并得出了金融危机的原因：美国金融机构的高风险贷款、监管失败、信用评级虚高以及一些金融投资机构设计的高风险却低品质的金融产品。整篇报告有 639 页，提及"风险"这个词 1 200 余次。风险对于此次危机的促成作用可见一斑。

雷曼兄弟倒闭以及英国政府救助北岩银行（Northern Rock）、苏格兰皇家银行和苏格兰哈利法克斯银行（Halifax and Bank of Scotland，HBOS）等一系列事件都是银行业过度承担风险的结果。尽管受到了与西方的资本赤字不对等和新兴市场盈余等宏观经济因素的影响，本次危机的实质仍是一场资本的角逐，是资本的无序流动以及大规模的风险承担。银行的资本杠杆基础如此之高，以至于其标的资产的细微变动都会带来灾难性的后果。2008 年 9 月 15 日雷曼兄弟申请破产保护（见第 11 章）时，其杠杆率高得令人咋舌，而且它的资产价值暴跌，其他银行也紧随其后。雷曼兄弟提交给美国证券交易委员会的报告显示，2007 年年底之前，其杠杆率为 30.7∶1。这个比率在之前的几年持续攀升——2006 年为 26.2∶1，2005 年为 24.4∶1，2004 年为 23.9∶1——导致的直接后果就是使银行处于经营险境，尤其是在与住房相关的市场中，因为存在大量的住房抵押贷款支持证券。

对外行而言，一揽子抵押贷款、债务抵押债券（Collateralized Debt Obligation，CDO）、信用违约掉期（Credit Default Swap，CDS）等专业术语似

乎很难理解。事实上，如果我们忽略自助投资银行业务的专业术语，其所涉及的产品是相对容易理解的。而在 2008 年之前，多家涉及该类业务的银行进行了一场豪赌，赌注为拥有房产的业主们是否会偿还他们的房屋贷款。

金融危机使债务抵押债券臭名昭著。2013 年，著名导演马丁·斯克塞斯（Martin Scorsese）在他的电影《华尔街之狼》（*The Wolf of Wall Street*）中对此也有所提及。其背后隐藏的原理非常简单：债务抵押债券是指以某些可以交易的债务为抵押的有资产担保的证券。在债务抵押债券中，投资人和债券所有者有权收取偿还指定证券相关贷款所产生的收入。在危机发生的过程中，银行将一定金额的货币借给借款人，然后以债务抵押债券的形式将回收贷款的权利出售给第三方。通过债务抵押债券，提供贷款的银行已经释放了贷款的压力，所以它们对贷款是否能收回毫不在意。其结果就是它们无所顾忌地乱放贷，甚至不惜将贷款贷给那些毫无偿还能力的借款人（称为"次贷"）。这种体系刺激银行极力将尽可能多的款项借给尽可能多的借款者，而毫不关心这些贷款是否能收回。

银行认识到债务抵押债券是一个积极且持续的市场，它们欲罢不能地加入出售和购买债务抵押债券的行动中，甚至那些从事债务抵押债券发行和销售的银行也参与到从其他出借人处购买债务抵押债券的游戏中。它们如此愉快地参与其中，当然没有意识到自己正在参与一个传递定时炸弹的游戏。

信用违约掉期是债务抵押债券的一种补充形式。信用违约掉期类似于保险合同，凭借它，在标的贷款无法被偿还的情况下，债务抵押债券的卖方会被迫对买方给予补偿。债务抵押债券的投资人购买信用违约掉期，以对抗由作为债务抵押贷款支柱的住房贷款无法被按期偿还而带来的风险。投机者（包括银行）对标的贷款并不关心，他们开始购买信用违约掉期去赌那些贷款是否能被偿还。

多家银行设计并售卖债务抵押债券产品只是为了购买信用违约掉期对赌赔偿。它们假定借款人无法偿还贷款，而事实往往就是如此。事实上，银行正在发行和销售证券，并且可以通过押注它们毫无用处而获益。当美国的房产泡沫破裂，这场欢宴戛然而止，而信用违约掉期的售卖方还处于宿醉而无法自省。在某些情况下，其中受影响最大的美国国际集团（American International Group，AIG），其下属公司或是申请破产，或是申请了政府救助。简而言之，这些产品的不择手段导致国家赤字大规模增加，并引发全球经济衰退。

你或许很想知道债务抵押债券和信用违约掉期是如何适应伦敦高街的银行格局的？答案是：它们与从储户手里贷款、然后借钱给房产所有者的传统模式没什么关系。但是，自 20 世纪 90 年代以来，这些由疯子接管的外来投资银行业务产生了巨大的利润。正如十年前，巴林银行没有人肯屈尊询问尼克·李森（Nick Leeson）是如何在新加坡之外赚取巨额利润一样，现在的银行董事和风险部门以及其他市场参与者，包括参与起草法律文件的律师以及进行审计的会计师，都对债务抵押债券和信用违约掉期等一连串的活动丧失了理智，他们根本不去理会是否有合理的逻辑依据作为支撑。然而，美国银行（Bank of America）为此付出了惨痛的代价。联邦检察官和州检察长称，在金融危机期间，该银行两个部门蓄意曲解了抵押贷款支持证券和其他金融产品，这对投资者和美国政府造成了危害。2014 年 8 月，美国银行同意为该指控支付 166 亿美元的罚款，以进行民事和解，这也是美国历史上对此类事件开出的最大罚单。

如果你认为金融机构长期看不到它们系统中的缺陷，从而为风险承担提供了滋生犯罪的温床，没有人会反对。然而，事实并非如此。雷曼兄弟破产仅仅四年后，摩根大通银行在因涉及信用违约掉期的不良交易中损失数十亿美元后，被指控监管缺失、风控不到位。前银行员工布鲁诺·伊克希尔（Bruno Iksil）（绰号"伦敦鲸"）正处于风暴中心。他刚得到了金融衍生品市场的职位，并且对金融机构或个体能否偿还贷款进行了一系列的押注。在损失明朗之前，摩根大通银行的 CEO 杰米·戴蒙（Jamie Dimon）认为此事是小题大做，而未给予关注。当发现这些交易引起的损失高达 60 亿美元时，他不得不回过头来调查此事。戴蒙本应在 2008 年金融危机前期就重视此事，但是当时他认为银行关于投资证券组合的策略是有瑕疵的、复杂的、评审不合规的、执行不够的、监管缺失的。这发生在雷曼兄弟破产四年后，此时正处于一个后见之明的环境中，但波动和风险仍在阔步前行。

截至 2013 年 9 月，监管部门因 "伦敦鲸" 的交易事件而收到的罚款已达 9.2 亿美元。在所有计划中，人们很少想到，其实这个数字约为该银行在 2012 年公布的 213 亿美元净利润的 5%。从某种程度上讲，戴蒙的离开也是相对幸运的：虽然在 2012 年他的限制性股票减少了 54% 至 1 000 万美元，这让他看起来像是遇到了财务挫折，但是 2013 年，这个数字迅速飙升至 1 850 万美元。与其固定薪酬相加后，该数字在之前的几年中一直在 1 500 万美元上下浮动。

利率操控

除了过度承担风险之外，还有另外一些做法也在啃噬着全球金融体系的稳定性，侵蚀着公众信任，其中一个典型的例子就是全球基准利率被操控。从表面看，你可能看不出这与洗钱和滋生犯罪之间的关系，但是当我们重新聚焦于产生这些操作的背景时，它们之间的联系就一目了然了。

最近的一个典型案例是银行操控关键市场汇率伦敦同业拆借利率（the London Interbank Offered Rate，LIBOR），即使欧洲银行间欧元同业拆借利率（Euribor）和东京同业拆借利率（Tibor）已经因被操纵而陷入了困境。LIBOR 创建于 20 世纪 80 年代，是通过各银行每日提交的利息计算得出的一项基准利率，在伦敦具有举足轻重的地位。银行为了从其他银行借款，需要提交各自现行的实际利率或者即将执行的新利率，而且须每日回答以下问题：你可以在何种利率下拆借资金？你是否会在上午 11 点之前（11 点被认为是伦敦交易所每日最活跃的时段）提出要求，并接受同业在合理的市场价格下报出的利率？银行提交的利率都是经过 "修剪的"，其中最高的和最低的利率在提交前都已被剔除，只剩下平均水平的利率。每天上午 11：45 公布的 LIBOR 也并非银行间实际执行的拆借利率，它可以被视为市场的风向标：如果银行对市场保持乐观态度，它们会选择报低利率；如果银行看空市场，它们就会报出一个相对较高的利率。关键是，抵押贷款和学生贷款一般都以 LIBOR 作为参考利率，并参照贷款和价值超过 300 万亿美元的金融合同。因此，任何对利率的操控都会对市场造成损害，并对无数的消费者产生影响。

当银行间通过报高或报低利率造成一种假通胀或通缩的假象而让大众误以为它们有极高的信誉，或者通过交易赚取利润时，LIBOR 丑闻爆发了。调查结果显示，LIBOR 成员银行之间在每日提交银行利率时存在明显的欺诈和串通现象。操控之所以能发生，是因为在利率提交的过程中，需要结合人为判断和专家意见（并非完全依赖自动生成的数据），而且一直以来，直到最近改革之前，利率的提交过程都是"自主管理"的。由金融机构提交利率本身就是一个矛盾，因为这些金融机构本就是利率的贡献者、使用者以及市场的参与者。这就具备了冲突的各种要素。

巴克莱银行是首家因操控 LIBOR 和 Euribor 而接受政府调查的银行。在美国，其与司法部达成一致，接受 1.6 亿美元罚款以平息相关调查；同时，美国商品期货交易委员会作为金融衍生品的监管机构，要求巴克莱银行支付 2 亿美元的罚款。英国金融服务管理局（如今的金融市场行为监管局）迅速行动，对巴克莱银行开出了 5 950 万美元的罚单——从早前商议的 8 500 万罚款折扣计算而得。该丑闻公开披露了巴克莱银行主席马库斯·阿吉乌斯（Marcus Agius）和首席执行官鲍勃·戴蒙德（Bob Diamond）的罪责。在英国金融服务管理局的多项调查结果中，有一段巴克莱银行的某交易员和外部交易员直接关于 3 个月期美元 LIBOR 的亲密对话："兄弟……你们的 34.5、3 个月期固定利率如何……告诉他将利率抬起来。"外部交易员这样答复："我会马上告诉他。"当独立审查 LIBOR 的人员要求将这份谈话副本保留以佐证利率提交过程，尤其是内部和外部交易员之间的提交过程时，巴克莱银行肯定没想到。

苏格兰皇家银行及旗下苏格兰皇家银行证券日本公司（RBSSJ）同样也卷入了丑闻。所谓的"事实陈述"成了"延缓起诉协议"（DPA）的一部分（一方主动承认某些事实，但并不承担费用，也不会被定罪）。该协议由苏格兰皇家银行与美国政府订立。协议称，自 2006 年至 2010 年，苏格兰皇家银行证券日本公司的衍生品交易员谋划了通过操纵或正在操纵 Tibor 进而欺骗苏格兰皇家银行合约方的骗局。该交易员通过与苏格兰皇家银行日元 LIBOR 的提交人勾结，向汤森路透（Thomson Reuters）提供虚假信息误导其判断，从而误导了最终公布的利率计算，并试图影响日元 LIBOR 的发布。延缓起诉协议中对该名苏格兰皇家银行证券日本公司交易员行为的评断，被当成一个通用的描述银行高墙内那些不当行为的范本："交易员从事这种行为可以确保他们的交易头寸，从而增加他们的利润，减少他们的损失。"延缓起诉协议中收录了交易员之间大量令人震惊的在线交谈片段。

> 瑞银集团的一位衍生品交易员汤姆·海耶斯（Tom Hayes）向苏格兰皇家银行的一位日元衍生品交易员问道："你能帮我个大忙吗？能让你们负责现金的同事在接下来的几天将 1 个月期的 LIBOR 调低吗……下次你需要的话，我可以帮你，作为回报……只要与你们的固定利率不冲突就行……接下来的几天保持日元有 300 万的固定利率……"下班后，海耶斯这样向这位交易员致谢："已回家，梦到 1 个月期 LIBOR 已调低！"

罚单源源不断地涌来。苏格兰皇家银行证券日本公司在一次操控日元 LIBOR 的通信欺诈案中认罪，并同意支付 50 00 万美元罚金。其母公司苏格兰皇家银行被英国金融服务管理局处以 8 750 万美元的罚款，原因是其"普遍的"不当行为，其中包括至少 219 次不当请求和不计其数的口头请求。美国商品期货交易委员会向苏格兰皇家银行开出了 3.25 亿美元的罚单，美国司法部也开出了 1.5 亿美元的罚单。2013 年年底，苏格兰皇家银行再次因操控利率被欧盟委员会调查并处罚金 3.91 亿欧元。

2014 年，苏格兰皇家银行报告了其自接受政府补贴以来最大的损失，并预留出 30 亿英镑用以刑事诉讼和用户索赔。苏格兰皇家银行此次公开的低姿态使其在由消费者监督的银行家奖金的竞争中名列前茅。

关于 LIBOR 的戏剧化故事有很多，而且还有许多迂回曲折的案例。2013年，在一个高度崇尚集体诉讼的城市——巴尔的摩，有"很大比例"的关于银行涉嫌操纵 LIBOR 的诉讼被美国法院驳回。与此同时，在英国，律师事务所代表城市在试水。豪斯菲尔德公司（Hausfeld LLP）在代表护理院经营商 Guardian Care Homes 进行的针对巴克莱银行操纵 LIBOR 的诉讼中胜诉，该案涉案金额高达 7 000 万英镑，于 2014 年 4 月判决。英国严重欺诈办公室、英国金融市场行为监管局和美国政府组成了联合调查小组，对本案涉及的操纵 LIBOR 的行为进行了调查。在英国，针对前瑞银集团和花旗银行交易员、巴克莱银行前员工、RP Martin Holdings、毅联汇业集团（ICAC Plc）的刑事诉讼也正在进行。

《惠特利评论》（Wheatley Review）在关于 LIBOR 的评论中这样写道："《2000 年金融服务和市场法》（FSMA 2000，它赋予英国金融服务管理局法定权力）规定，我们既不用听命于 LIBOR，也不管理它。"这个想法真是令人吃惊。报告称，英国金融服务管理局的工作会在 LIBOR 提交和其他相关的规范化活动的基础上推进，而且并没有可直接适用于这些金融行为的具体的规章制度。总而言之，在全球金融市场上，针对约 300 万亿美元金融工具的关键利率的提交并没有具体的规章制度。目前，作为评论的调查结论，认为存在使服从 LIBOR 成为一种受监管活动的有力证据是令人费解的。监管者在金融业的某些角落推行有效监督的过程中存在滞后现象，而这恰巧是对金融业激进冒险、投机取巧地开展业务从而取得发展的唯一"贡献"。

LIBOR 也面临着利息冲突，这是业内的普遍问题。《惠特利评论》认为，作为名义上对服从利率的银行起监督作用的组织，英国银行家协会严重渎职。结果是，经过 2014 年的公开招标，前期管理 LIBOR 的机构被基准监督机构 IC Benchmark Association 取代。

麻省理工学院金融学教授安德鲁·罗（Andrew Lo）曾说过，LIBOR 丑闻与金融市场历史上的金融欺诈比起来简直是小巫见大巫。但是这一言论背后的时效性被广泛关注，因为调查人员揭开了外汇基准汇率背后的秘密。据英国金融市场行为监管局局长于 2014 年 2 月披露，对外汇市场的操纵并不比对 LIBOR 的操纵好到哪里。然而，关于金融业一系列不当行为的案例被进一步披露，多家银行的交易员被指控利用在线信息群组共谋操控外汇汇率，并且以"土匪俱乐部""卡特尔""黑手党"等身份混迹在互联网中，利用在线信息群组交换彼此的客户订单信息。事实上，很久以来，投资银行就已经禁止一些交易员使用此类线上聊天室，其目的在于遏制这些冒失行为，但是其效果如何，只能等到监管者建立起关于操纵的等级制度之后才能见分晓。事实上，监管已经初见成效——据《金融时报》报道，已经有 9 家银行超过 18 名的交易员被停职、责令离职或解雇。

我们的结论是，在充分考虑到各种利益之间的冲突以及监管者和中央银行的作用之后，或许存在人为操纵利率／汇率的现象。当然，这一结论并不只适用于该领域。如果我继续讨论下去，金融体系在辨识和阻止此类大规模操控中的失误就更加明显了，而这种失误是由影响行业内一切活动的疏失导致的。

违规销售

最近爆发的另一桩特征分明的丑闻是伦敦高街多家银行自 2000 年以来违规销售了支付保护保险（Payment Protection Insurance，PPI）。这也是近几年来造成损失最为惨重的银行违规销售产品的案例。支付保护保险的违规销售涉及英国银行业多家著名企业，包括劳埃德银行、巴克莱银行、汇丰银行、渣打银行、苏格兰皇家银行和全英房屋抵押贷款协会。这些涉事银行自 2011 年 1 月以来共支付罚金 133 万英镑，这个数字还将翻番。尽管被称为最大的金融业违规销售丑闻，从某种程度而言，违规销售支付保护保险的影响远不及城市其他的违规行为。约翰·兰彻斯特（John Lanchester）将此种情况描述为"所有关于支付保护保险的想法从骨子里就不那么吸引人，从其生硬的缩写到事实，无不显示所有关于支付保护保险的丑闻都那么了无生趣且毫无格调"。尽管如此，此类或其他类型的违规销售正在争夺金融业有害行为之最，究其根源就是整个金融业都与洗钱和滋生犯罪纠缠不清。

支付保护保险的违规操作使得保险销售与住房贷款、商业借贷、信用卡等捆绑在一起。这样一来，如果借款人因丧失收入来源或者疾病等原因导致经济状况改变而无法偿还贷款时，支付保护保险可以帮助他们还贷。支付保护保险合同昂贵、无效且无用，常常被销售给那些根本无力索赔的人。Money Advice Service 由英国金融市场行为监管局监管的金融服务公司提供资金而建立，它细数了银行和金融企业在兜售保险时的诸多失误，其中包括消费者被告知保险属于强制购买产品，更有甚者，售卖保险的公司甚至不问客户是否已经购买过其他可以涵盖相关贷款的保险。支付保护保险的销售人员甚至采用了压力策略，一位销售人员曾这样说服一位潜在客户："就我个人而言，设身处地地为您着想，我认为加一道防护措施是上上之选。"然而英国的金融业巡视专管员对此有不同的看法，他呼吁从业人员将业务做好。

劳埃德银行在这桩丑闻中遭受了尤为严重的创伤。2011 年 5 月，劳埃德银行从最高法院撤诉，以避免对支付保护保险的一些索赔案件的赔付，之后劳埃德银行又宣布其已经预留出 32 亿英镑用于保险理赔。理赔成本因此急剧上升。2014 年 2 月，劳埃德银行宣布它们将第七次提高理赔估值，它们预计支付保护保险的理赔金额不超过 100 亿英镑，但劳埃德银行的灾难并未在此终结。2013 年 2 月，三个集团因延期支付了 140 000 名客户的支付保护保险索赔申请而被金融证券协会处以 4 300 万英镑的罚金。支付保护保险业务崩溃的直接后果是劳埃德银行于 2013 年年初宣布将对前任首席执行官的红利做部分收回：埃里克·丹尼尔（Eric Daniel）2010 年本应拿到 145 万英镑，最终降至 30 万英镑。雪上加霜的是，BBC 的一项调查声称，劳埃德银行通过启动一项"另类赔偿"机制调整了一些索赔人，该机制允许假定消费者在其他机构已经购买了更便宜的保险而未选择劳埃德银行发行的有缺陷的保单。

从表面上看，违规销售似乎完全不同于无节制交易高风险衍生品，也有别于日本交易员教唆同事操作基准利率。但究其本质，所有这些操作都基于同样的原因：利益冲突，监管缺失，外加一套共同的理念。所以，这些因素最终会导致整个金融体系的稳定性遭到破坏。其中一个确定的事实是银行越大，越可能缴纳大额的监管罚款，因为其资产负债表可以消化更为严重的冲击。在这些情况下，我们已经看不见刑事赔偿的身影。正是这些因素，再加上后文会详细讨论的其他一些因素，为洗钱、协助犯罪、逃税、破坏制裁等行为的发生创造了条件。可悲的是，用于侦查和预防犯罪的方法也是有瑕疵的。只有这些共性被全部发现并认可，以及人们建立了新的思维方式，否则犯罪分子滥用金融服务体系的现象仍将无法杜绝。

逃避制裁

偶尔会有这样的报道，银行机构，包括瑞银集团、劳埃德银行和瑞信银行这样的机构，有时会因为这样的原因被调查：曾为受制裁的个人或公司提供金融服务，尤其是受美国制裁的对象。巴黎银行最近被曝光存在这种行为，其于 2014 年 6 月达成的一项价值数十亿美元的协议正是此类协议中涉及金额较大的。虽然后续章节讨论的不是相同类型的上游犯罪（贩卖毒品、恐怖主义融资等），但逃避制裁使那些以罚款或银行结算名义得到的资金有了保证，而巴黎银行的这个案子让人们对银行因参与此类活动而获得的日渐丰厚的收益更加关注。

制裁有时被国际社会当作一种向某些政府、特定组织或个人施压的一种工具，很大程度上它被当成一种行为制约手段。目前联合国针对伊朗和朝鲜的制裁主要是为了阻止这些国家购买或增加它们的核武器存量。而那些针对基地组织、塔利班、"伊斯兰国"（IS）和特定个人而制订的制裁计划旨在防止资本被用来发展恐怖主义活动。

多数欧盟国家主导的制裁政策的多数条款都引自联合国和欧盟的政策，美国的制裁政策则是部分实施欧盟的制裁条款，部分由美国单方面制定。其对古巴及古巴民众实施的颇具争议的制裁就是单方面制定制裁政策的一个典型案例。美国的所有制裁政策都由一个名为海外资产控制办公室（OFAC）的机构管控，该机构隶属于美国财政部，似乎其权力仅次于白宫。

无论身居世界何处，所有的美国公民或法人都应依法遵守美国的制裁政策。所有的美元电汇都需要一名美国公民的介入（由美国清算银行进行），即便该笔汇款发生在两家非美国银行之间。因为美元仍然是实质上的世界储备货币，这样一来，如果非美国的金融机构想要与受美国制裁的国家、机构和个人进行贸易往来，难度非常大。对此，很多非美国银行采取了一些应对之策，比如通过伪造发送给美国清算银行的交易电文或隐瞒交易手段等方法，它们便可以继续帮助受美国制裁的客户或交易双方办理美元交易。这些方法有效地防止了那些涉及受美国制裁的交易被美国银行识破，从而使得交易顺利进行，而没有被终止或冻结。

这种类型的逃避制裁的事例至少可以追溯至 20 世纪 80 年代，而美国对此类事件的调查只有十多年的历史。瑞银集团是首批因此类事件被点名而与美国当局协商解决的国际银行之一。2004 年，瑞银集团向美国纽约联邦储备银行缴纳了 1 亿美元的民事罚款。瑞银集团被控在与受美国海外资产控制办公室制裁的国家进行美元交易时存在"欺诈行为"，而这个交易是美国联邦储备委员会的扩展托管库存计划（Extended Custodial Inventory，ECI）的一部分。

ECI 计划始于 20 世纪 90 年代中期，旨在支持新设计的具有水印、光变油墨等防伪标识的 100 美元纸钞的采用和发行。该计划最初是帮助这种 100 美元的纸钞在欧洲等国发行，但随着不断发展，ECI 计划渐渐演变为一种机制，拥有 ECI 计划授权的银行可以推行美元国际化，这些银行的职责之一便是在货币流通过程中渐渐替换老版纸钞，并且报告伪钞情况。

在一次众议院的会议上，美国联邦储备委员会总顾问托马斯·巴克斯特（Thomas Baxter）详细回顾了对瑞银集团的调查过程。他回忆了《纽约时报》发表的一篇文章，文章中报道了美军是如何偶然发现藏匿在位于巴格达的萨达姆·侯赛因宫殿里总价值 6.5 亿的 100 美元纸钞的。当发现其中有部分纸钞来源于美国联邦储备委员会后，一项通过纸钞序列号追踪纸钞流动的调查启动了。当时瑞士的监管机构——瑞士联邦银行委员会（EBK）——也对调查施加了影响，但是收效甚微，因为任何具体认定的罪犯都会认定瑞士联邦银行委员会根本没有开具罚单的资质，其继承者瑞士金融市场监督管理局（FINMA）今天同样面临如此尴尬的境地。

调查发现，瑞银集团在参与 ECI 计划期间，与美国海外资产控制办公室制裁的伊朗、古巴、利比亚等国有秘密交易（虽然不是直接与伊拉克交易）。在秘密交易的性质和范围明确之前，瑞银集团极力撇清关系，声称某些特定的交易都是"操作失误"。但是，联邦储备银行却有不同的发现。他们称，瑞银集团的员工采取了非常积极的步骤去隐藏这些交易，其中包括伪造合同规定强制提交的美元交易月度报告。

除了在美国缴纳了 1 亿美元罚款外，瑞银集团还受到了瑞士联邦银行委员会的公开申斥。而瑞银集团在瑞士既没有受到任何经济处罚，也没有承担任何法律后果，只是被列入了"瑞士淘气鬼"名录，它的"玩具"一件都未被没收。尽管如此，美国联邦储备委员会还是对瑞士联邦银行委员会的这一公开申斥给予了赞扬："据我们所知，瑞士政府如此严厉地谴责瑞士最大的银行，这在瑞士历史上是前所未有的。瑞士银行联邦委员会采取的这一行动证明了他们与我们一样无法容忍交易欺诈。"

有别于这种类型的欺诈，那种刻意伪造与受制裁对象之间的银行付款电文的行为被称为"脱皮"，近年来，好几家银行因为这种"脱皮"行为被美国当局罚款数十亿美元。"脱皮俱乐部"的各方成员将在第 9 章介绍，以此来说明诸如逃避制裁之类的行为达到何种程度能在制度上被接受。但是，劳埃德银行和瑞信银行的案例又是简单了解这种行为的很好的入门案例。

美国的一项调查披露了劳埃德银行如何在 20 世纪 90 年代中期和 2007 年，通过伪造与受美国海外资产控制办公室制裁方（伊朗、苏丹、利比亚的一些企业）的环球同业银行金融电信协会（the Society for Worldwide Interbank Financial Telecommunication，SWIFT）的美元支付信息，从而违反了美国海外资产控制办公室的相关规定和美国法律。劳埃德银行在获悉这一消息时大为震惊。这些 SWIFT 信息常常被金融机构用于发送和接收互相之间付款指令，也是国与国之间进行银行电汇必不可少的环节。

2009 年，劳埃德银行在进入延缓起诉协议时陈述了自己如何删除了付款信息中的数据材料，以避免被美国监管机构的过滤器识别出那些与受美国海外资产控制办公室制裁的对象的交易。在此之前，该银行曾经承认自己有严重且系统的违规行为。这一行为使劳埃德银行的美国代理行能够操作那些可能被禁止的付款业务。

延缓起诉协议描述了这种"脱皮"活动背后的机制上的一些细节，揭示了劳埃德银行的付款操作员如何在机打的付款指令上做记号，以显示哪些信息需要变更，包括删除向伊朗或其他受制裁的实体付款的信息，或者参照 SWIFT 付款指令中的第 52 字段（识别开证行）。这种行为似乎是相当常规的做法，甚至在一些内部备忘录中也被归为"正常"。调查发现，劳埃德银行还指派专人在必要的时候专门负责审查和修正向英国的伊朗银行（分行或子行）支付美元的 SWIFT 信息。

关于劳埃德银行作为一个英国的金融实体，是否需要遵守美国海外资产控制办公室的相关制裁法规曾引发了内部讨论。在这场争辩进行期间，劳埃德银行鼓励其伊朗客户先行离开以蒙骗"山姆大叔"。与此同时，劳埃德银行的工作人员与伊朗银行的相关负责人会面，教会他们如何不被美国海外资产控制办公室的过滤器发现的方法。据相关法律文书记录，伊朗银行被"指导"在 SWIFT 信息中有关开证行信息的一栏中统一填写一个句号、连字符或其他符号而不是空着，这样就可以有效躲避数字过滤器的识别。

据延缓起诉协议汇总，在 2002 年至 2004 年间，劳埃德银行在伦敦替伊朗银行处理了大约 3 亿美元的汇款，这些汇款最终都通过美国代理行处理完成。在 2002 年至 2007 年期间，劳埃德银行帮助苏丹银行的客户通过美国代理行处理了大约 2 000 万美元。2002 年至 2004 年期间，劳埃德银行帮助利比亚客户通过美国的金融机构处理了大约 2 000 万美元的汇款。劳埃德银行同意为这种不当行为承担 3.5 亿美元的罚款，这是当时因违反美国制裁条例而开出的最大额罚单。

在 2009 年 2 月英国下议院的一场辩论中，此事件被公之于众。当被问到对于美国的调查，英国方面为什么没有相关的诉讼应对时，时任英国财政部财政司司长的史蒂芬·蒂姆斯（Stephen Timms）表达了他对本案的看法，他强调了单边制裁存在着与生俱来的矛盾。

我们可以因不遵守英国法律而提请诉讼，却不能因为违反美国法律而提请诉讼。如我之前申述，美国对劳埃德银行的调查是关于违反美国制裁条例的调查，我还没有看到本案中有任何涉嫌违反英国法律的证据。同样，我也没有发现本案有任何涉嫌违反国际制裁

条例、反洗钱规章或反恐怖主义金融条例的证据。这与美国在该案
中的调查结果是不谋而合的，它只是违反了美国的制裁条例。

另外一个案例也发生在 2009 年，瑞信银行面临 5.36 亿美元的罚单。该指
控称瑞信银行伪造了与伊朗、苏丹、利比亚、缅甸、古巴以及查尔斯·泰勒
（Charles Taylor）统治的利比亚政权的美元交易信息。这些交易的发起国是英
国或瑞士而非美国，但事实上它们牵扯到了美国银行将瑞信银行置于美国海
外资产控制办公室的指控下。指控特别提及了 1998 年瑞信银行发出的一份文
件，该文件向伊朗客户解释了如何能较好地避开美国的制裁过滤系统，同时，
瑞信银行还专门采用了一套系统，所有面向伊朗的支付在发往美国银行之前
都要经过人工审核。很显然，所有这些步骤都不是因为合规性差或是对规则
掌握不好，而是蓄意为之，其目的在于欺骗系统，避免美国海外资产控制办
公室的处罚。

大部分因违反美国制裁条例而被问责的银行也出现在涉嫌洗钱和协助犯
罪的金融机构名单上，这并非巧合。关于洗黑钱以及金融机构常用的洗钱方
法将在第 2 章中介绍，在本章中，指出这一行为在多数国家都被视为非常严
重的犯罪行为就已足够。的确，洗钱是非常严重的犯罪行为，而且很多金融
机构根本没有能力对这种行为制定有力的防范措施。

洗钱

洗钱有很多种定义，但大多数定义都是无用的。从本质上讲，这种行为
一般涉及金融机构与客户达成的某种协议，以帮助相关客户保留或控制犯罪
财产。这种协议经常有额外的好处（从客户的角度来说），它通过将客户非法
所得的原始形式（如现金）变为其他金融工具（如贷款收益），从而帮助客户
隐藏或改变其非法所得的不合法本质。近些年来，两起比较著名的洗钱丑闻
分别涉及美国运通银行和汇丰银行。

2007 年，大众熟知的美国运通银行就因违反反洗钱规定和流程与美国签订了延缓起诉协议。据称，该银行在 1999 年至 2004 年间违反了美国《银行保密法》中的反洗钱规定，有大约 5 500 万美元通过运通银行账号得以流通。这些钱是被外界称为"比索交易黑市"（BMPE）的洗钱系统"洗"过的贩毒走私款和黑钱。据透露，已有卧底特工渗透进哥伦比亚组织内部，掌握了可以通过运通银行洗钱的证据。此外，美国运通银行还通过操作多个表面看似由南美的合法企业控制的银行账户来处理高风险的"平行货币交易市场"的交易，而这些账户实际是空壳的离岸公司。美国运通银行系统性地忽视了账户滥用现象，而这些账户本身被没有合法理由的第三方公司控制；此外，这些账户经常发生大量与账户持有人或持有人的业务毫无关系的电汇业务。风险分析系统显然是不够的，尤其对于佛罗里达州这个高危涉毒地区。此外，该银行对于这些账户的真正持有者的身份以及这些款项的来源都没有给予足够的重视。美国运通银行曾于 1994 年与美国司法部签署了和解协议，也曾因类似指控被开出大额罚单，但是终究未能改变其状况。

2012 年，美国参议院常设调查小组委员会讲述了在对汇丰银行反洗钱程序的调查中遭遇的同样令人不安的挫折。报告描述了汇丰银行墨西哥分行的历史。早在 2004 年，当汇丰集团的合规官问一位墨西哥同事为何一家发售旅行支票的公司突然之间就生意蒸蒸日上时，担忧就出现了。2004 年的前三季度，汇丰银行墨西哥分行的销售业绩就已经超过了 1.1 亿美元，这一数据占到整个汇丰集团全球旅行支票业务的 1/3。2008 年，墨西哥的金融情报单位通报了汇丰银行墨西哥分行，称在其 2007 年调查的大多数关于洗钱的案件中，许多交易都是通过汇丰银行进行的。2008 年，汇丰银行的全球合规官大卫·巴格利（David Bagley）与汇丰银行墨西哥分行的反洗钱业务主管莱奥波尔多·巴罗佐（Leopoldo Barroso）进行了一次离职会谈，并被记录在案。据巴格利回忆，当时巴罗佐就预言汇丰银行必将面临刑事裁决，只是时间早晚的问题。巴罗佐还提醒他，墨西哥 60%~70% 的洗钱活动都是通过汇丰银行进行的。2010 年 10 月，汇丰银行被美国监管机构——美国货币监理署（the Office of the Comptroller of the Currency，OCC）勒令停业整改，美国货币监理署还要求汇丰银行改善其反洗钱系统。同时，作为调查小组委员会的案例研究，汇丰银行的内控被精细剖析。汇丰银行在墨西哥及其他地方的失败造成了 19 亿美元的损失。

洗钱是一项发生在"下游"的犯罪活动，因为上游犯罪产生了非法所得，进而需要清洗。正因如此，大多数银行为了避免处理犯罪所得，把大量精力集中在调查资金的来源及其归属问题上。然而，金融业的脆弱性也延伸到了上游，许多产品和服务都可以为犯罪分子所用，他们进行上游犯罪，从而产生非法所得。这种情况下，金融业在协助犯罪，进而协助犯罪分子洗钱这一链条上所处的位置着实令人担忧。

协助犯罪

与洗钱不同，协助犯罪并没有得到广泛认可。协助犯罪在每个国家的表现各不相同，每一种协助犯罪的事实也不可等量齐观。自美国"9·11"事件以来，协助犯罪没有像洗钱那样变成试金石，这是有悖常理的。如果说洗钱只是犯罪行为的一种表现或者一种后果，那么我们为什么不把同样的精力或更多的精力放在预防金融业协助犯罪上呢？政策制定者对于金融机构在协助犯罪分子犯罪方面所起的作用的认知不足，导致了这种异常现象的发生。一直以来，人们都有一个存在根本性错误的观念，人们普遍认为如果有金融业介入，就可以追溯犯罪财产的源头。因此，对预防金融业协助犯罪方面的关注度就非常低，即便在实际操作中，比起金融业参与洗钱，多数银行从业人员往往对金融业协助犯罪更为震惊。

最近一则关于金融业协助犯罪的案例便是瑞银集团在 2009 年 2 月同意向美国政府支付 7.8 亿美元罚款，并且以密谋策划通过妨碍美国国税局（the Internal Revenue Service，IRS）执法实现诈骗的罪名签署了一份延缓起诉协议,我们将会在第 10 章对该案例作详细分析。同样,2003 年 1 月,瑞士最古老的私人银行——韦格林银行在承认帮助偷逃美国税款的罪行后关闭。一位美国地方法官命令韦格林银行支付 5 780 万美元罚金,原因是韦格林银行被指控帮助美国客户逃税共计 12 亿美元。有消息称,在瑞银集团 2008 年接受公开调查后,瑞士银行就开始积极寻找瑞银集团原有的客户。

金融机构协助犯罪的行为并不仅限于偷逃税款,利用对结果的管理进行市场操作以及参与贿赂支付也很常见。偶尔,银行也会发现因自身没有制定有效的控制措施导致出现了严重的欺诈行为,比如庞氏骗局。2014 年 1 月,摩根大通银行因卷入麦道夫诈骗案而签署了延缓起诉协议就是后者的典型案例。30 多年来,伯纳德·麦道夫一直精心经营着一场巨大的庞氏骗局,他向投资者承诺会将他们的资金全部投入证券,然而事实却是他将这些资金偿还给其他投资者,还用来满足自己的奢华生活。当骗局被揭发时,麦道夫证券公司声称有 4 000 余席投资咨询客户账户,资产总值约为 650 亿美元,但实际上,麦道夫证券公司的总资产只有 3 亿美元。根据其签署的延缓起诉协议显示,1986 年至 2008 年间,麦道夫的庞氏骗局几乎全部通过摩根大通银行的一个活期存款账户和其他相关现金,外加一个经纪账户运作。该延缓起诉协议指出,在防止洗钱方面,银行存在系统性的缺陷,但也深受其害。在该案例中,摩根大通银行的结局是承担责任并且被没收了 17 亿美元的财产。

这场较量最大的一个特点便是在银行业黑名单上榜上有名的都是这个行业中的大人物,这也强烈地印证了每种不同的表现其实都是同一种弊病的相同症状。事实上,许多参与洗钱和交易制裁的银行也参与了利率操纵和不当销售,可以肯定的是这并非巧合,而这些做法也使这些银行深受其害,它们因为承担了过度风险而使自己的资产负债表直到 2008 年都难以实现平衡。很多人喜欢关注媒体报道事件的方法,以及公众对每种不同的行为表达愤怒的方式,大部分人的注意力都集中在银行不计后果地承担风险,而且很多人对银行家的奖金都存在错误的看法。虽然不当销售和利率操纵也同样受人关注,但是其关注度远不如承担过度风险。相比较而言，逃避制裁、洗钱和协助犯罪则无人问津。简言之，公众对金融业及其危害的关注度恰恰与特定行为的社会毒性成反比。或许，将银行家视为纸牌玩家比生产价格指数、LIBOR 或者洗钱等更容易让公众理解。洗钱和协助犯罪的方法的确非常复杂，而且并不总是有助于谣言散播，还存在一定的危险。据 2008 年金融危机后的分析指出，政府在没有充分考虑到这些过激行为有可能是来自银行业灵魂深处最黑暗的角落的情况下，设计并制定了影响未来银行行为的解决方案。其实，只有充分认识到银行如何以及为什么要从事这些危险的行为，并且改革银行现有的行业模式以帮助其发现洗钱等行为，才是为整个行业塑造更好的未来以及持续保护公众利益的起点。

本书聚焦于英国和美国，因为伦敦和纽约处于全球金融市场的中心地带，而华盛顿更是打击全球金融犯罪的核心阵地，虽然这可能使欧盟感到懊恼，但事实确实如此。因此，对于本书中提及的英美以外的监管、监督、调节和起诉等机构，我只能一笔带过。从某种程度上讲，英国和美国对于此类案件的调查之所以会有杂乱繁冗的特征，是由于诸多监管和执法部门都要介入所造成的。在整个过程中，各类文件在不同的职能部门之间流转，而且每个部门都要从自身职能出发做进一步调查取证。通常，一项调查可能会历时数年，涉及多个部门，卷宗会被浏览上百万次之多。

与美国相比，英国的执法环境算是比较乐观的。财政部最终对英国的金融体系负责，其下设的英国金融市场行为监管局负责具体事务。英国金融市场行为监管局成立于 2013 年，是接替原英国金融服务管理局的两个机构之一，另一个机构是英国央行下设的审慎监管局。我们会在下文对监管部门和立法部门各自的职能作深入介绍，此处只作一些简单的背景介绍。1997 年，受当时巴林银行倒闭的影响，再加上后来对英国央行没有对英国金融业实现有力监管的批评声不绝于耳，金融服务管理局应运而生。后来，英国金融市场行为监管局的成立也是因为金融服务管理局没有很好地履行对英国金融业的监管义务。英国《卫报》曾将金融市场行为监管局评论为"不吠的看门狗"。英国严重欺诈办公室是英国另一个重要的机构,由英国司法部长亲自监管,专门追查诈骗、腐败、贿赂等案件。

在美国,国家和州立的各级执法机构都有权开展调查、起诉或实施监管。美国的执法环境是相对激进的,有时候不同的执法机构甚至会同时调查同一宗案件,并且分别对违规银行采取有针对性的行动。在纽约,如果一家银行违规,那么它面临的问题并不是会不会被起诉,而是哪个机构会率先对其提出诉讼。我们可以从下面的章节中看出,在美国,执法机构对金融机构的罚款力度非常大,它们通常会开出数倍于其他国家罚金的罚单。美国能够使其法律适用于境外,这常常会引起其他国家的困扰和反感,这也使其成为了打破国际制裁的国家。也正因为如此,美国是世界上独一无二的可以叫停任何金融机构的国家。是时候让其他主要的国际金融中心效仿美国的做法了。

第 2 章

洗钱模式

2013 年 5 月，经过一项跨越 17 个国家的深入调查，位于哥斯达黎加的自由储备银行公司（Liberty Reserve）停止了运营。调查发现，该公司涉嫌洗钱活动，涉案金额高达 60 亿美元，其非法收入主要来源于毒品交易、儿童色情、信用卡诈骗、身份盗窃及电脑黑客等多项犯罪活动。该公司联合创始人弗拉基米尔·卡茨（Vladimir Kats）最终认罪，数罪并罚被判处最高 75 年有期徒刑。这起案件被认为是有史以来最大的一宗洗钱案。

这与 30 年前相比显然相去甚远，当时没有洗钱罪，只要犯罪分子留心，清洗犯罪所得的非法收入就不会被处罚。而如今，洗钱被普遍认为是一个犯罪集团主要的犯罪方式，而且在世界很多国家，洗钱都被认为是一项非常严重的罪行。

自 2001 年美国"9·11"事件以来，洗钱和恐怖主义融资关系日益密切。在对客户进行洗钱和恐怖主义融资例行排查时，合规员常用到的两个术语就是反洗钱和打击恐怖主义融资。它们的概念截然不同，洗钱是关注钱的来源，而恐怖主义融资在很大程度上则是（但不完全是）关注钱的去向。

国际社会对于这两类事件的处理方法从那些由超国家组织主导的、对各国法律框架在反洗钱和打击恐怖主义融资方面所起作用的评估中可见一斑。这些超国家组织包括经济合作与发展组织（OECD）的反洗钱金融行动特别工作组（FATF）和欧盟委员会旗下的评估反洗钱措施特设专家委员会（Moneyval）。反洗钱金融行动特别工作组最初发布了针对洗钱的40条建议，后来又增加了9条针对打击恐怖主义融资的建议，这些国际标准得到了36个成员方的支持。评估反洗钱措施特设专家委员会不仅用反洗钱金融行动特别工作组的标准监督其成员方，而且还参照联合国的相关公约条款。那些被判定为在全球反洗钱和打击恐怖主义融资的战争中"不合作"的国家将会被识别并被迫采取行动。

从某种程度上讲，洗钱似乎成了国际合作的"典范"。然而，有一些国家虽然遵守反洗钱法并践行相关的司法程序，但只是从表面上解决了洗钱的问题，私下里却为其金融机构和客户创造了套利的好机会。国际反洗钱行动的开展让这些国家有些紧张。犯罪分子已经充分地利用了不公平竞争。

洗钱起源于何时何地已无从考证，但是在20世纪中期，美国的一些黑手党头目们意识到需要证明他们大笔财富的来源是合法的，因此洗钱成为了一项产业。被称为"暴徒的会计师"的梅耶·兰斯基（Meyer Lansky）创建了一个横跨美国和古巴的庞大的博彩王国，他能够利用赌场和赛车场为犯罪团伙成功地洗钱。后来，随着金融服务业的发展和国际化，有金融机构介入的精细化洗钱模式逐渐衍生出来。

几十年后，也是在美国，洗钱被认定为刑事犯罪。当时，毒品在美国城市和乡村盛行，中产阶级人心惶惶。为了得到中产阶级的支持，1986年，罗纳德·里根倡导通过立法将洗钱罪正式定为一种联邦罪行。尽管自1970年以来，《银行保密法》就要求对所有的货币交易以文件的形式存档报备，但是洗钱罪仍然是一个全新的概念。政府首次以不尽责起诉或以监管谴责威胁金融业，集金融服务业之力发动了一场针对毒品交易的战争。游戏才刚刚开始。

鉴于金融服务业的全球互联互通性，洗钱只在美国被定罪显然影响有限。

1988 年,《联合国禁止非法贩运麻醉药品和精神药物公约》在联合国获得了通过, 所有签字成员国都承诺实施一系列法律法规去践行这一条约, 其中就包括对洗钱定罪。

在对毒品洗钱的立法过去不足十年, 政府意识到有必要将反洗钱法的对象范围进一步扩大, 由以前单纯针对毒品的洗钱行为扩大为针对所有形式的犯罪所得的洗钱行为。试想, 如果处理毒资是非法行为的话, 那么处理如抢劫银行或其他类型犯罪的所得就是合法行为吗? 一些国家只是通过调整现有的关于毒品洗钱犯罪的法律模块, 并将其推广到更广义的犯罪行为中来做到这一点。在美国, 一长串的上游犯罪罪名都涵盖在 "特定的非法活动" 这个宽泛的术语中, 这一系列的犯罪所得——包括贿赂、侵吞公款、绑架、非法赌博和恐怖主义融资——都成了反洗钱法的法律主体。

正是在这种情况下, 一些国家对洗钱进行了立法, 这一行为看似有效, 然而, 实质上, 与竞争对手的立法相比, 其犯罪框架更为狭义。一些国家采纳了 "双重犯罪" 模式, 这种模式要求犯罪行为在洗钱原发国和洗钱罪发生国都应该被视为不合法行为。瑞士和新加坡引进了一种被称为 "所有罪" 的立法。这项立法实际上将那些原本因无法在英国和海峡群岛冒险避税而选择到此地的逃税者的逃税收益也拒之门外, 因为英国和海峡群岛在 20 世纪 90 年代后期将针对逃避税收所得收益的洗钱定为不合法行为。此后十多年, 新加坡最终在此问题上有了突破, 而瑞士仍旧保持原来的做法。一些国家甚至制定了一系列的怀疑标准, 并报告那些低于该标准但却适用于其他地方的疑似犯罪行为。例如在迪拜, 只有对知情不报者的指控才会成立, 但是在其他很多国家, 罪名是否成立取决于犯罪客体的知情程度是否能够达到一定标准。

要求金融机构建立获取和验证客户身份数据的制度完善了立法。这种责任也发生了很大的变化。目前, 金融业被要求采用一种基于风险的方法进行客户尽职调查, 必要时也不排除调查客户的现金和财富来源。这种方法应当能够防控银行提供的产品和服务可能引发的风险, 以及客户自身的秉性和背

景可能引发的风险（不论这些客户是否具备政治风险的高危因素）。

为了向犯罪宣战，全社会作出了不懈的努力。"所有罪"反洗钱法的引入看似顺应了历史潮流。然而在现实中，对一个知情未报者的不当行为定罪的确是一项重大创新。现在，如果你怀疑你的邻居是个连环杀手却没有举报，这不构成犯罪，但是如果一位银行工作人员怀疑他的客户是一个洗钱者而没有举报，他就构成了犯罪。需要强调的是，银行的工作人员（而不是那位邻居）要对他的客户履行诚信义务。此时，人们已经有了对毒品交易进行举报的义务，但是没有人预见到政府会如此迅速地由惩戒毒品洗钱行为发展到惩戒所有洗钱行为。与此同时，金融机构被要求收集客户越来越多的信息，这或许更加有助于履行对客户进行调查，并将准确结果报告给上级的义务。

这样发展下去，不仅是那些被怀疑犯罪的客户，所有客户的隐私都会被无情地公开，而且还会影响金融机构按照《海外账户纳税法案》（*Foreign Account Tax Compliance Act*，FATCA）的规定履行共享客户信息的义务。我们将在第 10 章详细介绍《海外账户纳税法案》，目前我们只需要知道的是，如果某金融机构违反了《海外账户纳税法案》的规定，那它将被禁止美元交易。这是针对那些不共享客户信息的金融机构所制定的一种制裁形式，30 年来一直被奉为神圣而不可侵犯。

那么，我们该如何解释金融业这种越来越重的负担呢？金融情报对政府至关重要。1931 年，臭名昭著的阿尔·卡彭（Al Capone）在身陷图圄时就已经意识到了这一点。他不是因为谋杀、敲诈或者勒索入狱，而是因为逃税。所谓权力，不是你可以控制多大规模的资本，归根结底，它是你获取与资本相关的信息的能力。金融业比任何行业更容易获取关乎国家命脉的信息。

金融机构开始收集客户的身份信息，同时这些信息又可以被政府掌握。大量的信息为执法机构带来了福音，如果它们怀疑哪些客户图谋不轨，那它们就会对这些客户的信息进行归档，形成所谓的"可疑行为报告"（Suspicious

Activity Reports，SARs）。虽然个人“可疑行为报告”并不总是具有参考价值，但是当与其他国家的“可疑行为报告”一起使用时，它就会有很大的参考价值。这也凸显了日渐频繁的执法机构跨境合作的重要性，也对国际犯罪集团提出了新的挑战。

其结果是，如今，金融机构为全世界的执法机构提供了大量的情报信息。在与任何执法机构的工作人员交流时，它们都会告诉你金融业在帮助其打击犯罪的过程中扮演着极其重要的角色。无论金融业存在何种缺陷（我们将会在后续章节中详述），执法机构都要以金融机构每年出具的成千上万份“可疑行为报告”为鉴，其中许多金融机构都是本着非常认真的态度来践行其反金融犯罪的责任的。

那么，到底什么是洗钱呢？最初的与毒品洗钱犯罪有关的联合国公约为国际反洗钱法的制定奠定了基础，这是一个颇为良好的开端。该公约为以下行为定罪：

　　1. 转化或转移犯罪所得；

　　2. 隐瞒或掩饰有关犯罪所得及其性质、来源、地点、分配、移动轨迹和所有权等；

　　3. 获取、占有或使用犯罪所得。

正如很多在司法体系中被谨慎定义的犯罪行为都有一个简单易懂的名称一样（比如人口贩卖和盗版），这项联合国公约力图禁止的犯罪行为被称为“洗钱”。如我们所见，这在后来也引发了一系列不良后果。

实际上，“洗钱”这个名称有一定的误导作用，它无益于预防其所描述的这种行为。原因之一在于洗钱不需要（并且往往不）涉及钱，不论是现金形式的还是银行账户中的钱；相反，它涉及多种财产或资产类型（从不动产到知识产权），而且为了操控钱，各种金融工具或机制（证券、比特币和信用卡等）都会被充分利用。另一个原因在于“洗”这个动词可能暗示着洗钱包括一系列的行为方式。就像如果洗衣机没有按程序运行，脏衣服就洗不干净一样，人们会认为犯罪所得也必须经过某种清洗系统的清洗才能得到适当的净化。沿着这种思路，我们不难得出这样的结论：人们对非法所得做得越多，这个过程就更有效。但事实是，人们不宜对非法所得做太多，这一点我们会在第3章详述。正因为非法所得的犯罪财产并不具备"典型的"洗钱关系特征，因此利用那些不被金融机构认可的相对被动的金融手段反倒可能更有效地洗钱。

对"洗钱"这个术语的解释如此之难，以至于监管部门、执法机构和行业组织已经联合起来，依据各种试图阐述洗钱是什么样的行为的指南来帮助金融机构识别洗钱行为。这种指南的目的值得称赞，但执行起来效果却不尽如人意，因为它们过于依赖通俗小报对洗钱"三阶段"（即"处置—培植—融合"）模式的描述。遗憾的是，目前对洗钱的错误理解仍一直存在。

美国财政部的金融犯罪执法网络（Financial Crimes Enforcement Network，FinCEN）依照这种模式将洗钱定义为"将非法所得（即'赃款'）合法化（即'净化'）的过程"，一般包括"三个步骤：处置、培植和融合"。该组织解释说："首先，非法资金会被暗中投入合法的金融渠道；其次，通过让资金在多个账户之间转换或流动制造混乱；最后，通过额外的交易将这笔钱融入金融体系，直至'赃款'被'洗净'。"即便像反洗钱金融行动特别工作组这样，负责对各国执行其国际标准实施评估的超国家机构，也将洗钱描述为一个处置、培植和融合的过程。在洗钱的过程中，各关系方能够呈现出这些特征，但经常不是这样。因此，该模式的难点在于它通过构建出一个洗钱的画面，将洗钱置于一个非常狭义的框架中，然后从银行、经纪人等各个难以识别的关系方中寻找处置、培植和融合这三个阶段的对象，并让它们对号入座，即使有时候是不对的。这种模式如图2-1所示。

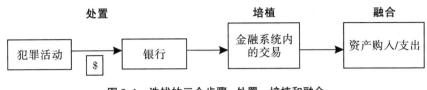

图 2-1　洗钱的三个步骤：处置、培植和融合

我在后续章节会讲到一系列上游犯罪类型，并对几种情景假设进行分析，以说明金融业如何协助犯罪以及洗钱过程使用的方法。但是现在，我要对传统的洗钱模式理论进行一番剖析，以帮助你更好地了解其局限性。

处置阶段——假设犯罪所得被"投入"金融体系，比如使用幌子公司或者结构性存款。这一假设忽略了显而易见的一点，即：当今，犯罪分子根本无需将其非法所得投入金融体系，因为在罪行发生的那一刻，那些非法所得就已经在金融体系中了。内幕交易和军火商的军火贿赂交易就是两个典型的例子，足以说明多种犯罪类型所产生的非法收入已赫然位于金融体系的中心地带。

培植阶段——假设在培植阶段，前期被投入金融体系的非法资产通过大量的金融交易手段经历了一些转换过程。这种假设认为交易手段越复杂，就越能有效地把赃款从"脏"变为"净"。客户洗钱牵扯到的各关系方的培植活动导致金融服务行业并没有考虑到某种被动关系的危险，即非法财产根本不会在该模式中做反复交易。

融合阶段——假设在培植阶段后，合法财产被融入合法经济中，然后它们被犯罪分子用来获取收益或者享乐，比如购置房产、游艇、私人飞机或其他奢侈品。但这一点在现实中根本无法做到，因为我们根本无法将所谓的"融合阶段"从洗钱的其他步骤中明确地分辨出来。

对这个有瑕疵的模型的依赖导致为阻止洗钱发生而制定法律的行动与金融机构企图辨识和举报洗钱的行动之间出现了脱节。即使这种模式适用于为产生现金的犯罪（比如毒品交易）而进行的洗钱活动，但是对于那些为不产生现金的犯罪（比如日渐盛行的贿赂、避税、市场操控和网络犯罪等）而进行的洗钱活动，该模式的弊端就会十分明显，毕竟反洗钱指南首次颁布已经是 20 多年前的事了。

下面我会列举关于洗钱的两个案例，用来说明旧的洗钱模式适用于街头犯罪，而不适用于不产生现金的犯罪。

> **案例一** 美国的一家贩毒集团以向街头毒贩兜售毒品来换取现金。所得现金全部被存放于安全屋，那里的员工会将这些现金存入不同的账户，而且每个账户中的金额不大于 10 000 美元（如果银行存款金额大于 10 000 美元，银行需要向美国金融犯罪执法网络提交相关报告），然后他们会将这笔钱投入现金丰沛的前台业务（比如夜店、餐厅、出租车公司等）。一旦被投入银行系统，这笔钱就会被汇入一家离岸公司的账户，并被用来购买债券和股票。不久之后，债券和股票会被抛售，这笔钱随即又以偿还一笔贷款的名义被转入另一家公司的账户，最终被用来为该贩毒集团高级成员的妻子支付信用卡账单，她因在巴黎光顾了奢侈品店而刷爆了信用卡。

> **案例二** 某位贪官想要成立一家公司，将其作为自己收受贿赂的工具。他先成立了一家皮包公司，用以掩饰他对该公司的实际控制权和对收益的实际所有权，尤其是他不想因为他的政治身份而影响银行对该公司进行不必要的审查。这家皮包公司的账户收到了一笔 100 万美元的电汇贿赂款，这笔钱一直留在该账户中，作为他购置位于英国梅尔菲区的一处房产的贷款担保。他偶尔去伦敦时会住在那里。

在第一个案例中，洗钱的三个步骤清晰可辨：现金处置（存入银行或开展业务）、培植（在银行系统内交易）、融合（购买奢侈品）。然而第二个案例的情况并非如此。第二个案例中没有明显的现金处置活动，因为贿赂款早已在汇入皮包公司之前就已经在金融体系中了；培植活动也难于被辨识出来，因为贿赂款在账户中只是被动存在，仅仅起到押金的作用；其后更是没有明显的融合环节，因为这笔贿赂款没有流通，它只是一笔贷款的担保。

第二个案例中的洗钱模式与被金融业和执法机构认定的传统洗钱模式没有任何相似之处。然而，它涉及了情节严重的洗钱罪，一经发现，很多人难逃其责。如何才能让一个基于传统的洗钱模式来设定自身反洗钱防御机制（或者培训其员工）的金融机构意识到，它们与这位政客的关系实际上就是帮助他们洗钱呢？遗憾的是，很多存在洗钱关系的活动是在众目睽睽下完成的，并没有向监管部门报告。究其原因，当然是处置—培植—融合这种模式与实际操作之间存在着脱节。

这样一来，就需要一种从实际出发而非基于理论的新的洗钱模式。

一种新的洗钱模式

要想设计一种新的洗钱模式，就需要我们站在犯罪分子的角度考虑问题。我们发现，犯罪分子有以下要求：

1. 成功实施犯罪；
2. 避免被侦查发现；
3. 从犯罪中获益；
4. 保留犯罪利益。

简而言之，犯罪分子就是想要完成从作案、成功逃脱到乐享其中这一完整过程。正如 20 世纪 60 年代初期臭名昭著的英国火车大盗罗尼·比格斯（Ronnie Biggs）所说："从我们的角度而言，法律的缺陷在于直到我们分完钱，一切仍尽在我们的计划中。"

理解这种新的洗钱模式的关键在于，我们要意识到金融业可以被用来帮助犯罪分子完成上述全部四项目标，而不是其中的任意一项。新的模式如图

2-2 所示。

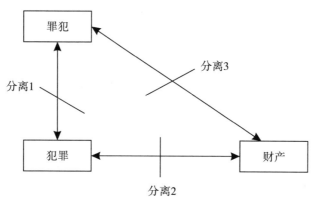

图 2-2　新的洗钱模式

　　罪犯、犯罪和财产三者被三条线分别连接，而为了达到"分离"的目的，犯罪分子通过在每条线上采用不同的金融服务就可以实现上述四个目标。以下是一则关于预付款诈骗的案例，犯罪分子企图说服无辜受害者向他预付货款，以期得到更多收益。

　　分离 1：某诈骗犯选择以一家公司的名义而不是个人名义实施诈骗。一家律师事务所代表他管理和控制着这家公司。发给受害人的邮件也是以公司名义发出的，因为如果诈骗活动通过公司而非个人进行的话，被察觉的概率会大大降低，而通过个人进行的交易更容易引起怀疑。这就像窃贼在作案之前会戴上手套，以免在犯罪现场留下指纹一样。即便这些邮件被怀疑，要想揭露他与诈骗之间的关系，就必须弄清楚他与这家公司的关系。这就是第 1 章所讲的金融服务协助犯罪的一个典型案例。

　　分离 2：诈骗犯并没有将诈骗所得藏匿在床垫下，而是安排由他实际操控的公司开设银行账户和经纪账户，然后再将这些钱款汇入。接下来，他通过一系列股票交易和现金交易将这些非法收入由原来的形式（账户中的现金）变成了一艘停泊在地中海某个港口的游艇。由于中间经过了一系列中介交易，要想从这艘游艇追溯到诈骗，谈何容易。

分离 3：很显然，这个诈骗犯足够聪明，他没有选择冒险以自己的名义购买游艇。他意识到，一旦由游艇追溯至犯罪，就很容易将他与这起诈骗联系起来，因此他选择将这艘游艇置于一份信托名下，一家私人银行所有的信托公司代他管理着这份信托。相应地，该受托人拥有一家公司，这家公司扮演着游艇法定所有者的角色。这样，诈骗犯就掩盖了自己对游艇的实际所有权，每年夏天他都可以在甲板上做他的亚里士多德·奥纳西斯[①]（Aristotle Onassis）了。

我将这种洗钱模式称之为"启动—疏远—伪装"。与传统的"处置—培植—融合"模式相比，它涵盖更大范围内的洗钱行为。因此，在辨别金融机构是否潜在参与了协助犯罪、洗钱、掩盖犯罪收益的所有人等活动时，这种模式更有效。

这种新模式允许使用它对个人金融产品和服务进行设计，这样一来就可以预估犯罪的影响范围，因为它可能被当成对产品或服务进行风险评估的必要组成部分。它还可以被用来评估潜在客户给出的购买某产品或服务的理由的真实性。如果一种产品容易被犯罪分子利用，那么这种模式将会更好地提高其抵御能力，同时还会对这种关系或交易的合法性进行更多的调查。这一点尤为重要，因为无数案例证明，金融专家或律师在防范洗钱和协助犯罪的风险时问的最有效的一个问题就是：这种产品或服务会给我的客户带来怎样的好处？

[①] 亚里士多德·奥纳西斯素有"希腊船王"之称。——译者注

产品和服务的弱点

每一种金融产品或服务都有不同的合法用途,所以很难辨别它们何时被利用。尽管银行抢劫犯常常看起来就像银行抢劫犯,但是把一种产品(比如银行账户)或投资基金用于洗钱是完全有可能不被人发现的。与其他产品或服务相比,某些产品或服务(甚至它们的提供者)天生就容易被犯罪分子利用,因为它们在某种程度上帮助犯罪分子实现了分离的目的。以下要列举的不是一个已被利用的产品和服务的名录,而是我在对在岸和离岸公司的调查中发现的一些最常规的产品和服务。

以下各种产品和服务的类型都不应该因其非法性或有害性而被曲解。实际上,正相反,它们常被用于合法的商业目的。在本章中提到它们是非常有必要的,因为它们常被犯罪分子滥用。它们之所以对犯罪分子有吸引力,正是因为其合法性。在通常情况下,滥用看上去像是真实使用。

公司与企业服务

对大多数人而言,听到"公司"这个词就会马上联想到办公室、员工、资产和活动。事实上,公司只是法律结构的一种形式,这种法律结构由一些重要文件组成,包括一份公司章程(一份界定公司与外界关系的文件)、一份公司组织章程(公司内部管理制度)和股权证书(证明公司所有权)。只要有想法,任何人只需要几千美元就可以很容易地拥有或控制一家公司。

公司有很多法律用途,但它们同样对犯罪分子也有很大的吸引力,原因如下:第一,公司是一种法人形式,有权利签订合同、拥有资产、管理银行账户和使用信用卡;第二,犯罪分子可以以自己的名义或者通过代理人(通常是跨国代理人)拥有或控制公司;第三,他们可以通过公司将一些行为变得更正式、更体面,而如果这些行为以个人名义进行,那就会显得异常而容易被怀疑。

一家公司对犯罪分子的吸引程度是由一系列被其纳入管理范围的因素决定的，比如管理收益所有权的信息披露规则、无记名股份的许可（基本是一种类型的工具，其所有权无需正式注册，而且可以自由转让）、公司董事的可接纳性以及公司信息披露要求的性质。公司运营越是不透明，越容易吸引错误类型的客户。举个例子。与很多大型的国际金融中心相比，选择在英属维尔京群岛注册的公司更多。其中一个很大的原因是在这里注册的公司不需要公开公司的受益人、董事、股东等。此外，英属维尔京群岛的法律允许公司的董事和股东注册公司，并且当这些公司董事和股东的注册地在信息披露要求更少的巴拿马时，公司可以有更多的不公开信息。当这些条件因其保密性在能吸引到合法客户的同时，也会引得很多犯罪分子趋之若鹜。

公司的脆弱性是由与之相关的企业服务决定的，而这种服务一般是由各种各样的机构，比如信托公司、管理公司、合作服务提供商（取决于所处的地理位置）提供的。为简便起见，我将它们称为企业服务供应商。每家公司都由以下成员组成：董事（负责公司的管理工作和公司的日常管理）、股东（公司的所有者）和公司秘书（负责公司的行政管理）。此外，每家公司都应该在其注册成立的司法管辖区内注册办公室。企业服务供应商提供如下"企业服务"。

- 公司董事——企业服务供应商采用"内部的"公司为客户企业扮演公司董事的角色。在企业董事不被允许的司法管辖区内，企业服务供应商的员工充当客户企业的董事。
- 注册办公室——企业服务供应商将其办公室用作其客户企业的注册办公室。
- 公司秘书——企业服务供应商用一个特定的"内部"公司为其客户企业扮演秘书的角色。
- 代理股东——企业服务供应商利用内部其他公司作为客户企业的注册股东，以代理股东与最终收益的所有者签署的一份所谓的"信托证明"为基础。

一家公司曾经可能用到的所有企业服务如图 2-3 所示。

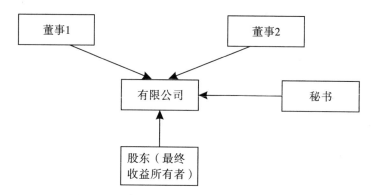

图 2-3　一家公司曾经可能用到的所有企业服务

如今的情况则如图 2-4 所示。

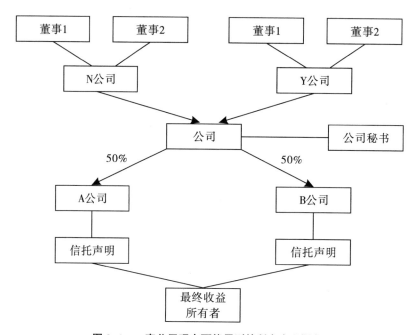

图 2-4　一家公司现在可能用到的所有企业服务

这种企业服务完全可用于实现合法性目的，但是遗憾的是，它既可以分离最终拥有者与有犯罪行为的公司之间的联系，同时也可以分离最终拥有者与犯罪财产所有者之间的联系。例如，当一位行贿者可以以一家公司的名义去支付贿赂款项，从而使自己不被牵扯其中时，他会如何选择？尤其是当这家公司是由一家企业服务供应商合法所有和控制的时候。同样的道理，当一位腐败的政客可以利用一家由企业服务供应商控制和管理的公司替自己收取一笔贿赂款项并可以做到事后推诿时，他还会冒险使用其个人账户吗？

企业服务供应商的易受攻击性程度最终取决于其履行职责的方式，包括向公司提供服务的意识以及是否一直将正确识别客户放在第一位。在这个高度竞争以及价格因素极其敏感的市场中，很多企业服务供应商都在追求业务量的增长。其结果是，片面追求业务量势必会影响公司职责的履行，从而给犯罪分子提供了可以拥有并控制公司的契机，而且很难留存书面证据。

通过企业服务供应商进行管理的公司数量之多令人震惊，而且在不同的司法辖区，单家企业服务供应商管理的公司数量也有很大差异。在一些监管不力的司法辖区，由于允许采用"传送带"式的商业模式，因此"KYC 政策"（即充分了解你的客户）执行力度不够，客户信息缺失，并且对于客户为何要利用这种公司，我们更是一无所知。

一家企业服务供应商受犯罪分子青睐的程度也受其所处的地理位置和监管制度性质的影响。在过去的 10~15 年中，很多优质的金融中心都对企业服务供应商实行了特别严格的许可制度，以要求它们遵守法律、规范和业务守则。可以预见的是，这导致了行业的收缩，企业服务供应商都转向了那些监管制度形同虚设或者较为宽松的区域去寻找更好的机会。水往低处流，犯罪分子也往往会去找寻国际金融体系中那些监管最薄弱之处。

信托

与公司不同，信托不是法人。它们只是在普通司法管辖区内被承认的法律形式，在其他地方仍然是被怀疑的对象。它们的存在通常归结为一个单一的文档或一种行为，虽然有时也可能是口头协议。信托公司可以通过法律运作，比如，当一家金融机构持有政治腐败的收益，并被法庭认定为受害国的受托人，或者它更多的是表达信托创立人的愿望时。

几百年前，当信托的概念初次被英国人认可时，人们希望通过改善当时公认的非常狭义的财产所有权法，以实现特定且相对狭义的目的。在其诸多的其他用途中，作为一种能保护无法拥有财产的家庭妇女的权益的工具，信托显然是非常受欢迎的。这个概念允许财产的登记持有人（委托人）将财产的法定所有权移交给另一个人（受托人），由受托人代替他持有一个人或更多人的财产收益（受益人）。受托人通常是委托人的家庭成员或朋友，但是随着信托行业的日益专业化，又专设了一个保护者来确保委托人的利益。信托的结构如图 2-5 所示。

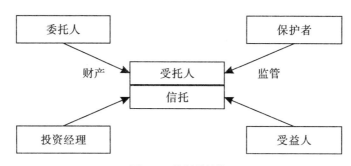

图 2-5　信托的结构

遗憾的是，最初信托秉持着公平理念，认为法律只是一只"笨驴"。而这种观念逐渐演变（或者有人会说是被利用）到认为信托更多地被用于商业目的，这与最初的平等和公平的理念毫不相干。

信托在税收筹划、资产规划、财产保护等方面有多种合法用途，同样，它也备受犯罪分子的青睐，原因有以下几点。

- 在很多司法辖区，信托并不被强制要求登记注册，这点与公司不同，信托不需要备案。
- 信托可以使犯罪分子将财产所有权移交给受托人，可通过提名的方式允许他们直接或间接从这些财产中获益。

提供上述各项服务的企业服务供应商同样也擅长充当信托的受托人。与公司相比，信托的弱势是其在很大程度上要依赖企业服务供应商在履行受托人义务时的敬业程度。如果受托人尽心尽力，勤勉实干且工作不流于形式，那么信托被犯罪分子利用的机会就会很小；反之，如果受托人只是个木偶，对委托人听之任之，那么信托就很容易被犯罪分子利用。需要再次重申的是，监管和执法环境的性质很关键，长期没有对受托人服务进行监管导致了各个司法辖区在服务质量上的差异。

信托之所以受到犯罪分子的青睐，原因还在于其可移植性。

ACME 企业服务国际公司通过其伦敦公司为南非客户管理着大量信托基金，其中很多客户实际上都在逃税并违反了南非的资本管理制度。1999 年，英国对所有洗钱罪立法，将偷税漏税定为一项上游犯罪（即如果其收益交由金融机构处理的话，将导致洗钱罪的大幅上升）。然而，当客户向 ACME 保证他们已经缴清了应缴税款时，ACME 便满足于此。接着，南非宣布税收特赦，于是大量客户联系 ACME 变更业务，而事实上他们都逃了税。ACME 的应对方案则是将信托业务连夜打包，移交至其位于瑞士日内瓦的办公室。次日清晨，伦敦已经没有任何信托业务的痕迹。由于信托在伦敦不需要做法律登记和备案，因此这些转移也无需得到英国当局的批准。

近年来，各大专业从事信托管理的国际金融中心都通过自身努力开发出新的信托基金类型，以在同行竞争中保持领先地位，从而招揽更多业务。这种基金，包括英属维尔京群岛的 VISTA 信托和开曼群岛的 STAR 信托，其优势在于更容易使客户在得益于几个步骤之间的分离的同时，还能保留他们对其基础财产的控制权。

接下来的章节将会说明信托常被用于协助附属公司。在非法结构中很难见到单一型信托。信托总是处于所有权结构的顶端，下面有大量的公司和子公司。在这种情况下，信托的结构如图 2-6 所示。

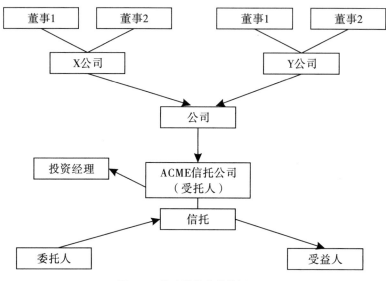

图 2-6　非法结构中的信托公司

遗憾的是，那些已经意识到企业与基金服务容易受犯罪诱导的金融中心虽然会通过行动实施监管，但却未被认可。而它们所做的努力恰好为阻止资本犯罪打下了基础。

基金会

直到最近，基金会才成为大陆法系国家经济中一种合理的存在。其不寻常的发展过程正好印证了国际金融中心之间存在的激烈竞争，一些普通司法管辖区已经对基金会的成立进行了立法。

如同企业一样，基金会的收益听起来似乎与其毫不相干。对很多人而言，基金会应该是为慈善目的而存在的，比如比尔及梅琳达·盖茨基金会。而事实上，基金会可以为纯粹的商业目的而存在。

适用于基金会的规则因其所处司法管辖区的不同而各有差异，但是本次对民法管辖区内的私法基金会（如列支敦士登和卢森堡这类基金会）进行分析的目的是它们被非法滥用的可能性最大，因为其兼具企业和信托的双重特征。像信托一样，它们不需要备案，但是它们有自己的内部组织，是合法的经济实体，这一点又与企业一样。事实上，它们能像法人一样获益，又不存在备案带来的不便。

基金会的目标是通过被称为创始人或捐助人的捐赠来达到一个特定的目的。每个基金会都由一个基金委员会控制，相当于企业的董事会或者信托的受托人。受益人通过基金会的捐赠（财产）获益。基金会的结构如图 2-7 所示。

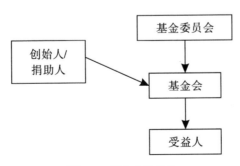

图 2-7　基金会的结构

与企业和信托一样，基金会也有多种合法用途，比如企业接班人计划。但是它被犯罪分子利用的风险也很大，因为它可以被犯罪分子用来掩饰所有权关系的同时，保留对其的实际控制权。

银行账户

因其安全、方便和必要性，在发达国家，几乎所有的成年人都有至少一个银行账户。即便在印度这样金融包容性很低的发展中国家，近年来，银行账户数目的增长也非常之快，12 亿人口中已经有近 7 亿人拥有了自己的储蓄账户。银行账户看起来是无害的，但是如果能掌握银行账户，任何人都可以通过它进入全球银行和金融体系。有了银行账户，你可以把钱汇给任何人，汇到任何地方，而且瞬间即可完成。银行账户是一种非常有效的接收、存储和转移财富的手段。

从历史上来看，银行账户起初是需要面对面操作的，这就给银行工作人员提供了足够的机会来仔细观察客户，并且充分考虑他们所看到的是否合法。矛盾的是，自实施反洗钱法以来，银行账户的运作方式发生了很大的变化，变得几乎无法识别。近年来，很多客户也都没有看到过银行内部的操作方式，他们更倾向于非面对面的操作方式来管理他们的账户，比如自动存取款机、电话银行、网上银行和移动客户端等。这种非面对面的操作方式使银行账户特别容易被匿名操控。有些国外留学生在学满归乡之时会"售卖"他们的英国银行账户，他们通过网上竞价的方式将自己的银行卡和网银账号出让给出价高的竞买者，这种方式就可能使潜在的恐怖分子轻而易举地进入国际金融体系。

有的银行账户可以选择提交邮件服务协议或者不提交。提交邮件服务允许银行不必投递相关邮件给客户，而是将邮件留存并等待客户自取；无邮件服务允许银行无须出具账户信息说明。这种服务可能对真正偏执的客户有用，但是对于犯罪分子来说，它也有很高的利用价值。希望将自己隐匿于幕后的人可不愿意冒着邮件被执法机构或其他个人拦截的风险而从海外银行收取邮件，对他们而言，拿到邮件还有另一种方法，就是定期利用瑞士或中东银行提供的账号。这种账号不显示户名，仅以数字或代码作为账号。储户的身份可以通过一个编号和代码识别。尽管瑞士的银行工作人员现在被要求必须核实账号持有人身份信息，但是这种账号相对于普通的储蓄账户更受犯罪分子的青睐，因为它们提供了一种掩饰身份信息的屏障。

代理账户

代理账户（通常又称为来账或往账）实际上是一种在一家银行开立却在另一家银行使用的账户。它们一般由国外银行使用，因为它们需要接收并支付用代理行所在地货币支配的资金。它们允许国外银行接收并转移资金，并且为国外银行提供指定货币的贷款和存款服务。

代理行通过使用 SWIFT 系统，对涉及支付转移的机构以"电报"形式发送指令。例如，报文"MT103"指从汇款人的银行向收款人的银行发起的一笔单笔跨境汇款指令，而"MT210"仅仅是一条收款通知。图 2-8 显示的是代理行的一系列操作流程，客户 1 想要向客户 2 支付美元，但是他们及其所在银行都不在美国境内。

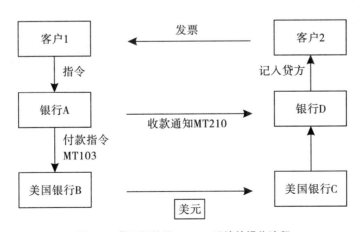

图 2-8　代理行使用 SWIFT 系统的操作流程

因为美元是全球事实上的储备货币，每家银行都能让其客户支付或接收美元。非美国银行通过在美国银行设立代理账户来实现该目的。十多年前，非美国银行利用美元进行交易的能力曾引起过惶恐，因为曾有议员公开表示其担心代理账户是洗钱者进入美国金融体系的通道。这些担心已经被无数境外银行与受美国财政部海外资产控制办公室制裁的对象进行美元交易的事实所证实（第9章将会详细讨论）。

从历史上看，虽然其严重程度不比今日今时，但是代理账户极易被犯罪分子控制的空壳银行利用。空壳银行是指在监管缺失的地区获得了银行牌照的主体，它们通常没有实体，甚至没有工作人员和设备。它们利用真正的银行作为代理行，并利用它们的通信设施勉强扮演一家银行的角色。虽然至今，在诸如安提瓜这样的地方注册空壳银行并与之合作仍然有可操作性，但是英国和美国已经严令禁止银行为空壳银行开设代理账户，并且它们还要求银行对提供代理服务的对象银行进行严格的审查。

然而，危险仍然存在，空壳银行仍然可以通过与监管不太严格的地区的银行合作并开设代理账户的方式进入全球金融体系，而那些银行再通过在美国或欧洲银行开设代理账户的方式使空壳银行间接进入全球金融体系。

借贷

借贷乍一看是完全无害的，但因其形式简单，它们也是最容易被利用的财富转移手段之一。各种不同的公司，甚至被严格监管的行业中的一些公司都提供不同类型的借贷。信用卡公司、发薪日贷款、银行、借贷和融资公司都提供贷款，而这些正好可以通过以下方式被不当使用。

1. 某犯罪分子利用一笔贷款购买了一处房产。假以时日，这笔贷款被其利用非法所得还清。而通过这一过程，他已经成功地将非法所得通过借贷的形式转化为财产的公平权益。

2. 某犯罪分子将非法财产作为银行借贷的抵押物。通过这一操作，他将非法财产转化为金融机构合法贷款的收益，如此一来，他轻松地为该笔现金提供了一个"干净"的来源。

信用卡和签账卡

抛开所有的附加福利，比如航空里程和免费购物券，信用卡只是一种机制，通过它，持卡人可以用不属于他们的钱进行消费，而以往他们需要高息贷款才能拥有这笔钱。一般而言，签账卡每月需要全额偿还。与装满现金的箱子不同，信用卡和签账卡更灵活、更便携，可以跨国使用而不会被怀疑。它们可以在世界各地使用，不仅可以在金融体系中使用，而且也可以在零售商店、酒店、餐厅、旅行社和货币服务业务中使用。简言之，带上信用卡，你就可以去任何你想去的地方，而如果你的信用额度足够高，你就可以做任何你想做的事情。

除了便携和方便，信用卡也极易被犯罪分子利用，因为它们可以用一个人的名字注册，而被另一个人使用。以前，用卡人还需要去仿冒持卡人的签名，现如今，随着芯片和密码技术的发展，用卡人只需记住安全码即可。事实的确如此，只需要信用卡卡号、有效期和安全码，用卡人便可以通过网络或移动电话完成在线交易而完全不用卡片。作为一种财富的存储和转移手段，信用卡和签账卡是被犯罪分子最广泛利用的一种高效的工具。

投资基金

投资基金是由投资者投资的大型资金池，由专业的投资人士遵照基金招募说明书规定的投资策略管理。投资者将其辛苦赚来的血汗钱投入资金池，在扣除一定费用后（一般按比例计算，外加业绩奖金），他们会期望获得高收益。全世界以各种名目投入各种项目并被不同的专业投资经理人管理的投资基金有成千上万个，这的确是一个非常庞大的产业。根据养老金与投资（Pensions & Investments）/ 韬睿惠悦公司（Towers Watson）发布的报告介绍，

500位全球顶级投资经理人掌管着世界上超过68万亿美元的资产。投资基金有多种类型，它们会根据资产类别（债券基金、股票基金、不动产基金等）、所在市场（欧洲、亚洲、新兴市场等）、策略（多头、对冲基金、综合基金等）和内部结构（封闭式基金、开放式基金等）进行不同的分类。

每种投资基金可以以公司、合作伙伴和单位信托等形式存在，通过以下人员配置——一名托管人（负责基金资产的保管）、一位管理者（负责管理该基金）、一名基金经理（通常负责营销推广）和一位投资经理或顾问（负责作出投资决策）来运作。这些人员与基金的关系如图2-9所示。

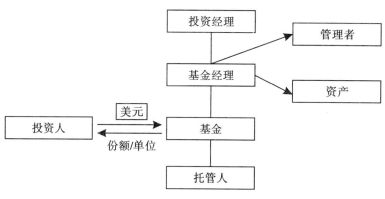

图2-9 投资基金的人员配置

洞察力在此有着非常重要的作用。对大多数人而言，一提起"投资基金"，他们马上会想起由富达国际（Fidelity）或黑石集团（Blackrock）这样名字如雷贯耳的机构所管理的庞大投资结构。但在现实中，很多投资基金都是由名不见经传的基金经理管理的，他们并不具备防范犯罪分子的能力。

从华丽的招募说明书来看，基金都是无害的，但是如有以下因素，基金则很有可能被滥用。

• 基金非常容易创立。在某些司法辖区，投资基金的创立就像走"快车道"。

事实上，很多国际金融中心之间互相竞争的一个因素就是审批新基金的速度。很多相同的司法辖区都对投资基金采取一种低干涉的审批程序，尤其是对那些由当地投资者发起的基金。在某些适当的风险评估的基础上，这可以被视为明智的、务实的规定。但是也存在一定风险，有心之人会躲过所有的预防措施来控制投资基金，从而享有全部的利益。当这种情况发生时，他们会以机构的名义转移注意力。

• 是否允许不记名证券。虽然很多受人尊敬的国际金融中心在 20 世纪 90 年代就废止了高风险的不记名股票，但是仍有投资基金管理机构发行不记名债券，如卢森堡。这意味着它们的所有权没有注册，并且可以被任意转让。

• 债券赎回规则。如果一只基金允许其投资者以第三方的名义赎回基金，那就存在风险。因为赎回的受益人有可能是一名犯罪分子或是由犯罪分子控制的个人。

• 股权转让规则。如果一只基金允许其投资者重新将其股份登记至一个第三方名下，那么同样地，该转让可能会使一名犯罪分子或者受犯罪分子控制的个人受益。

正如即将在后续章节中讲到的，投资基金正因为可以非常方便地被用作双方或多方之间转移财富的机制，所以也容易受到犯罪分子的垂青，它常被犯罪分子用于转移财富以换取非法的产品或服务。然而，投资基金也常被用作帮助上游金融犯罪的载体，比如：

1. 前台运作。基金的员工或经纪人利用自己掌握的客户挂单信息进行交易，从而为自己取得私利；

2. 内幕交易。基金经理及其同事利用他们掌握的价格敏感信息进行的交易；

3. 建仓。当一家基金公司涉足一桩收购案时，它们并不使用自有资本引导基金在目标公司占有大量股份，而是为了掩盖其持股数量，将投资额控制在强制性披露金额的下限以下；

4. 新股发行。基金管理公司可能会参与新股发行，它们有权将新股配置到它们的基金当中；对于基金经理来说，在评估中牺牲某些符合条件的基金而提高自己选定基金的比例，从而人为地增加它们的回报，这简直易如反掌。

信用证

信用证实质上是由银行出具的一份书面保证文件，用以确保供应商在特定条件都被满足的情况下能够及时收回其货款。这样一来，买方不付款的风险就由卖方转嫁至开证银行。在国际贸易中，信用证因起到润滑的作用而被广泛使用。从表面上来看，信用证并没有什么特别之处，但其常被用于基于贸易的洗钱计划中。在这种计划中，犯罪财产在信用证条款都得到满足的情况下得以转移，但实际上却没有真实的贸易发生。因为信用证的开证人与标的贸易活动之间还有好几个步骤，所以交易完全依赖于很容易被造假的书面文件实现。通过以信用证为载体的贸易金融进行洗钱往往有以下几个途径。

1. 高报货价。通过高报商品价格，在贸易的掩护下将现金转移给卖方。同样，发运货物少于单据描述也可以达到相同的目的。

2. 低报货价。通过低报商品价格，在贸易的掩护下让买方受益。同样，发运货物多于单据描述也可以达到相同的目的。

3. 幽灵船运。交易过程中没有实际发生的货物运输，所有贸易合同记录都是伪造的，仅利用银行信用证就完成了现金转移。

律师

律师在协助犯罪和洗钱的过程中扮演着非常重要的角色，他们具备设计和制定复杂金融交易的专业知识，可以通过大笔现金流操作客户账户，从而有效地为客户提供银行账户服务。他们备受金融服务供应商的尊重，因此丝毫不被怀疑。以上种种原因使他们被称为潜在的非法金融活动的"守门人"。

多项调查结果已经表明，律师至少可以通过以下四种途径参与洗钱：

1.骗子律师将其当事人的账户用于非法资金的藏匿地或流通渠道；

2.律师作为犯罪分子的顾问，帮助其起草文件，设定框架，并未意识到他所从事的活动的非法性；

3.律师虽然并没有协助犯罪，但是在其对诸如银行保密性等提出建议的过程中对其当事人的犯罪野心视而不见；

4.律师拥有与自己的律师事务所相关联且提供企业服务的公司，并在该公司担任董事。

律师及其当事人之间的沟通"特权"（不可干涉的，即便执法机构也不例外）的程度因不同的司法辖区而异。在多数英美法系国家，如果律师与当事人之间的沟通是为了协助犯罪企业的话，是没有特权的；在其他司法辖区，此类规定更为严格。

在很多司法辖区，反洗钱法对律师而言只在特定领域具有约束力，比如他们转移和处置当事人资产的行为。之所以这样是因为这些规定是基于传统的洗钱模式制定的，这也让相关机构很难掌握律师的行为。

私人银行关系

不同于通过客户服务迎合高净值人群的零售银行和投资银行，私人银行一般通过非常专业的客户经理及一整套服务和产品，专门迎合高净值人群的各种需求。这些需求不仅包括常规的银行服务，还包括投资管理、保险、财富管理组织的跨界管理和监督（通常以公司、信托基金和基金会的形式）。通常，最低要求是客户的净资产、最低开户存款额或最小平均余额分别或三者的组合从几万到几百万美元不等。

积累了大量财富后，高净值人群会经常担心如何能让他们的财富保值，而私人银行的承诺就是帮助他们存储财富，甚至使财富增值。在传统意义上，私人银行之所以有吸引力（现实并非一贯如此），在于其保密性和灵活性，而从很大程度上讲，这一点迄今为止仍然属实。瑞士的私人银行得益于瑞士银行业保密制度的历史，而且瑞士各家银行也将此作为长期经营之道，而欧盟成员国的私人银行则试图强调其灵活性，为此它们愿替客户处理各项事务。

私人银行有两个方面的弱势：一是其客户群体是冲着其宣扬的良好的服务和灵活性而来的；二是由于强调客户服务，私人银行的意愿就是满足客户服务。高净值人群有多种类型，但是最容易出问题的是政治公众人物，比如政治家及其家庭成员和同事，以及其他冒险参与贿赂和腐败的富裕人士，包括高级军官、司法部门成员和高级公务员。在本书的第 5 章，我会分析一些关于私人银行帮助政治公众人物收受贿赂和洗钱的案例。

所有的私人银行都要在压力下保持有利可图的关系，因为它们并不需要为了保持诚信而对有价值的客户进行一番资信调查。很少有客户经理会着眼于职业的发展，通过仔细审查客户的各项事务并形成一种不信任的气氛来破坏他们与高净值人群的关系。以下问题都存在破坏私人银行与其客户关系的潜在风险，比如"这些资金从哪里来？""它们代表什么？""这些资金的去向如何？""为什么要转移这些资金？"尤其在某些特定的文化中，提出此类问题等于指责客户。这样做的后果便是导致私人银行对客户进行尽职调查的程度与客户存在洗钱风险的程度成反比。难道要让私人银行为了对危及其员工安全的几百万美元，而去向一个非洲产油国的统治者的侄子问一两个尽职调查的问题吗？比如他的财富从哪里来、代表着什么？

有价证券

有价证券名目繁杂，包括股票、债券、定期存单、汇票、信托投资基金、共同基金、期权、期货和信用违约掉期等。它们共同为洗钱者提供了大量经过粉饰的机会，原因有以下两点：（1）有价证券市场是庞大的，从而创造了一个交易的机会，因为要在全球主要和次要证券市场每日进行的十亿次证券交易中识别出某一项交易是根本不可能的；（2）证券市场有无以伦比的多样性，它涉及多种可以在全球范围内进行买卖的证券类型，因而形成了一条根本无法追踪的审计链条，其结果是很难从证券交易追溯到犯罪行为。

证券市场既可以用来进行上游犯罪（如操控市场、欺诈、内幕交易等），也可以协助犯罪分子洗钱。以下是证券被利用犯罪及洗钱的一些例子。

1. 小额股票（penny stocks）。第 10 章提到股票交易中的一种低价值证券，即小额股票容易被犯罪分子滥用。第 10 章中只举了一个关于操纵股票交易市场的小额股票是如何帮助避税的案例。这种证券也常常被用来洗钱：犯罪分子可用其非法所得获得小额股票，当该股票可公开交易的时候将其售出，通过这一交易，犯罪分子的资金就变得合法了。

2. 不记名债券。因为匿名且易于转让，不记名债券已经对金融体系构成了威胁。犯罪所得可以通过购买不记名债券进入金融体系，也可以任意转让给另一方，而无需金融机构了解其客户。

3. 保险合同。一名犯罪分子可以通过保险公司出售的产品将一笔钱投资到一系列证券中，比如一只共同基金或一组投资信托。这些产品附带的"冷却期"使犯罪分子有机会利用非法所得购买一份保险并在几日后要求退保，从而实现快速产生"净"钱的目的。

4. 网上证券交易。证券在线交易是一个新兴行业，其成本更低，而且取得牌照就可以运作交易平台，这就扩大了在线申请人的范围。曾有媒体报道过有不法分子通过在监管较差的司法辖区成立公司、申领牌照并建立了在线交易平台而冒充证券交易商来诈骗客户的案例。由于在线交易不需要面对面的互动，这就增大了收集交易各方的客户信息的难度，从而增加了风险。

5. 证券交易。普通的证券买卖活动极易被内幕交易利用。当一个人拥有非公开信息，而且他知道这些信息会对股价产生很大的影响，并且以此进行股票交易时，他会获得大量的非法收入。

证券市场上扮演着重要角色的人就是证券经纪人或者交易员。这些角色之所以在本质上具有可被利用的特性，并不是由于他们想故意犯罪或者处于某种有利的参与犯罪的位置，而是由于他们对经纪人 / 交易员这个角色的错误认识。所有这些的关键在于对客户信息的核查，而很多经纪人 / 交易员认为，如果他们已经帮助客户在金融机构完成了开户手续，那么他们就完成了使命，并且满足于此。

数字货币

过去 20 年，互联网完成了从出现到快速发展的过程，也催生了数字货币（有时又称电子货币或虚拟货币）的发展。与传统货币一样，数字货币也是用来购买商品和服务的交换媒介。数字货币的相对简单使其受到犯罪分子的青睐。与传统货币不同的是，数字货币在交易中不留痕迹，执法机构很难追查，而且一旦被分销出去，其交易记录也不在中介机构留存，这些特点更是增加了调查滥用数字货币的难度。有一种特别的、分销范围很广的数字货币最近颇受关注，它就是比特币。比特币是一种数字货币，可以由一个人转给另一个人，而无需通过金融机构，比如银行或信用卡中心，从而为用户节省了交易费用。比特币非常受网络交易商的垂青，因为它们在传统货币渠道大概要支付 2%~3% 的信用卡交易手续费。

所有的数字货币天生就容易被犯罪分子利用，原因很简单，因为它们是匿名的交换介质——你给我毒品，我给你可以供消费使用的数字货币——从历史角度看，数字货币与传统货币并不能随意兑换，因此数字货币的变现能力并不好，所以从洗钱的角度来看，它也并非一个理想选择。然而，因为比特币可以而且正在与传统货币进行广泛的交换，比如美元和英镑，因此在某些地方，人们认为它可以被犯罪分子利用以进行非法在线活动，同时也可以帮助非网络犯罪。这种担心有着非常充分的理由——比特币准入门槛非常低，并且可以使任何用户在纳秒之间匿名完成价值的转移。在大量比特币转换为商品、服务甚至传统货币的过程中，模糊处理易如反掌，因此使数字货币领域成为了洗钱者的天堂。

非正式的资金转移体系

哈瓦拉体系（Hawala system）和信贷证券（hundi）起源于中东，是古老的并且被广泛使用的财富转移体系。它们使财富的转移不经过任何物理的或电子的资金移动，而是通过两位经纪人（hawaladar）来实现。这两位经纪人一位在财富转移的始发国，另一位在目的国。需要汇款的人先与本国的经纪人取得联系，并将需要转移的资金交予他，这位经纪人再与目的国的经纪人取得联系。当所有的细节和口令匹配之后，收款人与目的国的经纪人取得联系，拿到资金。这样一来，资金被转移了，却没有任何外汇的流入和流出。两位哈瓦拉经纪人就这样通过不间断的相反方向的资金往来或偶尔的现金转账，保持双方在一定时期内的资金平衡。

哈瓦拉体系由像阿尔巴拉卡特（Al Barakat）和德哈布什尔（Dahabshiil）这样的公司运作，并在世界范围内被广泛使用，尤其在那些没有其他财富转移途径的国家，比如索马里。75 万索马里人生活在北美、欧洲、澳大利亚、新西兰及海湾国家，据说他们利用这种汇款体系转移了约 15 亿美元资金至索马里国内，这个数字约等于索马里全国总收入的 1/4。

这种完全合法的公司的办公室在英国的大街小巷随处可见，那里有大量移民聚居，常会用到这种汇款体系。虽然关于这种汇款体系的监管条例越来越多（2010 年，德哈布什尔在英国取得了金融服务管理局的授权），而且从技术上讲，所有的哈瓦拉体系都需要注册登记。但是与银行系统相比，通过这种途径进行的资金转移还是不易被审查。在本书第 6 章中，我分析了一宗犯罪分子利用哈瓦拉体系从索马里向美国转移财富的案例，尽管该案例是完全假设的。在第 8 章，我将例证由于哈瓦拉体系的合规风险，很多金融机构在与哈瓦拉体系保持业务关系时都会紧张不安。

第3章

离岸/在岸平分秋色

司法上通称的离岸金融中心常常因其比在岸金融中心更能吸引犯罪资本而备受指责。为此，我们需要对离岸和在岸两大金融中心的共性和个性分别给予更多考量，从而判断"离岸金融中心是由违法者控制的金银岛"这种评论有无依据。

其中一项基本的挑战就是由此争议衍生出的大量带有政治倾向性的评论，这无疑对双方而言都是根深蒂固的极端争论。一方面，我们发现大部分主流媒体和非政府机构公开谴责离岸金融区域的罪行。2008年金融危机之时，著名经济学家约瑟夫·斯蒂格利茨（Joseph Stiglitz）曾在《卫报》撰文批评离岸金融区域的银行，他说："多数情况下，它们存在的理由是监管、避税、协助犯罪、恐怖主义、毒品和腐败。"而另一方面，我们也看到离岸金融中心宣称它们在国际资本市场中有着举足轻重的作用。开曼群岛，这个在一汪清水中捍卫"创新"立法的区域，在其推广网站上宣称，离岸金融中心为"创建在岸金融区域可能不会发生的复杂的金融交易环境"提供了机会。离岸金融中心指责在岸金融中心虚伪，因为它们用自身都不遵守的标准去评判对方，比如在公司监管和信托服务监管方面。随着很多在岸金融中心开始提供与离岸金融中心类似的产品或服务，这就使"在岸"与"离岸"之间的差别逐渐模糊，这种争论就更令人好奇了。

事实上，离岸已经名不副实，因为在现实中，它（为离岸客户）提供了一系列的活动和服务，这些活动和服务为这些客户带来了在税收优化、保密性、当地法律法规方面的机会。在某种程度上，"离岸"这个术语是贬义的，很多离岸金融中心更喜欢"国际金融中心"这个称谓。不可否认的是，在一些漫不经心的旁观者看来，"离岸"会让人联想到唯利是图的巨头公司、在棕榈树下呷着小酒的黑帮老大、宽松的像是不存在的法律法规以及微不足道的税率。约翰·格里森姆（John Grisham）的畅销小说《糖衣陷阱》（*The Firm*）更是进一步巩固了这种认识，小说中提及如果获得了非法收入而想要洗钱的话，加勒比岛是一个不错的选择。然而从法律层面而言，"离岸"这一术语有着比诈骗、伪装、剑拔弩张更加宽泛的意义。

从金融的角度解释，"离岸"仅仅指客户的资产或行为所在地之外的某个地方（不论该客户是法人还是自然人）。因此，如果一位西班牙居民选择使用卢森堡的银行，那么卢森堡相对于此人的居住地而言就是离岸地。同理，如果一家美国公司将某个子公司设在爱尔兰，那么爱尔兰相对于美国而言就是离岸地。显然，爱尔兰和卢森堡都不是棕榈树环绕的海岛，而且并不仅限于此，事实上，由于为非英籍人士提供了相对有利的条件，英国是世界最大的离岸中心之一。选择居住在英国的非英籍人士无须为在英国之外获得的收入纳税，而只需缴纳少量的年费即可（在 2012~2013 纳税年度，那些在英国居住长达 12 年的外籍人士需缴纳 5 万英镑）。英国本土企业家纷纷设立离岸公司，以逃避 45% 的资本利得税，英国积极鼓励外国企业家减轻他们的税收负担，并将其储蓄投往骑士桥区和贝尔格莱维亚区的空置阁楼。

关于离岸／在岸的争论不可避免地与颇具争议的围绕税制优化的讨论交织在一起。因为按照常规的理解，到离岸中心避税的相关人士显然剥夺了收税人员的权益，因此有观点认为避税是不好的，这样离岸中心自然就被认为是有害的。但是，有非常多的国家却创造了税收套利的机会来吸引外国人，因为它们认为，经济的良性发展在很大程度上取决于吸引了多少外资和商务活动。奇怪的是，世界就像是一个以国家为单位的超级市场，成员之间都为了获得更多的资本而进行着激烈的竞争。例如，为了吸引高净值人群，主权国家（如马耳他）不惜给出优厚的税制优惠条件，如果他们愿意取得马耳他公民资格，只需 89.1 万美元的现金，或等值于 68.5 万美元的资产和投资；在西班牙，现有空置待售房屋多达 70 万套，现在，申请者只需投资价值 50 万欧元的西班牙房产即可获得居住权；在毛里求斯，必需的投资金额仅为 50 万美元。如果你投资了规定金额的资金，并且证明在该地居住了规定的年限（通常为 1 年 ~5 年），你就可以享受全球范围内（非境内）的免税收入。对资本的角逐已经演变成一场零和游戏，这就使其他司法管辖权特征变得尤为重要，比如机场的跑道长度是否足够容纳特定类型的私人飞机，以及进口宠物的检疫持续时间等细节。某司法辖区对宠物的检疫期为 6 个月，这被很多高净值人群视为一种准入壁垒，因为他们无法接受与他们的宠物分开那么长时间，为此该地将投资总值超过一定金额的人士的宠物检疫期缩短至两周。为了吸引那些寻求有利税收待遇的资本，什么事情都是可以商量的。

对于追求企业税收效益的那些人而言，荷兰的确是个不错的选择。荷兰允许企业降低资本利得税和子公司股息税，同时它还有一套广泛的税收协定网络，用以帮助企业和高净值人群减轻税务负担。这一系列策略使荷兰吸引了大量本该投往别处的资金。比如，据 U2 乐队成员介绍，因为爱尔兰调整了音乐版权费的税收规则，他们将乐队的音乐发行公司从爱尔兰变更至荷兰。U2 乐队一直严格对待他们的账务管理工作，据乐队成员博诺（Bono）介绍，爱尔兰的税务竞争对本国的经济非常有利，因为政策制定者认为有些人要出去，有些人要进来。考虑到国家对税务事宜的处理方法，他认为乐队与政府的理念完全吻合。

图 3-1 展示的是一套完全合法的方案，是被几家美国大公司采用的方案的变形。它被称为"双爱尔兰"方案。该方案充分利用了英美两国在税收制度方面的差异。

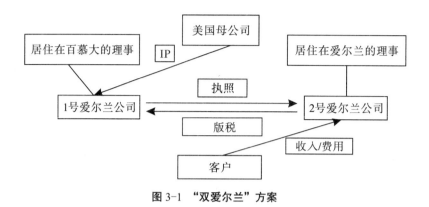

图 3-1　"双爱尔兰"方案

美国公司需要对其在美国实现的所有利润纳税，因此，其有机会将发生在美国以外的商业活动产生的利润留存在美国以外那些税率较低的司法辖区。该公司安排其所有知识产权由境外子公司持有，从而确保公司可以将通过使用这些知识产权所产生的收益全部收入囊中。如果所得利润不汇回美国，就不会被课税。在图 3-1 的"双爱尔兰"方案中，1 号爱尔兰公司持有知识产权，其课税标准将按照比爱尔兰更低的司法辖区（根据其管理和控制的区域标准）的标准来执行，比如百慕大。然后，1 号爱尔兰公司将其持有的公司知识产权授权给 2 号爱尔兰公司。在美国以外使用该知识产权产生的收益流向 2 号爱尔兰公司，大部分收益被从 2 号爱尔兰公司以版税的名义汇款至 1 号爱尔兰公司。这样一来，留存在 2 号爱尔兰公司的利润以 12.5% 的税率在爱尔兰纳税，但是大部分的收入都流入 1 号爱尔兰公司，而 1 号爱尔兰公司是根据其所在的司法辖区的标准纳税，它们或是无需缴税，或是只需缴纳很少金额的税。

你可能会质疑该方案的持续性，毕竟如果一家美国公司继续将其在美国以外产生的利润积累在境外，它如何能在不先行返回利润并缴纳 35% 的税款的情况下为股东支付股息呢？其实很简单，它们并不将利润返回至美国公司，而是通过贷款获得需要的资金，然后再要求减税还贷，从而抵消其在美国本土获得的利润。

爱尔兰在该方案中扮演的角色该如何解释呢？的确，如何让美国联邦税务局（Internal Revenue Service）认定企业采用的这种方案是合理的呢？答案在于认识到了各司法辖区之间的激烈竞争，并且在与政府打交道时，大公司持鞭在手，使政府意识到资本和工作都有很强的流动性。对美国而言，对企业在全球的收益收取 3% 的税率更可取，毕竟如果企业被其他司法区域利诱而将总部设于其他有税收优惠的区域的话，美国将颗粒无收。难道要税务机构对外宣称拥有成千上万名工人的跨国公司之所以迁居海外是因为它不合作的缘故吗？

高净值人群和企业是否应该被允许设立离岸公司并且少缴税当然是一种关于合法性的争论，但是只要税制优化没有在全球范围内被一致认定为不合法（前景渺茫），资本都将一直流向它们能够被高效运作的地区。这绝对是投机取巧。意识到这一基本的经济现实之后，自外汇管制时代终结之时，以前只靠糖和薯条维持的小型离岸中心就通过降低税率或者零税率等政策吸引外资；以往被认为专业度很高的金融服务行业也为了迎合有兴趣的客户而对其服务进行了改进。

尽管或者说也许是因为对离岸持批评态度的人士的抗议让我们意识到实施犯罪行为和避税并非是客户选择离岸中心的唯一动机，这非常重要。客户也可能是因为完全合法的原因而选择离岸中心，或许只是因为他们认为（有时并非如此）离岸公司可以更好地为客户保密。请参考以下案例。

> 一位富有的企业家与他的妻子和两个年幼的孩子住在墨西哥城，他总是担心他的孩子可能遭到绑架。当他得知墨西哥一年会发生成千上万起绑架勒索案件后，他认为他所担心的风险是真实存在的。有了这个想法之后，他随即决定将其名下的所有财产都转移至离岸公司名下，并名义上将该公司交由某信托公司管理。他反复对企业服务供应商强调保密的重要性。

如果从对离岸公司持怀疑态度的角度来审视这种关系，特别是这位墨西哥客户，只能意味着一件事情——洗钱，但事实上这种关系是绝对合法的，因为该客户作出这一决定的出发点仅仅是为了保护家人。在世界上很多国家，绑架已经发展为一个产业，所以有着这种风险的高净值人群正努力寻求通过离岸公司隐藏其资产，这对任何人来讲都不足为奇。如果没有离岸的概念，这位墨西哥企业家会怎么做呢？

离岸公司在吸引高净值人群和企业方面可谓非常成功。迅速浏览一下美国中央情报局的《世界概况》（*World Factbook*）中关于世界上最富有的司法辖区名录，只要看一眼它们的人均国内生产总值，就知道它们是何其成功。排名前20的离岸中心有列支敦士登、百慕大群岛、卢森堡、摩纳哥、新加坡、泽西岛、马恩岛、中国香港、瑞士、根西岛、开曼群岛和直布罗陀。

大多数离岸中心都能提供全方位的服务，而每家离岸公司都因自身与众不同的独特服务或产品而闻名：卢森堡有基金，百慕大有专属保险，英属维尔京群岛以公司注册闻名，马绍尔群岛以船舶注册闻名，开曼群岛有基金和证券，泽西岛的银行业和结构性金融比较有优势，毛里求斯在公司经营管理方面日渐精进……诸如此类，不胜枚举。

通过离岸中心产生的业务数量和金额都是惊人的。没有人能够精确地计算出各离岸中心存入的资金数额以及通过结构性管理控制的财产数量和金额，但是根据詹姆斯·亨利（James Henry）主导，并授权税收正义网（Tax Justice Network）[①]发布的一项研究显示，截至2010年年底，这个数字为21万亿~32万亿美元，相当于美国和日本的经济总量之和。仅在开曼群岛一地，其2013年6月的国际资产总额和负债总额分别为1.503万亿美元和1.524万亿美元，其国际跨境资产总额在各离岸中心中排名第六。

除了税收套利机会，离岸中心和在岸辖区在其他方面的竞争已经使离岸

---

① 一个宣导提高国际财务透明度的组织。——译者注

和在岸之间的差别更加模糊，公司注册和企业服务就是一个很好的例证。特
拉华州、内华达州和怀俄明州——美国各州（这些地区已经处于打击美国以
外的离岸公司的最前沿）都有成功的离岸产业，主要原因在于这些地域内可
合作的企业的不透明性。参议员卡尔·莱文（Carl Levin）强调，美国公司存
在容易被犯罪分子利用的漏洞，他指出：

> 美国一直倡导透明化经营和对外开放，我们对离岸避税天堂持
> 批判态度，是因为它们保密状态和透明度的缺乏，所以我们向它们
> 施压，让它们作出改变。但是，看看我们的后院发生了什么。具有
> 讽刺意味的是，我们并没有因透明度不够而觉得有什么不妥——那
> 只是因为暂时还没有信息可以披露。当其他国家对我们提出质疑时，
> 我们只能面红耳赤地无言以对。这损害了我们的信誉，也削弱了我
> 们赶超掠夺诚实的美国纳税人的离岸避税天堂的能力。

特拉华州是这三个州中最大的，公司注册费就占到了州年度预算的 1/4。
特拉华州的公司比当地居民更加活跃。据州政府报告，有超过一半的世界 500
强企业都在此注册，比如谷歌的注册地在威明顿桔子大街 1209 号，Facebook
的注册地在其西约 6 英里[①] 的森特维尔路 2711 号。它们的代理公司——CT 公
司和 The Company 公司——曾为成千上万家企业提供过注册代理服务。

所谓的"特拉华漏洞"对于那些在当地成立，却在别处经营的公司来讲
是真真切切的福利。免税特许使用费以及其他收入都陆陆续续进入特拉华州
企业的账户，而且在特拉华州的账本上显示的免税项目在其他地方也可以享
受减税。这些政策犹如一剂强心剂，吸引着外来的企业主。

特拉华州的信息披露制度很令人惋惜。与很多世界领先的小型离岸司法
辖区不同，企业在登记注册时并不需向当地政府披露那些实实在在的最终受

---

① 1 英里 =1.6093 千米。——译者注

益人的身份信息。再加上犯罪分子利用美国公司即可获得受人尊敬的地位和光环，美国企业提出的要与犯罪分子友爱帮助的诉求就变得昭然若揭。

令人遗憾的是，很多在岸国家都实行着与小型离岸司法辖区相同的游戏规则。它们视小型离岸中心为低等公民，因为它们认为这些小型离岸中心是资本的抢夺者（的确如此），但是这并不能阻止犯罪资本的流转。

离岸和在岸中心的区别越来越模糊，而且它们试图吸引的企业和资本也很相似，那么对小型离岸中心持反对态度又有什么意义呢？在岸组织认为，这种游戏存在弊端的原因有两个：其一，在岸中心不够灵活，不足以与离岸中心竞争，而且在岸中心人口众多且老龄化严重，官僚机构臃肿，怎么可能与加勒比地区那些不征收任何税的海岛相抗衡呢？因而，这种观点认为它们的经济利益受到了损害；其二，离岸中心按照一套全然不同的金融服务规则行事，监管过于宽松，这也就意味着在吸引了大量合法资金的同时，也吸引了大量非法资金，而这点对于在国际范围内为防范逃税、洗钱和恐怖主义融资等开展的活动危害巨大。

令监管较好的离岸中心高兴的是，后来那些反对的声音形成了近年来对它们所起作用的讨论。争论的焦点从之前有偏见的"在岸好，离岸不好"转换到了一个更高的境界：离岸中心不再因自身离岸的身份被评判，而是要看它们是否能够提供良好的监管（与在岸中心相比）。这又为批评者平添了一份苦恼。

2008 年的金融危机使在岸中心的政府开始关注离岸中心，并审视自身在促成金融危机的过程中所发挥的作用。2009 年，时任英国首相的戈登·布朗呼吁对避税天堂采取行动，他说这些避税天堂已经逃避了它们应该接受的监管。但是从布朗和八国集团的角度来看，困难在于十多年来，离岸中心已经经历了来自一系列超国家组织的严格审查，而且其中一些已经通过了审验。他们宣称像泽西岛这样的离岸中心导致了经济的系统性不稳定，这与金融稳定性论坛早期所作出的评估完全相悖，该论坛认为这些离岸海岛属于一级司法辖区。如何能因泽西岛未能充分解决洗钱问题就对其进行处罚呢？ 2008 年它还被认为是坚持了欧盟反洗钱第三号中指令的相关规定，而且这是一个壮举，即使时至今日，欧盟 17 个成员国并未全部做到。

人们已经意识到离岸中心自身既不是天生就坏，也不是监管不力。争论的焦点似乎已经超越了两者的差别，而是将它们与在岸的同行们放在了一个公平的地位加以判断。这对全球打击金融犯罪非常有利。离岸中心常常因为成见而被格外关注，这使得大的金融中心，比如美国、迪拜、新加坡、爱尔兰、卢森堡和荷兰（其中后三者为欧盟成员国）反而逃避了它们应该接受的审查。以迪拜为例，这个小小的中东城市俨然已经成为了非常重要的国际金融中心，是举世公认的国际贸易和投资的重要集散地，几乎世界上所有大型金融机构都在这里设有分支机构。现金的使用非常普遍，而且在文化上也是可以认同的。从地缘因素看，迪拜毗邻几个毒品走私和恐怖主义的高危司法辖区。然而在 2008 年（针对小型离岸中心的所有犯罪洗钱立法出台 9 年后），一项由反洗钱金融行动特别工作组发起的针对阿联酋（UAE）的评估报告显示，尽管其国内和自贸区金融活动的规模和系统重要性举足轻重，却没有发生过一起针对以下几种上游犯罪的洗钱活动：参与有组织的犯罪集团并敲诈勒索；人口贩卖和偷渡移民；性剥削，包括儿童；非法贩运盗窃商品；伪造货币；假冒和盗版产品；绑架，非法扣留或劫持人质；抢劫或盗窃；走私；敲诈；伪造；内幕交易及市场操控。同样令人担忧的是，该报告还指出，迪拜的反洗钱法并没有界定什么是可疑交易以及判断可疑交易的基础。难怪该报告还得出结论说，较之该地区的金融机构的数量，其可疑交易报告的水准也相对较低。总之，该报告是对迪拜这一全球领先的国际金融中心的一纸控诉，然而却没有得到国际媒体的关注，当然也没有被小型离岸中心批评。

那么，我们如何识别出那些容易被犯罪分子利用的金融中心呢？我认为有以下这些明显的标准可以采用。

1. 该司法辖区是否有法定的银行保密制度

银行保密法是指除特殊情况外，不应随意披露客户信息的一项立法。许多银行保密法允许数字式或口令式的银行账户——为保密起见，不在客户名称和账号之间建立联系。世界上最先进的银行保密法所在的司法区域为瑞士、新加坡、卢森堡和黎巴嫩。

2. 该司法辖区是否通过了反洗钱法？针对境外避税收入进行的洗钱是否被认定为违法行为

这一点尤为重要，因为犯罪分子不喜欢纳税。告知一家银行或企业服务供应商与它们合作是想要避税，这是个再好不过的幌子，可以掩饰很多令人震惊的犯罪活动。认定境外避税收入的洗钱活动不构成犯罪的国际金融中心有瑞士、阿联酋迪拜和卢森堡。而新加坡在 2013 年修订了本国法律，将境外避税列入了上游犯罪，这比英国皇家属地整整晚了 14 年。在此期间，英国皇家属地流失了大量此类业务，而新加坡和瑞士两国是最大的受益方。

3. 该立法是否有效

离岸服务供应商是否在一个强制实施反洗钱和反恐怖主义融资的法律环境中运作，这一点对于侦查金融犯罪活动至关重要。

2012 年，芬德利、尼尔森和沙曼进行了一项非常重要的研究，他们通过从客户处收集尽量详细的客户身份信息，调研了空壳公司的供应商们在运作过程中是否会遵守反洗钱金融行动特别工作组制定的国际准则。这些准则要求对高风险客户加强筛选排查，并且出具经第三方（如公证人）公证过的身份信息。与人们普遍的看法相反，研究发现，在避税天堂，要想得到一个无迹可寻的空壳公司的受益人身份信息比在发达国家要更难。

他们发送了 7 466 封匿名邮件，调查了 182 个国家和地区的 3 773 家企业服务供应商，其中 1 785 家是来自美国的供应商，444 家来自世界经济合作与发展组织的成员方，505 家来自避税天堂，1 039 家来自完全免征税款的发展中国家。这些研究成果被整理成一份参考采购点数（DSC），其中列举了客户在面对供应商提供空壳公司的提议后所需方式的平均数。

据调查报告显示，避税天堂的 DSC 为 25.2，而富裕的发达国家为 7.8。在美国，怀俄明州、特拉华州和内华达州是最容易提供无迹可寻的空壳公司的地区，而表现最好的司法辖区则是诸如塞舌尔群岛、开曼群岛和巴哈马这样的离岸岛屿。

4. 司法辖区是否对信托和企业服务的相关规定进行监管

考虑到离岸公司和信托，以及在第 2 章提到的对它们实施管理的相关机构天生的脆弱性，勒令企业服务供应商和专业的受托人申领执照并被合理监管势在必行。这样一来，就能确保它们依照客户信息调查原则了解并保存公司实际所有人和信托基金委托人的详细信息。研究发现，近一半的空壳公司供应商没有适当的识别方法，22% 的空壳公司供应商根本不要求任何身份证明文件。一位受访者这样大大咧咧地回应信息收集人员："因为有保密规定，我不可以提供任何信息，也给不出任何信息，就这么简单！"

5. 该司法辖区的法律是否要求披露企业所有者的身份信息

坚持将辖区内注册公司的最终受益人身份信息公开给政府对犯罪分子，包括避税者来说是非常不利的。这一要求在英国和美国都尚未实施。虽然通过引入企业公开注册制度，这一计划在英国正从零开始迅猛发展，但这也使皇家属地各岛备感压力，不得不跟随其步伐。这一举措的出发点是好的，但是人们在执行中发现完全不像当初设想的那样，因为一旦实施这一举措，人们很容易将那些有正当理由寻求保密性的合法客户（和不合法客户）推向那些比已推行这种信息披露制度 35 年之久的皇家属地的标准更低的司法辖区。这也会给这些金融中心在经济上造成重创（让它们深切体会到实施比中东和亚洲地区更为严格的标准的后果），但也使打击资本犯罪的斗争更艰难、更隐蔽。

鉴于对世界领先的小型离岸中心及其大型在岸中心竞争者之间的标准做了如上比较，对前者争论的焦点就从其监管制度转移到了税收竞争。

2000 年，经济合作与发展组织率先发布了一份"避税天堂"名单，将离岸中心定义为税率很低甚至零税率、缺乏有效的信息交流、透明度不高、不要求实质性经济活动的司法辖区。起初，这份名单只收录了一些小型的离岸中心，但随着经济合作与发展组织意识到有一些较大的国家也具有相同的特征，比如瑞士和卢森堡，这份名单也在逐渐变化。遗憾的是，经济合作与发展组织的思想还未足够解放，始终没有将英国、美国、荷兰和爱尔兰纳入这份名单，这些地区的缺席完全没有逻辑依据。如今，经济合作与发展组织如同在针尖上跳舞一般，它有三份名单：一份白名单，其中收录的全是符合特定标准的司法辖区名录；一份灰名单，其中收录的是承认相关标准的司法辖区名录；此外还有一份黑名单，其中收录的是不承认该标准的司法辖区名录。可以预见的是，灰名单中的国家并未被经济合作与发展组织视为"避税天堂"，而是被称为"其他经济中心"，这也使它们的经济活动有一点名不正言不顺。然而，许多小型离岸中心穷尽一切办法使自己符合标准，它们通过加入尽可能多的税收情报交换协议（TIEAs）从而跻身白名单，使自己成为了名正言顺的避税天堂。它们所做的一切是否会是徒劳，就要看经济合作与发展组织接下来要将球门柱置往何处了。

小型的司法辖区通过在全球自由市场上采用零税率和低税率来行使自己的主权权利当然是好的，但在这个过程中将其主权作为一种商品是弊大于利吗？对此，批评家的回答是肯定的，他们声称这些司法辖区利用其国家主权进行的套利交易对其辖区的广大居民的利益来说是弊大于利的。离岸避税计划应对美国每年损失的 1 500 亿美元的税收收入负责。但是，离岸中心的支持者则说离岸中心有各种获益的理由，不仅限于它们带来大量有效的资金从而鼓励了在岸投资。他们还主张离岸中心有助于在岸中心保持低税率，从而刺激经济增长。毫无疑问，所有的金融中心之间都存在着一种共生关系，比如英国皇家属地、伦敦、开曼群岛和纽约，而离岸中心与其大邻居则往往都是交易环节的一部分。例如，许多在伦敦证券交易所上市的公司都是由税收中性的离岸实体所有。2013 年，伦敦市长将泽西岛称为英国经济"一个非常棒的帮手"，他还补充说："它们通过节税的举措聚集了大量资金，再将这部分资金送往伦敦，这对英国经济是一个极大的利好。"他的观点是否正确不在本书考虑范围之列，但是难免不令人反思。显而易见，尽管压力重重，小型离岸中心仍将继续被接受。有人怀疑如果它们的存在被认为会对英国或美国的利益带来诸多不利，那么可能会有更严厉的举措出台来限制在岸银行、企业和高净值人群使用它们。自 2008 年以来，还没有这样的措施出台——毕竟在岸经济经历了前所未有的紧缩期，这是否会让离岸中心感受到久违的安全感？

　　为此，从某种程度上讲，它们应该感谢中国。中国的香港和澳门（两地都是具备避税天堂特征的大型金融中心）都不在灰名单之列。为什么？因为有来自中国政府的积极推动。毫无疑问，中国领导人已经意识到流经其离岸卫星辖区的资本管道对中国经济的价值，因此，中国政府是不会对国际社会采取的任何不利于这两地经济持续发展的举措坐视不管的。如果英国和美国有效地关闭了它们的离岸金融中心，那么那里的资金就会东流，进而会巩固亚洲的新兴经济主导地位。如果发生了这种情况，那么大量的国际资本将聚集在金融中心，而且由于它们的运行规则，更难以对其实施影响和监管。对加勒比地区和英国皇家属地持批判态度的批评者也应该重新审视他们的期望。与此相关的信息来自于由国际调查记者协会（ICIJ）耗时两年完成的一份研究报告——《离岸秘密》（Offshore Secrets），报告中收录了超过 200G 被泄露的有关英属维尔京群岛公司的信息。研究还发现，至少从目前来看，"离岸"——不论其地处伦敦、爱尔兰、特拉华州，抑或是棕榈树环绕的岛国——看上去都像是企业、高净值人群和不法分子们工具包中的一件工具。

第 4 章

毒品交易

　　据报道，2010 年，在墨西哥与美国得克萨斯州埃尔帕索南部接壤的边境小城华雷斯共发生了 3 111 宗谋杀案。从这个角度看，伦敦的人口规模为华雷斯的 8 倍，但在同一年，伦敦的警察只处理了 124 宗谋杀案。据估计，在墨西哥全境，每年约有 25 000 人被谋杀，甚至还有定期的群体杀戮。受害者的尸体经常被肢解或毁容，大量尸体暴露在公众场合的现象也并不少见。这是显示贩毒集团威力的一项重要指标，也是其背叛者或反对者常有的下场。2012 年 5 月的一天，在蒙特雷东北部某城市的路边，人们发现了 49 具受害者遗体，有证据表明，本次屠杀的幕后主使是墨西哥最大的黑社会组织哲塔斯（The Zs）。在此之前几天，人们在该国西部某城市的一辆废弃车辆内发现了 18 具被肢解的尸体；在同月稍早时候，在另一个边境城市新拉雷多，也发现了 23 具受害者遗体。对于贩毒集团的头目来说，较之于控制贩毒路线并攫取财富，逝去的生命根本不算什么。他们通过处决的方式进行屠杀，从而向墨西哥民众显示贩毒集团的威力。

　　近年来在墨西哥发生的死亡事件大多应归咎于贩毒集团为抢夺跨越美墨边境的霸主地位而采取的行动。美墨边境线长达 3 145 公里（大约是英国边境线的 3 倍），沿线有美国各州，如加利福尼亚州、亚利桑那州、新墨西哥州和得克萨斯州；也有墨西哥各州，如巴哈墨西哥州、索诺拉州、奇瓦瓦州、科阿韦拉州、新莱昂州和塔毛利帕斯州。从北部进入美国的毒品供应路线是贩毒集团争夺的目标，这些犯罪集团包括华雷斯、蒂华纳、哲塔斯、海湾和锡那罗亚等。2006 年，费利普·卡尔德隆（Felipe Calderon）的新政府向贩毒集团宣战，随即拉开了最近的毒品战争的帷幕，政府开展了一系列的镇压行动。由此开始，墨西哥的谋杀案发生率迅速增长。

2004 年，世界卫生组织（WHO）估计，全球每年约有 250 000 人因非法毒品丧命。总部位于维也纳的联合国毒品和犯罪问题办公室（UNODC）在其发布《2005 年世界毒品报告》（2005 World Drug Report）中披露，非法毒品的年度零售市场销售额约为 3 200 亿美元。该报告指出，这一数据比世界上 90% 的国家的 GDP 还要高。当时，这一数值几乎占全球 GDP 的 1%，况且这个数字只是个估计值，实际上它可能是保守的，因为就这个市场的本质而言，这个数字是保密的，没有人愿意承认其涉及的款项。

可悲的是，世界上主要的产毒国往往是世界上最贫困以及执法力度和安全感最低的国家。某些经济体对毒品的依赖迫使自己陷入了恶性循环，这些经济体想要恢复法律和秩序，却造成了更多的混乱。毒品无可争辩地与发展问题、犯罪、恐怖主义和政治不稳定息息相关。例如，鸦片产量约占阿富汗经济的 1/5，塔利班因此获得了上百万美元的非法收入，用以资助它们的恐怖活动。毒品交易收入也是哥伦比亚革命武装力量游击队组织的主要经费来源。2011 年对黎巴嫩裔哥伦比亚人恩曼乔（Ayman Joumaa）的指控就是因为其帮助哲塔斯犯罪团伙分销毒品，他一个月的洗钱金额高达 2 亿美元，该指控称恩曼乔团伙成员将非法收入捐献给了黎巴嫩真主党。这些案例充分说明毒品交易与恐怖主义之间存在着某种内在联系。

可卡因、鸦片、大麻和安非他命是在全世界范围内被广泛生产的四种非法毒品。

可卡因多产于南美洲。哥伦比亚、秘鲁和玻利维亚种植有大量的可可叶作物。在可卡因被毒贩通过网络分销往世界各地之前，它们在位于丛林中的秘密实验室被加工出来，加工场所多位于哥伦比亚。大部分可卡因经墨西哥被运往美国市场，它们或经边境陆运或海运被运往美国。它们通过船只，或者通过贩毒集团拥有的高精度的远程潜艇被运输。在边境通过陆运的方式运送毒品的方式多种多样，近年来出现的方式主要有通过梯子、隧道、使用弹弓射击包裹等。运往欧洲市场的份额有时会通过美国，但是由于加勒比地区的航线中断，越来越多的贸易通过西非来完成，因为沿海地区政府和边境巡逻部门无法对其采取禁令。

阿富汗是世界主要的鸦片产地，2012 年，其产量占到全世界鸦片总产量的 74%，其余产区主要在老挝、缅甸和墨西哥。一旦鸦片被加工成海洛因（通常在原产国或邻国进行），它们将会通过一系列不同渠道被送至最终用户手中。阿富汗的毒品通常经巴尔干半岛或土耳其被运往欧洲，而美国吸毒者的毒品则大多由哥伦比亚和墨西哥的生产者提供。贸易路线也在不断地演变和发展，正如在东非看到的情形一样，这一区域的国家也逐渐成为了鸦片制剂的主要分销地。

大麻脂和大麻药草是大麻属植物的两种主要产品。草本植物大麻在全世界范围内被广泛种植，主产区在南美洲和亚洲，但所有国家都有小规模的本地化生产。它是中美洲的贩毒集团的主要经济收入来源，而且用于跨边境运送大麻的方法也非常复杂。大麻脂主要产于阿富汗和摩洛哥。联合国毒品和犯罪问题办公室的数据显示，摩洛哥的大麻脂主要通过西班牙进入欧洲，而阿富汗的大麻脂则主要提供给邻国或北上送至俄罗斯。在美国查获的大麻脂主要产于摩洛哥，而在加拿大查获的大麻脂则主要产于阿富汗。

除了从植物中提取的天然毒品，合成毒品（摇头丸、安非他命）的数量与日俱增。这些合成毒品多数也产于南美洲，它们使用化学品制作，而这些化学品有着与可卡因和鸦片相同的运送渠道。联合国最近确立了一个关于新精神活性物质（NPSs），也被称为"合法兴奋剂"的增长模式，目的是使这些合成毒品在法律框架内受到控制。2009 年年底，联合国成员国称共有 166 种

资本犯罪
金融业为何容易滋生犯罪
Criminal Capital: How the Finance Industry Facilitates Crime

新精神活性物质；到 2012 年中期，这一数字已飙升至 251 种。

在交易过程中，每接近最终用户一步，毒品的价格就会大幅上涨。在哥伦比亚，一定数量的可卡因的生产和加工成本可能只有几美元，但是随着其在供应链一步一步下行——到贩毒集团分销商手中，经过边境到达美国的城市，到一个主要毒贩手中，到接头，到俱乐部中的最终用户手上——毒品的价格一步一步飙升。毒品价格的不断攀升并非由于其质量更好或者更有效果（恰恰相反，或许将它加入危险药剂的行列，会让它走得更远）。2011 年，联合国毒品和犯罪办公室发布了一份名为《毒品走私和其他跨国有组织犯罪造成的非法资金流动预估》（*Estimating Illicit Financial Flows Resulting from Drug Trafficking and Other Transnational Organized Crimes*）的报告。据报告称，尽管 2009 年可卡因销售实现了总计 840 亿美元的利润，但当年种植可卡因的农民的收入只有 10 亿美元。每 1 美元的原叶价值乘以 84 才相当于产品在达到欧美消费者手中时的价值。巨大的利润都被策划毒品走私的那些人收入囊中。

毒品交易的社会成本是不可低估的，不仅因为其会使产出国出现混乱，而且加工毒品的化学制剂也会对环境造成破坏。此外，在消费国，它还会带来滥用非法物质的社会成本，比如为了购买毒品而进行的犯罪行为；为了保护毒品而实施的谋杀；为治疗上瘾的身体和精神所要投入的社会预算。据美国政府估算，2007 年用于非法药品消费的成本达到了 1 930 亿美元，该成本在英国约为 150 亿英镑。这些数据包括健康服务、监狱、法律成本、生产力损失、威慑物和社会福利，而且两个国家的数字都基本相当于全国 GDP 的 1%。

与毒品生产相伴而生的是腐败。在 2013 年透明国际公布的腐败感知指数排名中，阿富汗在总共 177 个国家中排名 175 位，而且在对腐败程度进行评分中，在 1（严重腐败）至 100（非常干净）的评分机制中，阿富汗得分为 8 分，这并非巧合。墨西哥和哥伦比亚这两个拥有巨大财富和完善的基础设施的国家，得分也仅为 34 分和 36 分。大部分位于中美洲的毒品组织都向执法部门或政府支付了大笔钱财，如果这些执法人员和政府不帮助贩毒集团，贩毒集团将扰乱他们的贸易活动或者威胁他们（或家人）的生命。危地马拉和洪都拉斯两国在南美洲的毒品运送过程中至关重要，两国都经常会因腐败的警察和军队以及美国支持的那些想要重新夺回控制权的政府军之间的冲突而陷入战乱。

在某些情况下，法律和秩序的力量与暴力和胁迫的力量之间的竞合关系是非常明确的。像洛斯哲塔斯本身就由一支墨西哥特种部队组成，其前身是专门对抗毒贩的，后来这支部队脱离了军队，继而带着武器装备和专业的军事技能加入了海湾贩毒集团，之后它又很快独立出来，成为一个极度高效和残忍的组织。该组织被认定对墨西哥多起残忍的谋杀案负责，它也是该国覆盖地理区域最广的贩毒组织。

在主要的可卡因交易地区，高级官员时常会因涉嫌腐败被拘捕。对此，有担心认为这种情形因与当地的犯罪行为是一种制衡关系而不会被杜绝。2010 年，墨西哥金塔纳罗奥州前州长马里奥·埃内斯托·维拉纽瓦·马德里（Maria Ernesto Villanueva Madrid）因涉嫌腐败被引渡到美国。他面临的指控是接受华雷斯贩毒集团的高额贿赂，并阻止司法机关在辖区内采取拦截向美国运毒的船只的措施。根据对维拉纽瓦的指控，其收取的贿赂已通过雷曼兄弟银行的一位代表进行了清洗。2012 年初他承认犯有洗钱罪，被判处有期徒刑 11 年。

此外，有数百名警察、政客、律师、法官和其他相关岗位的工作人员（如海关关员、狱警）以及边防军等都接受了贩毒集团的钱财，替其办事。锡那罗亚贩毒集团的头目乔奎因·古兹曼（Joaquin Guzman）于 2001 年成功越狱。据报道，他支付了狱警一大笔钱后，该狱警协助他躲在一辆洗衣车车后成功出逃。在他逃亡期间，古兹曼位列《福布斯》杂志公布的 2012 年亿万富豪排行榜的第 1 153 位。2013 年，他在该杂志评选的全球最具影响力人物中排名第 67 位。据称，古兹曼曾在一家餐厅为在场的所有人埋单，只为换取他

们三缄其口。2014 年年初，他在马萨兰被抓获。

中美洲的贩毒组织多具有高度精密和组织良好的网络，它们有专业的法律和金融顾问、高效的武器装备和现代通信技术，实质上它们的管理方式具备了跨国企业的特质。它们创意无限，不断发展洗钱技术，并且特别善于利用国际金融各方面的优势。其结果是金融机构频频发现自己已经被贩毒分子利用。这不足为奇，但令人惊讶的是这些金融机构竟无法采取有效的预防措施。

鸦片的交易手段鲜为人知，因为其主要产地都是穷困国家，这些国家进入正式的国际金融网络的渠道是非常有限的，甚至根本没有。这就意味着鸦片的生产者和交易者极少利用传统的银行交易方式，他们极有可能通过其他支付渠道，如哈瓦拉这种在世界范围内依靠经纪人完成交易的非正规支付系统来获取他们应得的利润份额。联合国毒品和犯罪办公室估计，在阿富汗，90% 的交易都是通过哈瓦拉实现的。2015 年，仅在赫尔曼德和赫拉特两省，通过哈瓦拉流转的海洛因款项就高达 10 亿美元。鉴于此，尽管在其原产国，小规模交易的组织可能会使用金融体系，但是我们推断，从原始经销商就开始渗透入标准的金融体系的可能性不大。这一推断最近得到了证实。在英国曼彻斯特警方破获的一起涉毒洗钱案中，标准的银行系统和哈瓦拉银行系统都被用到了。在英国法庭上，人们了解了毒品收益是如何交给哈瓦拉海外放债人，进而这笔钱又是如何通过经纪人被转往英国的过程。其中一位被告通过密码从放债人处得到资金，这是典型的哈瓦拉式交易，然后他再将这笔款项存入其在曼彻斯特的银行账户。

大多数毒品交易都是现金支付的。从毒品使用者用少量美元在街角购买极少量的吸食毒品，到当地经销商将大量存货卖给毒贩，以及贩毒集团头目从生产者手中购买初级产品，所有的交易都采用现金支付以避免被发现。然而，仅仅使用现金对卖家来说是不够的，要用现金进行大笔买卖或者将大量现金存入银行而不被觉察，这些都越来越难做到。主要的现金利润都不是在本国产生，也不使用当地币种，并且为了便于向贩毒集团头目支付，这笔钱就必须被放入金融体系或者用于跨境交易。一个墨西哥或哥伦比亚的贩毒集团头目每个月应该都有上百万美元进账，其中一些将被用于现金支出和贿赂，还有一些被用于黑市交易，但是为了便于移动，其余部分将被放入金融体系并被兑换成比索。

因此，贩毒分子也要采用各种方法来清洗他们的收入。传统的方法包括将这部分非法所得混入他们从其他产业中实际获得的利润，比如赌场、出租车公司、酒吧和小商店等。然而，随着银行和政府严格管制大额现金存款，洗钱者也逐渐找到其他方式藏匿他们的资金。

一种受广大贩毒组织喜爱并且在经济上非常重要的洗钱方式是黑市比索交易，这种方式在哥伦比亚贩毒组织中的使用率非常高。这是一种基于贸易的金融交易系统，其服务能让参与各方都满意：贩毒集团头目用大量美元换取当地货币，中间人在黑市以美元兑换比索并收取佣金。这样一来，合法的商人就可以从黑市获得美元，用于进口商品并在本地销售。

一般的情景是这样的：美国的消费者用现金换取他们一时的快感。大量的交易导致大量美元以现金的形式迅速聚集——通常存放在一间专用的"安全屋"中——这对贩毒组织转移这笔钱造成了极大的困难。通常从物理量来看，在美国本土聚集起来的毒资远远多于换取这些现金的毒品的量。贩毒组织想要将这笔资金转移至国内兑换成比索，但是在美国，向银行账户存入大量现金而不被调查是不可能的，而且在哥伦比亚境内转移美元，并将美元兑换成比索也存在着被禁止或被没收的风险。

剖析这种场景就会发现其中涉及五个主要角色：一名毒贩、一位经纪人、一个生活在美国的哥伦比亚人、一家自由贸易区的公司和一位哥伦比亚商人。该情景的必要条件是：一间位于美国的安全屋、一个美国银行账户和一些银行支票。此外，主要有四种行动：哥伦比亚人开立美国银行账户、毒贩出售

美元以换取比索、商人购买美元支付比索和商人购买奢侈品。这些情景主要发生在三个地点：哥伦比亚、美国以及像巴拿马一样设在某国的自由贸易区。

第一部分简单直白，而关键在于参与其中的这些在美国居住或者去美国访问的哥伦比亚人。这些哥伦比亚人在美国以比索黑市经纪人的身份开立支票账户，以换取一定数量的美元。接下来，他们再往该账户存入少量的小额存款，以确保该账户的活动在表面上是合法的。账户所有人在所有支票上签字，只是金额和受益人都留出空白。接下来，账户所有人将支票本交给经纪人，这样就出现了如图 4-1 所示的关系。

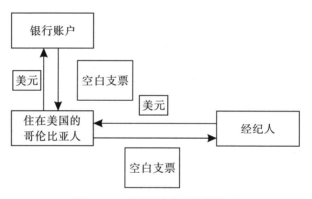

图 4-1　五个主要角色之间的关系

毒贩需要他的毒资留在哥伦比亚，而且是以比索的形式。经纪人正是他所需要的那个人。经纪人会帮助他换取比索，以减少其美元持有量。他们之间兑换的汇率也肯定低于官方公布的汇率，但是毒贩会选择承担这方面的损失。这样一来，一切都在暗中进行。用约定的汇率，经纪人将比索从其在哥伦比亚的银行账户转入毒贩在哥伦比亚的银行账户，毒贩收到比索后便指示经纪人去美国的安全屋拿到美元。毒贩自此就可以退出这个场景了。这时，经纪人会派他藏匿于安全屋周围的"蓝精灵"去取出与他汇出比索金额相同数额的美元，并将拿到的美元存入他早已准备好的"空壳"

账户。此过程如图 4-2 所示。

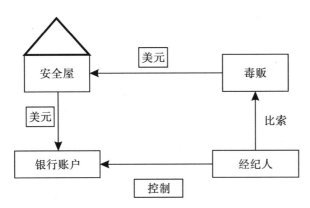

图 4-2　毒犯与经纪人的合作

　　第三方现在进入了镜头：一位哥伦比亚商人，他想要换取美元，以便参与国际贸易。假设他想从巴拿马的科隆自贸区进口价值约 3 万美元的黄金。他已经和经纪人就换取 3 万美元的支票在汇率上达成了一致。这样一来，该商人就可以以美元支付科隆的卖家了，并且他还避开了双方口岸的正式检查和必要的关税。此外，他也逃避了通过正规银行系统换取外汇的手续费，而经纪人则通过此次交易补充了他的比索金额（支付毒贩比索以换取安全屋中的美元后，比索存量殆尽）。该过程如图 4-3 所示。

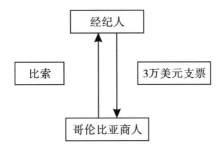

图 4-3　哥伦比亚商人与经纪人的交易

最后，商人将科隆那家公司的信息填入收款人处，黄金公司则兑换了支票（或许在当地，或许在一个美国的银行账户中），发运了黄金。商人会在收到货后在哥伦比亚出售这批黄金。该过程如图 4-4 所示。

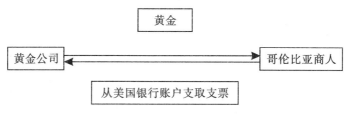

图 4-4 哥伦比亚商人与黄金公司的交易

通过这种方式，毒贩在哥伦比亚收到了比索；商人用美元从科隆进口到了商品；美元支票被当成了一种购买黄金的支付手段；科隆的黄金公司在整个过程中亦有同谋关系，买家用美元对其进行了支付；经纪人赚取了佣金并收取了费用。

自从为了限制洗钱而限制美元兑换后，这种模式也开始在委内瑞拉被广泛使用。限制洗钱的政策并没有达到预期的效果，只是迫使毒贩们开动脑筋，来寻求一种更有创意的跨境资金转移方案。他们将毒资伪装成贸易债务支付，并在此过程中避开了海关。另一种方案是哲塔斯贩毒集团利用幌子公司的名义购买赛马，通过以高于市场价格的价格转卖赛马的方式完成了洗钱过程。

另一种进入常规银行系统的合法渠道是利用外汇交易所——货币兑换所（CDCs）——可以将走私进入墨西哥的美元兑换为比索。走私者有其掌握的统计信息——据政府估计，在已确认的成功携带入境的现金中，被抓的比例不足 1%。边境检查时常会发现，有些汽车在可以想象到的所有角落和缝隙中都藏有一沓一沓紧紧捆扎的纸币。2004 年 1 月的一天，在诺加利斯，警察在一辆经美国亚利桑那州边境抵达墨西哥的车辆的车胎内发现了 30.1 万美元的现金，在另一辆穿越了边境并向东行驶了约 100 米的车辆的操作台内发现了

10.8 万美元的现金。

当车辆通过边境后，毒贩就得到了这些现金，但他们更希望将这些现金兑换成当地货币，而货币兑换所正好能提供这样的服务。参与的双方都能从兑换中获益：毒贩用美元换取当地货币，而美元紧缺的货币兑换所则有了一个获得便宜美元的机会。从美国政府的角度来看，他们担心货币兑换所在美国的美元关联账户会成为毒资进入美国金融体系的通道。

尽管由毒品贸易产生的年利润通过购买更多的产品以及支付给走私贩、分销商、毒贩、警卫、腐败的警察和政治家又被重新投入这个行业，但据估计，超过半数的资金都通过标准的银行系统进行清洗。这些钱并没有安安稳稳地躺在贩毒组织头目的保险柜中，而是流入了国际金融体系。

尽管在 20 世纪 90 年代初期，当国际商业信贷银行被发现在心知肚明的情况下精心策划帮助巴勃罗·埃斯科巴（Pablo Escobar）的麦德林贩毒组织洗钱时，国际舆论对其备加谴责，但是之后的 10 年证明，银行业仍然很脆弱。一些金融机构根本没有制定防止贩毒分子洗钱的必要核查措施，从而使犯罪分子能够跨境转移大额资金而免于接受处罚。

其中一个典型的例子就是美联银行。美联银行当时正处于其发展的巅峰时期，堪称美国最大的银行之一（2008 年被富国银行收购）。美联银行之所以进入公众视野是因为一项调查显示其为向美国运送毒品的飞行器提供融资服务。顺着毒品案件的卷宗顺藤摸瓜，调查人员很快发现了美国北卡罗来纳州银行存在的问题。原来，美联银行对反洗钱活动控制不严，一些客户便借此通过该银行对涉毒资金进行洗钱。

货币兑换所是这次调查的核心。自 2005 年 9 月至 2007 年 12 月这段时间，调查人员发现美联银行为 22 起此类货币业务提供了相应的银行服务。据官方文件描述，调查人员发现的确凿证据和危险信号都足以证明货币兑换所开设在美联银行的账户进行了大量洗钱活动。此类行为例证美联银行通过以下三

种途径为货币兑换所提供服务。

第一，美联银行向货币兑换所提供电汇服务。这样，货币兑换所的墨西哥客户就可以通过电汇把钱汇给全球范围内的任何收款人。调查人员也发现了对此服务的多种不当使用。在一个案例中，在两天内，从美联银行汇出了10笔电汇，金额都是整数，且收款人都是某飞行器经纪人的一个托管账户。调查结果后来表明，这笔汇款的发起人的身份信息是假的，而涉及该笔汇款的企业是一家空壳公司。该飞行器上最后被查出携带了2 000千克可卡因。

第二，各货币兑换所都申请了美联银行的大额现金服务，也就是说，客户可将存放在货币兑换所的大笔美元现金运回美国，最终变成联邦储备。不到三年时间，从墨西哥的高风险货币兑换所和其他相关国外大额现金客户处返回了约140亿美元。如果这笔资金都是面值20美元的纸钞，那么就相当于有780吨现金被从墨西哥运往美国。这是相当惊人的。加之个别货币兑换所实际每月超额完成50%，而这些竟然没有引发关于这些货币来源的争论。令人吃惊的是，银行竟然未出台任何书面的、正式的反洗钱政策，以确保任何与该项服务关联的可疑活动都能被及时上报。

第三，进入美国金融体系的途径是通过"钱袋"存款服务。货币兑换所将大量客户支票和旅行支票（以美国银行为付款人）捆绑在一起，并且将这些支票都放入"钱袋"，然后存入美联银行。美联银行进行的一次交易审查发现，在2005年4月至2007年5月间，有墨西哥的货币兑换所通过美联银行处理了金额高达200万美元的连号旅行支票，这些支票都没有注明合法的姓名，其中有64%旅行支票有"非正常"记录。所有这些都在延缓起诉协议的事实陈述中作为"易于识别的洗钱活动模式"进行了描述。

2007年年末，美联银行结束了与货币兑换所之间所有的合作关系。尽管有明显的风险，但该银行以前似乎非常欢迎货币兑换所的业务。迈阿密是毒品交易的高发地区，而货币兑换所的代理账户所带来的风险也可能不是什么秘密了。据官方报道称，尽管警钟响起时，美联银行加强了其货币兑换所的业务，甚至于 2005 年购买了加州联合银行征求国际代理行客户的权利。美联银行显然知道加州联合银行因为反洗钱的问题已经决定退出交易所业务。加州联合银行的退出将导致美联银行自身的货币兑换所业务的急剧增长。

参与这次调查的机构可谓众星云集，阵容强大：美国缉毒局（the Drug Enforcement Agency）、佛罗里达州南部的联邦检察官办公室、美国国税局、美国金融犯罪执法网络（FinCEN）和美国货币监理署。在整个调查过程中，美联银行完全配合，并向美国政府提供了近 800 万页的文件资料以配合调查，其中美联银行的货币兑换所账户中有 1.1 亿美元涉毒资金被锁定。尽管没有任何证据表明美联银行有意通过其向货币兑换所提供的服务协助犯罪分子洗钱，但是该银行对其与货币兑换所之间资金流向的监管失误被认定是严重的、系统性的。在事实陈述中，结论包括对从大额现金客户处收到的、金额高达 140 亿美金的资金监管不足；没有及时察觉并报告两年内从在美联银行设立的代理账户流转的、约 400 亿美元的资金；对于替货币兑换所电汇金额高达 3 730 亿美元的资金这一行为，一位美联银行的员工——后来成为了一名举报者——向《卫报》讲述了他的经历。他曾向上级提出关于此类交易的警示，但是未被关注。

2010 年，美联银行与司法部就其故意不出台反洗钱计划及未上报可疑交易签订了延缓起诉协议以解决这些控诉。美联银行被没收了 1.1 亿美元，并同意支付 5 000 万美元作为罚金。让"毒品战争"的发起人彻底失望的是，美国联邦检察官杰弗里·H. 斯洛曼（Jeffrey H. Sloman）将美联银行的合规性定义为给予"贩毒集团一个虚拟的全权委托以资助他们的行动"。

在过去的十年中，汇丰银行在墨西哥的行为也被各种官方机构审查。在墨西哥和美国对该银行的反洗钱措施作出的评估中，参议院常设调查小组委员会和美国司法系统的各级机关分别列举了一连串系统漏洞，并指出正是这些漏洞使毒资能够穿过银行的重重保护，最终进入美国的金融体系。在 2012

年汇丰银行与政府达成的延缓起诉协议中，汇丰银行承认其在不建立或维持有效的反洗钱计划中存在主观故意行为，并且未对国外代理账户进行尽职调查。延缓起诉协议最终确定，正是由于这些失误，至少有 8.81 亿美元的毒资通过美国银行完成了洗钱，这其中包括来自墨西哥的锡那罗亚贩毒集团和来自哥伦比亚的北谷贩毒集团的贩毒收入。此事最终达成了一致，由于这些失误，汇丰银行或缴纳 19 亿美元罚金，或缴纳该银行当年的税前利润的 10% 作为罚金。包括事后该银行采取的一系列措施在内，美国汇丰银行为补救此事带来的损失花费了约 2.9 亿美元。

汇丰银行在墨西哥的悲剧可以追溯至 2002 年汇丰银行收购墨西哥第五大银行巴特尔金融集团，并且接管了上百万当地客户和近千名银行职员。汇丰银行墨西哥分行在接下来的十年中所遇到的大部分问题都有可能源于本次收购，甚至在收购成交之前，人们都有关于可能破坏其前身一些传统的担心。收购前，汇丰银行对巴特尔金融集团进行了一次审计，发现其事实上并没有一个合规部门，而且汇丰集团的合规部主管大卫·巴格利在那时的一封电子邮件中也承认反洗钱和合规职能几乎不存在。汇丰银行合规部门的一位高级职员向其同事报告，一位墨西哥监管者对巴特尔金融集团的管理有很深的担忧，并称该银行的法律部门并不为其居心不良感到愧疚，且极度平庸。尽管有诸多担忧，汇丰银行还是一往直前，于 2002 年 11 月以 11 亿美元的价格完成了对巴特尔金融集团的收购。

汇丰银行收购巴特尔金融集团所带来的问题既是汇丰银行墨西哥分行接下来失败的原因，也是催化剂。这些问题在墨西哥黑社会猖獗的社会环境中根深蒂固并蓬勃发展。关于这一点，监管者声称有一盒录音带可以佐证，其中一位大毒枭推荐可以使用汇丰银行墨西哥分行，接着毒贩就设计出一个特别的盒子，刚好与汇丰银行墨西哥分行的出纳窗口大小一致。因为汇丰银行位于伦敦的总部与位于美国的汇丰银行及汇丰银行墨西哥分行之间就洗钱问题缺乏沟通，再加之汇丰银行墨西哥分行在自审之后并没有严格执行某些培训项目，这就导致了问题的进一步恶化。

　　美国一开始担心国内或国外的犯罪所得会通过美国金融体系清洗，而且整个过程会使用美元。这些风险可能会影响银行对待海外客户及其交易的态度，汇丰银行各分行针对不同司法辖区附加了一份风险等级细则。奇怪的是，尽管有很多不符合的指标，汇丰银行美国分行依然将墨西哥评定为最低风险等级（2009 年其风险等级更合适的评级是最高级）。这样的等级评估导致的后果是一笔来自墨西哥的金额为 6 700 亿美元的电汇竟然被银行的监控系统排除在外。

　　汇丰银行美国分行对其代理行业务的监管被认为是失败的。例如，汇丰银行墨西哥分行利用其与美国的代理关系替客户处理其在开曼群岛的账户中的资金，由于没有充分调查了解客户信息，汇丰银行墨西哥分行替其客户在开曼群岛开设的银行账户大多数都是可疑的（一次专项调查显示，甚至有 15% 的账户根本没有卷宗）。据一位汇丰银行墨西哥分行的合规官透露，有的开曼账户被有组织的犯罪大肆滥用。据统计，2008 年，开曼账户总计有 6 万余个，由大约 5 万客户持有，总资产约 21 亿美元。与开曼账户相关联的账户的风险大规模凸显是在 2008 年年中。从表面看，部分原因是由于人们发现了有特定的汇丰银行墨西哥分行的开曼客户向一家美国公司进行大额支付，并声称用于为毒品交易组织提供飞机。在采取了一定措施补充了客户信息之后，汇丰银行墨西哥分行称其在开曼群岛有 20 000 个账户，存款总金额约为 6.57 亿美元。考虑到像开曼群岛这样的离岸司法辖区固有的风险，参议院委员会警告称，这都是由汇丰银行美国分行评估了风险并决定，是否继续通过汇丰银行墨西哥分行的代理账户继续审核开曼账户的交易。

　　汇丰银行墨西哥分行还提出了其与汇丰银行美国分行之间的银行券业务容易被利用以进行洗钱。在 2007 年和 2008 年，汇丰银行墨西哥分行共向美国汇丰银行销售了价值 70 亿美元的银行券。此金额之大致使当局认为除非包括毒资，否则不可能达到。2008 年 1 月至 9 月间，由汇丰银行墨西哥分行返回其美国总部的资金量占到了市场总额的 36%，甚至是墨西哥最大的银行墨西哥国家银行返回资金量的两倍，而当时汇丰银行墨西哥分行仅是该国第五大银行。2006 年至 2009 年间，汇丰银行美国分行并未对汇丰银行及其各分行之间的银行券业务进行有效的监管。很显然，它还没有意识到通过汇丰银行墨西哥分行账户用美元进行洗钱的趋势。在两年时间内，汇丰银行墨西哥分行仅从墨西哥锡那罗亚州输出的资金总量就达到了 11 亿美元，而这正发生在汇丰银行墨西哥分行发现其各分行员工涉及大规模洗钱计划期间。

银行券业务在当时尤其容易被那些专门提供面向美国银行的汇款业务的货币兑换所滥用。在与汇丰银行墨西哥分行有关的货币兑换所中，最出名的一个就是普埃布拉兑换所了。20 世纪 80 年代末，普埃布拉与巴特尔金融集团合作，开始其银行业务；2004 年，它与汇丰银行美国分行开立了银行券账户。之后，它的银行券业务蓬勃发展，根本无暇顾及普埃布拉是否涉嫌接收贩毒集团从美国走私到墨西哥的非法贩毒收入。所以，2007 年 5 月，当伦敦和迈阿密的 23 个美联银行账户共查获价值 1 100 万美元的普埃布拉资金时，银行再也不能声称不知情。此消息一出，汇丰银行美国分行即刻终止了其与普埃布拉之间的关系，但是汇丰银行墨西哥分行却未这样做，直到六个月后，墨西哥检查总长勒令它们终止与普埃布拉的关系。

另外一则关于监管不力和对洗钱缺乏监管的案例是关于墨西哥华人富商叶真理。叶真理被指控与锡那罗亚贩毒组织有联系，并于 2007 年 7 月因被控涉毒拘捕。除了叶真理被发现通过普埃布拉洗钱的事实外，汇丰银行墨西哥分行实际掌握着叶真理及其名下公司的账户，其中一家公司名为尤迈（Unimed）。此前很多年，尤迈公司就曾引起监管部门的注意，但是汇丰银行墨西哥分行拒绝接受关闭该账户的建议，并声称"尤迈一切正常，有合理得当的记录并在业界得到认可"。墨西哥财政和公共信贷部最终发现，自 2003 年至 2006 年，叶真理及其公司利用四家包括汇丰银行墨西哥分行在内的墨西哥银行，及包括普埃布拉在内的货币兑换所，共进行交易 450 笔，转移资金

9 000 万美元。

在所有大型金融机构中，美联银行和汇丰银行墨西哥分行是仅有的两家因对反洗钱控制不力，而使贩毒分子滥用银行系统对其犯罪所得进行洗钱的。在这两个案例及其他案例中可以看出，监管系统的薄弱往往会被犯罪分子利用，他们会通过合法的金融体系转移资金。可悲的是，毒品交易能产生数十亿的资金，这使得主要的金融机构将不可避免地接触到涉毒资金。

在我的职业生涯中，我见识过各种各样将涉毒资金置于金融机构的方法，但是其中一种体系一直在我的脑海中挥之不去，这种体系看似简单，却非常有效。

情景案例

这个案例发生在英国。一位家财万贯的夜总会老板因吸毒成性，因此允许一个特定的组织在其夜总会销售毒品。作为回报，该组织每周以现金形式返给他一定数量的佣金。虽然生意时好时坏，但是他每周能得到 1 万 ~2.5 万英镑。他将部分现金作为合法收入存入夜总会的银行账户，另外一些现金用于支付非正式员工的酬劳。除去他每周花掉的部分，仍会剩余相当可观的一笔现金，而这笔钱存放不便且有风险。与他打交道的毒贩知道他每周会定期收到一笔现金，显然他已经成了一个活靶子。此外，他也敏锐地意识到，如果他被警方调查，发现他家和办公室里有大量涉毒纸钞，他将面临长期的牢狱之灾。因此，他需要一个万全之策，既能帮他处理掉这些现金，又不会引起怀疑，还能让他充分享受这笔财富且不会引起政府的注意。参考第 2 章讲到的"启动—疏远—伪装"的新型洗钱模式，他需要实现如下几个分离，具体如图 4-5 所示。

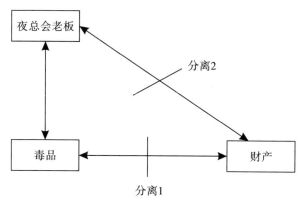

图 4-5　夜总会老板的洗钱模式

夜总会老板经朋友介绍认识了伦敦高街的一位律师，该律师向他介绍了一家离岸企业服务供应商，这家供应商位于未将境外避税资金洗钱纳入法律范畴的司法辖区。在一次吃饭时，他向这家供应商的一位经理详细描述了自己所面临的困境，但他并未明确提及涉毒资金，而是声称夜总会的收入有盈余，他希望远离收税员的"罪恶之手"。这位经理对他表示了同情，并愿意伸出援手，还建议他采用信托和附属公司来达到这一目的。夜总会老板解释说，他目前有已在手的慈善信托基金和公司可用，从而避免了在这种关系建立的早期因成立一家新公司而与政府部门打交道所面临的风险。

供应商的经理安排了一位员工每月定期与夜总会老板见面，以收取现金。据他解释，这笔钱会被放置在一个更大的体系内，进而被用于各种用途，从还清夜总会老板的信用卡账单，到购买海外资产、游艇、私人飞机等。他向夜总会老板保证，他们公司会利用几经尝试且被验证过的方法运送现金，并将现金放置在他设定好的体系内。他们商定好了费用，这位经理随即就安排处理接下来一周的现金。

在伦敦的其他地方也有另外两个该企业服务供应商的客户，这家供应商也为他们提供包括信托和附属公司的相同体系。其中一个客户是一位专业人士，他为世界各地的大型工程合同提供咨询服务。他也曾被要求就他的收入缴纳相应的税金，他对此很反感，也很困扰，为了避免缴税，他的一些客户（并非全部）将付给他的酬劳转账至一家公司名下，这家公司是该供应商为他管理的一个信托旗下的一家公司。这位工程师现在已经退休，他想得到存放在该体系中的那笔钱，但是他不想引起英国政府的注意，以免政府对他过去使用该体系的历史展开调查。鉴于这个原因，将这笔钱从该体系电汇至他的英国银行账户并非上选。

第二位客户是一位英国政客，他与制药行业，尤其是一家药企有着非常紧密的联系。多年以来，在议会更透明之前，他的酬金都放在该供应商替他保管的一个体系中，而他的作用则是替该药企游说各方，使这家药企的某种特定产品被英国国家卫生服务机构批准或购买。在某些场合他甚至会提交正式的国会辩论，以使该药企及其部门获得更多的利益。和工程师一样，这位政客也想将部分资金从离岸体系提取出来以供自己享用，但是同样地，尤其是考虑到自己的位置，他不能暴露他与该离岸信托或离岸公司之间的任何联系。

拼图的最后一块是由该离岸企业服务供应商管理的一个"账户集群"，工程师和政客的钱都会存入这个账户群。企业服务供应商布好了局，只需要派遣信差即可。首先，按计划从夜总会老板处提取 42 000 英镑的现金，接着信差开始直接派送，首先给工程师 21 000 英镑，随后将余下的 21 000 英镑交给那位政客，双方皆大欢喜。那么 42 000 英镑要怎样进入夜总会老板的体系呢？在如图 4-6 所示的这个体系中，我们会发现每个层级的交易都在企业服务供应商的掌控之中。

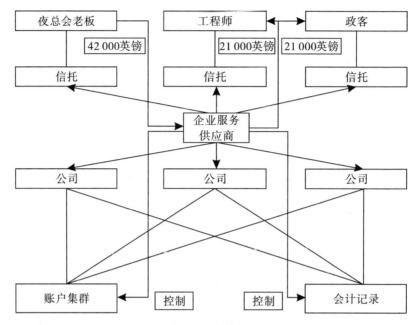

图 4-6 企业服务供应商掌控的层级化交易

　　从夜总会老板处收取的现金分文没有进入银行系统，企业服务供应商只是通过在三个系统的账本记录上稍做文章，在集群账户中将夜总会老板的系统内应得金额设定为 42 000 英镑，就可以成功地将 42 000 英镑放入自己的一套系统中。相应地，在账本中，将工程师和政客的系统中的金额都相应地减少 21 000 英镑，但是在银行系统中，这一资金的转移无凭无据，因为该体系未使用银行电汇系统。用这种方法，该夜总会老板在两年时间内隐匿了 200 万英镑的收入。

　　在夜总会老板的授意下，企业服务供应商利用体系内的资金作为担保安排了一笔贷款，在伊比萨购买了一栋别墅，并将所有权挂名在体系内的公司名下。夜总会老板在伊比萨的西班牙银行开了账户并申请了一张信用卡，他将该别墅每年出租 20 周，并将每年超过 10 万英镑的房租收益全部汇至该西班牙账户。在银行看来，这笔收益是完全合法的，而这笔钱将用于偿还他在英国和西班牙挥霍所产生的信用卡账单。

英国政府、离岸中心和伊比萨都不会注意到夜总会老板与离岸体系之间的联系。而企业服务供应商的经理因为知道避税在该司法辖区并不构成犯罪，因而满足于现状，可他并没有想到夜总会老板和这位政客或许正在从事比避税更严重的应该上报的犯罪活动。

这种对受托人、企业服务供应商、银行账户和信用卡的滥用依赖于企业服务供应商可以无证运营。由此，夜总会老板可以实现犯罪活动和收益之间的分离，进而实现他本人和犯罪资产之间的分离。我希望，你能意识到这个案例完全不具备传统的洗钱模式规定的处置、培植和融合各个阶段的特征，而且依靠传统的洗钱模式也根本无法识别该活动。企业服务供应商管理的集群账户已经被用于洗钱，而且是毒资，但是在这三个体系之间却没有任何活动和迹象，这对银行而言无疑是重磅炸弹。从这笔资金首次在账户中被"激活"，它就没有发生任何转移，只是作为一笔购置海外资产的贷款的担保金，这能有什么错呢？

你一定很好奇工程师和政客分别用 100 万英镑做了什么？答案当然是他们不会收到任何接近这个金额的资金。因为该企业服务供应商还有成百上千个类似的客户，他们都希望能从离岸体系中提出资金，却不想接收从离岸账户到英国账户的电汇。正如这位工程师和政客，中间人会将从夜总会老板处收取的现金亲手交到他们手上。

这种方法可以在互有合作的几家企业服务供应商之间使用，只要彼此的客户需求能正好匹配，即有的需要处置现金，有的需要现金。几个体系之间的交易与资产收益的调整正好吻合，资产因为贷款或服务协议而"合法化"，这一切看似光明正大，但具有讽刺意味的是，银行业竟也从中获益。

第 5 章

贿赂和腐败

　　一双白色的镶满水晶石的杰克逊"真棒之旅"手套，一顶杰克逊在舞台上戴过的软毡帽，一辆法拉利 599GTO，两处位于开普敦的房产，三块伯爵镶钻手表，一个安德烈·查尔斯·布勒古董柜，数件德加、雷诺阿、高更、马蒂斯和博纳尔等大师的作品，1 403 瓶高档红酒，109 件法国伊夫·圣·洛朗拍卖会拍得的藏品，一片位于马里布的 12 英亩的 ① 庄园，一套位于巴黎的六层豪宅，一架湾流（Gulfstream）G-V 私人飞机……这些都是官方文件中特奥多罗·恩圭马·奥比昂·曼格（Teodoro Nguema Obiang Mangue）的财产清单中的物品。他是赤道几内亚总统特奥多罗·奥比昂·恩圭马·姆巴索戈（Teodoro Obiang Nguema Mbasogo）的儿子。这位总统在 1979 年通过政变从一位家族成员手中夺得了政权。特奥多罗·恩圭马·奥比昂·曼格担任农业和林业部长一职长达 14 年之久，2012 年 5 月被任命为第二副总统，他的事业恰好满足了他追求奢华生活的嗜好。

　　这位总统公子又被称为"特奥"，他那纸醉金迷的生活方式和赤道几内亚的广大民众有着天壤之别（更不用提他作为部长时每个月 6 799 美元的公开收入与普通民众收入的差距）。以上种种，曾令美国《时代》杂志将他描述为"非洲腐败政权下的政治精英的典型代表"。在赤道几内亚，大多数平民每天

---

① 　1 英亩约为 4046.86 平方米。——译者注

靠 1 美元的收入勉强度日。在联合国发布的人类发展指数中，该国排名第 163 位，预期平均寿命 51 岁，失业率 22%，10% 的婴幼儿体重不足，新生儿死亡率居高不下，排在世界第 14 位。然而自 1996 年该国探明石油储量以来，这个有着 73.6 万人口的西非小国的人均 GDP 达到了 24 000 美元，俨然已经跻身非洲最富裕的国家行列。这个数字是尼日利亚的 10 倍，几乎可以与葡萄牙和沙特阿拉伯平起平坐。在 2013 年国际反腐败组织发布的全球清廉指数中，赤道几内亚在总分 100 分的情况下只得到了 19 分，位居第 163 位。考虑到这一点，美国官方认为特奥多罗·奥比昂的财富来自于勒索、贿赂和贪污公共资金就不奇怪了。该国经济收入主要来源于石油和木材的利润，而这也成就了这个国家。

这种腐败又称"大宗腐败"，是腐败的一种，既包括官员为了履行一项基本并且免费的服务而向他人索要钱财，也包括政府高官承包交易，并获取数百万的费用。这通常是一种跨境现象：富裕的西方强国为了得到发展中国家的合同，不惜以巨资贿赂对方国家中能接受自由现金并且愿意提供关系服务的政府官员。大家只需要了解一下涉及两家全球性公司的丑闻，就足以理解腐败在国际商业舞台上所起的重要作用。

2007 年，美国证券交易委员会公布了一项已经结案的执法行动，起诉美国贝克休斯石油公司（Baker Hughes）违反了美国的《反海外腐败法》（外国腐败行动法案）。面对美国证券交易委员会的指控，该公司既不认罪，也不反驳，但同意支付 2 300 万美元作为非法收入的利息以及判决前利息，并支付了 1 000 万美元作为民事罚款。在该指控中，其中一条内容如下：贝克休斯公司无法提供充分的证据以证明其在印度尼西亚、尼日利亚和安哥拉的付款没有用于贿赂这些国家的官员。然而，该公司同意了对哈萨克斯坦付款的三项刑事指控，并缴纳了 1 100 万美元罚款。

这起案件的罚款与一年后德国工业巨头西门子公司因美德两国政府的贿赂指控所缴纳的 16 亿美元罚款相比，真是小巫见大巫。据美国的一位代理检查总长透露，调查显示，对于西门子公司大部分的全球业务而言，贿赂只是标准操作程序中的常规做法。虽然存在系统性缺陷，但是联邦检察官对该公司在哥伦比亚地区的所作所为给予了肯定，称该地区采取了"非常规的措施"识别并纠正了犯罪行为（包括任命前德国财政部长为合规官）。公司总裁称公司对此很后悔，并再三保证已采取了合理的措施。

但是现状仍然如此，越是贫穷的地方越是容易滋生腐败，事实上这些国家最承受不起大笔的公共资金转入少量的商人和政客手中。这会形成恶性循环，即便一个国家有着丰富的矿产储备和燃料资源，财富也可能永远不会被用于人类发展和基础设施建设。这样，投资得不到鼓励，人们变得越来越贫穷，这种现象也被称为资源诅咒（Resource Curse）。它会抑制经济的增长，并从体系上使有组织的犯罪团伙得以蓬勃发展而无须顾及执法机构。此外，它还会对国际援助工作产生不利影响，并时常对其工作造成障碍，比如 2012 年年底，在对公共腐败信心不足的情况下，大批捐赠人终止了对乌干达的援助。

腐败的流毒不仅会让个别人通过不当手段而变得特别富有，同时还会给国家造成巨大损害，比如公共资金大幅缩减、商业的公平竞争秩序被扰乱、对国际发展援助造成损耗，当然也包括对自然资源和财富的掠夺。当一位政府官员做出了偷窃的勾当，他其实是窃取了人民的财富，而这笔财富原本应该由人民支配，政府官员的所为实质上就是夺走了人民的学校、医院、公共交通和水资源。

然而，问题的症结并不在于腐败的存在，而在于无论是腐败交易本身，还是在通过腐败或者盗窃获取钱财的过程中，都少不了国际金融体系的参与。银行在整个过程中发挥着根本性的作用，它通过提供账户和公司体系，使得非法交易在发生时掩藏了钱财的真实来源和去向，而且还允许用于腐败的钱款存于系统中，并且在收款人需要时随时可以支取。而企业服务供应商，尤其是那些地处对往来"车辆"的身份和目的都没有任何要求的司法辖区的供应商，它们对于将腐败财富隐藏在远离本土的地区发挥着非常重要的作用。低水准的监管标准，比如不合规的客户尽职调查和对不当客户及账户的风险评级，都对催生和协助国际腐败负有不可推卸的责任。不确定性和分布广泛是导致金融机构无法准确甄别政治公众人物和企业客户的主要原因。所谓"政治公众人物"，指的是公职人员及其家属或亲属，而有些企业客户则是因为其业务范围或性质而不得不行贿。一旦有客户被甄别为政治公众人物，金融机构应自动启动加强版的尽职调查程序和腐败风险评估，因为省略这些程序有可能会导致灾难性的后果。另一个问题是那些愿意提供复杂的信托和公司体系的司法辖区多是不可靠的，银行和企业服务供应商应在系统中加强防范。

腐败通常被定义为滥用公共权力以谋取私利，常见的情形是将公众资金非法转移至私营公司或个人名下，或者公务员无故向个体或私营公司索要钱财。从最低层面而言，腐败表现为一种文化，比如一些小官员在其职责范围内以帮助或者不帮助对方为条件提供一些基本或者免费的服务，以向对方索要钱财。从中级层面看，公务员向初创公司索要"好处费"，或者因与特定的供应商或承包商签订合同而向对方索要钱财，这些公司或许并不能提供最具价值的公共服务，但是公务员自己却在没有任何成本的情况下大发横财。从最高层面看，这种所谓的"大宗腐败"往往涉及高级别的政府官员，包括将合同许诺给特定公司从而收取一大笔佣金，或者将合同直接交给政府官员自己名下的公司；对黄金和石油等国家资源的党派性控制；简单窃取，将大额资金从政府或公共账号支出，从而提升个人的生活水平。

众所周知，因为贪腐的私密性，要估计贪腐的相关金额非常困难。据欧盟委员会估计，腐败每年要占到欧洲经济总量中的 1 200 万欧元。据世界银行估计，全世界范围内，每年发生在私营企业与公共部门之间的贿赂以及为促进业务而催生的腐败行为的耗资高达 1 万亿美元。世界银行公布的这组数据只是基于对前来询问因采购服务而需要支付好处费和贿赂企业所做的调查，不包括因挪用公款和利用或窃取公共财产及储备而发生的那部分金额。我们只需要看看国际透明组织（Transparency International）发布的报告中所列举的几起臭名昭著的有关大宗腐败的案例（比如菲律宾前总统约瑟夫·埃斯特拉达和费迪南德·马科斯，尼日利亚前总统萨尼·阿巴查，秘鲁前总统阿尔韦托·藤森，据称，他们取得的个人利益从几百万美元到数十亿美元不等），便可以看到此类贿赂通常数额巨大，在这些贫困国家的大背景下，这样的腐败金额几乎是不可想象的。

腐败总是与一系列其他的政治和经济问题紧密相关，很多高度腐败的国家都有大量的矿产资源，尤其是石油和天然气。这并非巧合，而是应验了资源诅咒。这些高度腐败的国家一般都遭受了其政治体制内的极端权力渐变，而原因或许是多方面的，比如统治者家族的主宰地位、突然发生的政权更迭以及后殖民时代非洲的权力攫取等。有关这些问题之间的相互关联，一个很好的案例就是特奥多罗·奥比昂在一份宣誓书中这样陈述道，在他的国家，政府大臣（很多都来自他的家族）拥有自己的公司很正常，他们可以通过公司获得政府合同，攫取丰厚的利润，简言之，"内阁大臣最终会得到合同中的大部分利润"——而这种明显的利益冲突在大多数国家都是不合法的。

经济腐败很少单独存在，通常情况下都伴随着媒体或警方的问题。警察机关的腐败问题尤为严重，这就使处理一些高层官员的腐败问题及其他犯罪行为变得不可能。比如本书第 4 章讲到的，贩毒组织买通了中美洲和南美洲的一些警察机关、军队和边防军，既确保了毒品交易的进行，又阻碍了政府对毒贩或对腐败官员的打击。在很多发展中国家，此类公务人员收入较低，这就使他们特别容易收受贿赂，同时也提供了滋生其他类型犯罪的土壤。

然而，如果仅仅因为腐败的事实确凿就简单地认为通过立法和惩罚就可以遏制腐败的话，那就大错特错了。在一些国家，持续的小腐败已经深深植根于其经济和日常事务中，警察机关根本无权干涉，甚至有时连警察都会对腐败妥协或者依赖于自身所在体系的贿赂。在另外一些国家，少数腰缠万贯的政府官员在国外银行存储了数以百万计的财富，并投资了大量房产，而绝大多数普通民众则遭受着少数官员带来的无处不在的影响，根本不可能对他们的行为和财务状况进行调查。在一些微妙的情况下，国家利益可以在国家之间进行交易，这通常与财政激励有关，虽然有一些名义上的腐败案件，但是它们可以被说成是合理的国家安全和公共安全的务实诉求。

在很多社会形态中，在公共生活的方方面面存在着小额贿赂都属于正常现象。印度 www.ipaidabribe.com 网站的创建就是由于公众越来越无法容忍整个国家存在的无孔不入的低级贿赂文化。该网站旨在向人们提供一个平台，鼓励人们在遇到需要付钱才能享受公共服务这种现象时及时举报。只要匆匆一瞥，你就会发现现金的便利作用，尤其是在执行一些小任务时。关于腐败的报道有很多，比如消防员在灭火后坚持索要酬金；盗窃的受害者在法庭上想要回自己的财产时被要求支付一定的赎金；摩托车车手被要求靠边停车，为了不使自己的车辆因为一项可能根本不存在的罪行被扣押，他被迫向交警行贿（在接下来的半小时，他发现该名交警也向其他几名车手索贿，手法如出一辙）。该网站已经为其他几个国家推出了不同的版本，用来报道日常生活中的贿赂案例。这些案例虽小，但是足以说明贿赂已经成为某个民族文化的表征，成为商业的一部分，而且政府官员也广泛参与其中。正因为如此，商业和企业贿赂才有恃无恐、欣欣向荣，因为根本没有要阻止形成这一风气的政治意愿。

涉及地方政府合同的腐败案例在全球都很普遍。同样，人们也会担心国外民间合同也会受到权力滥用的影响。2006 年，两名美国公民菲利普·布鲁姆（Philip Bloom）和罗伯特·斯坦因（Robert Stein）承认，他们在政府授权的伊拉克重建工程中为获得合同而存在腐败行为。斯坦因和几名负责重建资金的美国政府官员相互勾结，在当地选择承包商时，为了帮助布鲁姆的公司中标，他们不惜操纵投标。作为回报，布鲁姆向他们支付了超过 100 万美元的现金，并且给他们赠送了珠宝首饰、汽车、电脑和其他一些贵重物品。布鲁姆和斯坦因分别被判处 46 个月和 9 年有期徒刑，而且两人被没收了价值

360 万美元的财物。

2010 年，英国 BAE 系统公司（BAE Systems）承认做假账。在英国向坦桑尼亚政府供应雷达设备的交易中，它们在账目中隐藏了向中间人支付的 1 240 万美元，从而避免了对其提出的有关腐败的指控。该笔款项事实上就是作为贿赂之用（其金额超过了合同总价的 1/4），而且所供应的设备比实际需要的昂贵且复杂。BAE 系统公司后来承认，这笔钱中的一部分极有可能是在谈判中为了打通关系而支付的，这与严重欺诈办公室的调查结果一致。此案最终以 BAE 系统公司缴纳了 50 万英镑的罚款并向坦桑尼亚支付了 3 000 万英镑了结。国防 / 武器贸易是备受关注的领域，据透明国际在 2011 年发布的一份报告称，在被调查的 94 项国防预算中，只有 13 项有较高的透明度。

有的腐败案例还涉及国家机构。这些机构被指控为了保持丰厚的合同利润、维护与贸易国之间的关系而向境外政治人物支付了一定金额的贿金。这类敏感的政治交易多发生在中东国家之间，因为当地的石油贸易以及亲西方与反西方势力之间的关系都需要被精准地制衡。2000 年，泽西当局冻结了与卡塔尔外交部长有关的信托基金下的 1 亿英镑的疑似行贿基金。根据指控，该笔款项是境外公司支付的贿金，旨在确保与阿联酋的武器贸易能够顺利进行。2002 年，泽西检查总长以威胁国与国之间的外交关系为由终止了对该案的调查，而那位一直声称他的生意合法的卡塔尔外交部长则签了一张金额为 600 万英镑的支票，用以弥补在调查泽西案件中所产生的费用。

几年后，BAE 系统公司被指控定期向一位沙特王子行贿，累计金额高达 10 亿英镑，以确保其金额为 430 亿英镑的武器装备供应合同能够持续执行。对于该指控，BAE 系统公司声称其是严格按照"相关合同"执行的，而且取得了沙特阿拉伯政府和英国国防部的批准。2006 年严重欺诈办公室对该案的调查在争议声中停止，理由是为了确保国家安全。很显然，沙特当局已经知会了英国政府，如果不停止调查，他们会停止向英国提供反恐情报。在此类涉嫌腐败的指控中，这种利害攸关的问题更加微妙，在一定程度上，它甚至

超过了普通监管的控制范围。

对西方国家行贿动机的调查结果相当令人沮丧，我们必须关注它们千方百计要获得的合同的价值，还要注意西方国家在国际市场竞争中的优势，尤其是行贿在某些公司的总部的所在国家不但不违法，还会得到积极鼓励，特别是当通过行贿而获得的合同能够有效地刺激国内经济并且提高国内就业率时。此类行贿涉及的金额往往数目惊人，但事实上，有时候行贿的公司只是想要进入对方的备选公司名单，进而获得合同。紧接着，每家入围公司再进行更大幅度的行贿，以确保业务能够顺利开展。为了避免行贿被发现，这些公司经常使用资产负债表作为工具（公司或合作伙伴通常被当作实现特殊目的的工具），签订咨询或代理类型的协议，从而为资金转移提供一种掩护，其目的在于掩盖行贿的本质，以咨询费或者慈善捐赠的名义实现资金转移。

有很多关于极其有权势的政客通过腐败跻身极其富有群体的案例，他们接受的贿金来自于世界上极端贫困的国家，而且那些地方不民主的政治会使某个人有可能获得过度的权力，或有权控制石油、黄金和木材等自然资源。据透明国际2004年发布的《全球腐败报告》(Global Corruption Report) 引用的数据显示，印尼前总统苏哈托、菲律宾前总统费尔南德·马科斯、刚果民主共和国前总统蒙博托·塞塞·塞科和尼日利亚前军事独裁者萨尼·阿巴查人均侵吞的财产数额达数十亿美元。该数据还显示，海地前总统让-克洛德·杜瓦利埃、秘鲁前总统阿尔韦托·藤森、乌克兰前总理帕夫洛·拉扎连科等侵吞的财产数额虽与前几位相比略低，但人均仍有数百万之多。2004年，拉扎连科因利用其职务之便滥用金融体系而犯下一系列罪行在美国被捕入狱，被判处9年有期徒刑（上诉后减少至8年）。拉扎连科在其管辖范围内向辖区内的商人索要数以百万计的钱财，通过一系列企业工具以及开设在瑞士、安提瓜、巴哈马的银行账户将非法所得款项转移至美国并进行洗钱。据透明国际估计，拉扎连科侵占乌克兰公共资金的金额高达1.14亿~2亿美元。2012年拉扎连科被释放后，美国检方决定追查其部分资产的来源，其中包括一处位于美国加利福尼亚的价值 675 万美元的房产和一幅毕加索的石版画。

无独有偶，特奥多罗·奥比昂的财富也正在受到美国和欧洲当局的追查，从 2004 年至 2011 年，他的累计消费额高达 3 亿美元，对他的调查至少在美国、西班牙和法国三个司法辖区展开。

2007 年，三个非政府组织在法国提出了一项法律指控，紧接着它们掀起了法国大范围的针对不义之财（非法所得）的调查，对特奥多罗的指控便源于此。这项调查指控赤道几内亚、刚果共和国、安哥拉、布基纳法索和加蓬的统治家族骗取公共资金并挥霍钱财，以获得位于法国的房产。2011 年 9 月，特奥多罗的豪华车队被没收。次年，法国政府又从其位于 16 区的价值 1 亿欧元的豪宅中带走了整整一卡车奢侈品，这套豪宅也被查封。后来，他没有现身法国法官的问询会，于是 2012 年 7 月，法国政府签发了对他的国际逮捕令。与此同时，在大洋彼岸，2011 年，美国华盛顿州和加利福尼亚州提出了一项民事没收控诉，要求将特奥多罗名下的价值约 7 000 万美元的资产归还美国。自 2004 年调查发现已解散的里格斯银行为赤道几内亚的最高权力阶层隐藏了数百万美元财富后，美国民众自发对其展开了调查。

据美国法庭文件记录，特奥多罗用于积累财富的方法可以被写成一本激励新手进行大宗腐败的指南，其中披露了很多他使用的手段。比如特奥多罗个人针对国外木材公司非法征收的可追溯的“税款”，侵吞本国以“欺诈手段虚增的建筑合同（高达 500%）”为由接受的数百万美元的款项，向木材出口公司出口的每根原木征收 27 美元的额外费用，向寻求特许权的木材公司征收“个人费用”……这些手段不胜枚举。尽管赤道几内亚的法律明文规定国家的矿产资源和碳氢化合物归公共所有。

尼日利亚的多位州长被认为从他们控制的产油地区攫取了丰厚的财富，他们的腐败行为虽然规模较小，但是这种风气在当地非常盛行，并且对那些土地遭破坏的民众造成了恶劣的影响。与这种腐败风气形成对比的是当地的民众依然生活在极度贫困中。如果妥善管理国家的财政收入，那这种境况本可以得到改善的。生活在这里的民众预期寿命为 52 岁，5 岁以下的孩童中超过 1/4 的孩童体重偏轻。詹姆斯·艾博瑞（James Ibori）是因其罪行而接受刑罚的政府官员之一，他之前就职于英国 DIY 商店，在那里就有犯罪前科，1999 年他竟然成为了三角州的州长。在接下来的 8 年时间里，艾博瑞经常通过盗窃或欺诈等手段侵吞国家财产，充实自己的银行户头。据伦敦警方估计，其侵吞的国家财产数额总计约 1.57 亿英镑。尽管他官方年薪仅为 4 000 英镑，但他的生活极尽奢华，并且拥有价值数百万英镑的境外房产。对他进行的国际追踪历经周折，艾博瑞最终在伦敦被捕并接受了庭审。2012 年，他承认窃取财富并参与洗钱，涉案金额为 5 000 万英镑，最终，他被判处 12 年有期徒刑。

同样在英国接受指控的还有来自盛产石油的巴耶尔萨州的州长迪尔普瑞耶·奥梅耶斯哈（Diepreye Alamieyeseiha），他于 2005 年在伦敦希思罗机场被捕。人们在其位于英国的一处房产中（据报道，他在伦敦的房产总价值高达 500 万英镑）发现了 100 万英镑的现金，这只是他在尼日利亚之外积累的财富的一部分，其余大部分都以信托或小型离岸地区的银行账户存在，并且对财富所有人的身份进行了精心伪装。他倒台后，尼日利亚经济与金融犯罪委员会发现了多起与采购贿赂和窃取公共发展基金相关的案例。之后，奥梅耶斯哈从英国弃保潜逃回尼日利亚，据说他将自己伪装成一名女性。回国后他立即遭到控告，并承认自己犯有洗钱罪（代表他所控制的两家公司）。其后他被总统特赦，与此同时，尼日利亚负责英国事务的高级官员也发出了外交交涉，指出英国方面于 2005 年企图引渡尼日利亚人去面对对此人提出的指控。

很多诸如此类的贿赂和腐败案件都有一个共同特征，即利用金融体系藏匿非法所得的资金。金融机构一般通过两种方式协助腐败案件。

第一种是通过向行贿或受贿行为高发的公司或个人提供银行服务，在明知是贿金的情况下，允许他们划拨款项。这种情况多发生在银行帮助派驻在高风险国家的建设公司或国防公司向该国的公职人员汇款时。在这种情况下，银行不仅有可能协助公司违反初级反腐败法规，还有可能违反其母国的相关法规。

第二种，通过为受贿方开立账户或设立结构性工具，银行或金融机构也有可能协助腐败。它们明知道某个人是政治公众人物还与其建立关系，并且碍于面子，并没有对对方进行严格的客户调查，以至于客户信息不全面，使别人无法辨识其政府公众人物的身份；或者银行在面对可疑活动或者含有贿赂资金的款项支付时依然保留该账户。银行实质上促成了此类问题的发生。

常设调查小组委员会在对里格斯银行进行深入调查时发现，该银行在其《2004 年度案例分析报告》分析了其与《美国爱国者法案》（USA Patriot Act）中相关洗钱条款的相符性，常设调查小组委员会在对本报告进行详细梳理时不仅发现了洗钱行为，还发现了银行与其政治公众人物客户之间的严重问题。该银行被处以 4 100 万美元的罚款，并于之后不久被 PNC 金融服务集团收购。

智利独裁者奥古斯托·皮诺切特（Augusto Pinochet）就是该银行的客户。常设调查小组委员会发现，在皮诺切特于英国被捕，其在执政期间的行为面临严重指控的消息广为人知，而且在其银行户头被冻结的情况下，里格斯银行仍为其开立了若干银行账户并开出了定期存款单。或许是因为有大量关于政治家在执政期间侵犯人权、腐败和军火走私的指控，里格斯银行采取一系列措施，比如设立空壳公司、变更账户名称等，帮助皮诺切特隐藏其积聚的大量财富（高达 800 万美元）的所有权。随后，里格斯银行向皮诺切特及其妻子提供支票，以便他们可以在智利贴现。据说，银行瞒天过海的行为使皮诺切特的账户逃过了美国货币监理署的法眼，它们没有在银行文件中发现皮诺切特的信誉存在任何有争议的迹象，因而也没有采取任何措施去证明他的个人财富是通过合法途径获得的。

里格斯银行也为奥比昂家族在美国和离岸司法辖区开立了账户并设立了结构性工具。调查发现，该银行几乎未曾考虑过与在生产石油的非洲国家的

政治公众人物打交道时可能存在的风险。

自1995年以来，里格斯银行为各国元首家族和石油公司开立了多个账户，却从未仔细考虑过这种行为可能带来的风险。考虑到里格斯银行与政府之间的业务往来，截至2003年，赤道几内亚是该银行最大的客户，存款金额为4亿~7亿美元，这一点也不令人惊讶。政府名下开具了很多账户，以接受在本国运营的石油公司的巨额汇款。其余的账户持有人名义上或实际上包括奥比昂的妻子、长子、兄弟和政府部长。1999年，该银行协助总统在巴哈马开立了一家离岸公司，该账户随即收到了1 100万美元的现金存款。

里格斯银行绝不是唯一一家被指控犯罪的金融机构，银行也并非进入美国金融体系的唯一渠道，特奥多罗还获得了房产中介和律师的帮助。一位房产中介承认，当有客户想要进行一笔收益非常可观的交易时，他是不会拒绝的，而他也没有法律义务对客户的财富来源一探究竟。当一家托管代理因特奥多罗无法提供其资金来源的相关信息而拒绝为其购买飞机提供服务时，很快就有另一家代理乐意为之。如果未经深入调查，特奥多罗就会通过宣称他的财富来源于家族继承或昂贵的定制汽车贸易来误导那些帮他处理资金的机构或工作人员。空壳离岸公司和账户都采用了冠冕堂皇的名称，比如甘泉管理公司、甜心粉红公司、唯美映像公司，且都开立在大型银行名下，比如加州联合银行、美国银行和花旗银行等。尽管他的政治公众人物身份众所周知，但是其资金还是可以自由流转的。当其与赤道几内亚的关联被发现而迫使银行账户不得不关闭时，特奥多罗只是换了家银行，便又开始效仿原来的做法。

2011年，英国金融服务管理局做了一项名为洗钱高风险情形下的银行管理（*Banks' management of high money-laundering risk situations*）的调研，对各银行及其如何处理与政治公众人物客户的关系做了调查。研究发现了银行存在的诸多不足，令人担忧。研究发现，一些银行不愿拒绝那些有利可图的客户关系，即便这种关系含有诸如处理非法所得这类不可接受的风险。受调查的机构中有超过1/3的机构并没有对政治公众人物采取充分的管理措施，也未对客户进行尽职调查。值得注意的是，尽管法律和监管条件在十年间发生了显著的变化，但是比起 2001 年英国金融服务管理局对与萨尼·阿巴查有关的账户进行的调查结果，银行的缺点丝毫没有得到改进。金融机构不能充分履行其监管职责，它们不愿花费大量时间去分析此类组织的真正所有者，也时常在没有甄别此类组织最终控制者的身份的情况下就去做相关工作。2012 年，苏格兰皇家银行旗下的皇家顾资银行（Coutts Bank）因未能管理好高风险客户，包括政治公众人物，被处罚金 875 万英镑，这是一桩银行监管缺失的典型案例。英国金融服务管理局发现，在 2007 年至 2010 年间，该银行的反洗钱程序存在系统性漏洞，结果便是导致了顾资银行协助处理了犯罪收益这种不可接受的风险。

最近，无论是对于已明文禁止的贿赂支付，还是限制为涉嫌腐败的官员提供银行服务，全球范围内没有几家银行可以表现出良好的克制力。这导致了国际范围内金融结构的固化，也使那些来自非洲、俄罗斯、亚洲和南美洲的涉嫌犯罪的政界人士变得富有。的确，《联合国反腐败公约》（the UN's Convention on against Corruption，UNCAC）2003 年才颁布，与打击其他类型国际犯罪的公约取得的成效相比，它的确没什么优势。然而，在过去十年，人们对腐败的危害以及无良金融家在其中扮演的角色有了越来越清楚的认识，也逐渐形成了针对高风险服务更加严格的新型监管方法。全世界人民都在见证着非政府组织、联合国和经济合作与发展组织这样的超国家机构以及各国国内法律的不断完善给银行机构带来了越来越大的压力，也使得银行对阻断腐败资金可以采取的步骤有了一定的认识。

现如今的反腐败理论框架中存在两大流派：法律与监管，两者相辅相成。法律流派主张对从事贿赂或者腐败资金支付等行为的相关个人、公司，包括在知情的情况下帮助促成腐败的相关金融机构给予处罚；而监管流派则主张为银行和其他金融机构提供行动指南，规范它们的各项工作步骤，比如怎样通过尽职调查甄别政治公众人物、如何对他们进行风险等级划分、如何监控他们的账户以及发现可疑交易如何处理等。未遵守该指南可构成违规犯罪（regulatory offence），或将受到来自当地监管部门的高额罚款。然而，这些政策在实际操作中仍然存在重大缺陷。

在反腐败的法律方面，许多西方国家已经通过立法明确此类活动为犯罪。美国率先于1977年出台了《反海外腐败法》，根据该法规，美国公民为获得良好的经济收益而向外国官员行贿的，即为犯罪。另外，美国2001年出台的《爱国者法案》也包括反洗钱和反腐败融资的相关措施。在英国，直到2001年，《反恐怖主义、犯罪及安全法案》才对海外贿赂定罪；而2011年生效的《反贿赂法案》是一部综合性的法案，它对个人和企业一系列的国内外犯罪行为都有明确的规定，并明确指出无法容忍腐败和更改政治意愿。为了使更多腐败行为被起诉，该法案做了一项微小但却意义重大的调整，这一调整现已公开实施，即赋予英国严重欺诈办公室更大的权力去追查金融犯罪。但是，腐败并非在全世界范围内都是违法行为，这就存在一个问题：如果一个国家的法律并不认定贿赂构成犯罪，而该国的一位政府官员索要"好处费"，那这应该如何判断呢？

在监管方面，反洗钱金融行动特别工作组率先提出建议，要求各机构要采取适当方法步骤，尽量不要被那些涉嫌贿赂或腐败的个人或公司利用。反洗钱金融行动特别工作组对原来的建议进行了补充修改，增加了9条涉及恐怖主义融资的特别建议。40条建议中的很多建议都与反腐败控制相关，尤其是涉及政治公众人物的，他们往往是信托、透明度和客户尽职调查的实际受益人。这些建议要求银行和其他机构务必遵守，以确保降低腐败客户为它们带来的风险。然而，据世界银行被盗资产追回倡议（World Bank's Stolen Asset Recovery Initiative，StAR）显示，很少有能够达到这些标准的国家。例如，在被调查国家中，只有6%"大致"达到建议5（客户尽职调查）的标准，53%部分达标，剩余的41%不达标。即便在反洗钱金融行动特别工作组的成员方中，也只有12%"大致"达标。

在监管方面，最基本的标准是无论潜在客户腐败风险度如何，一旦客户被辨识为政治公众人物，应立即启动尽职调查程序。如此一来，又出现了一些困难，因为不同的司法辖区对政治公众人物的定义稍有不同：在某些司法辖区，如果政治公众人物离职一段时间后，他们就不再被视为政治公众人物；而在另一些司法辖区，一朝是政治公众人物，终生都是。有些司法辖区认为政治公众人物的家庭成员和下属的腐败风险比一般人高，另有一些司法辖区认为只有外国官员才是政治公众人物，而本国的官员则不属此列。这种界定上的差异为行贿者、政治公众人物及其顾问们创造了洗钱套利的机会。举个例子来说，如果一个国家对以洗钱为目的的上游犯罪的界定是基于双重犯罪概念的，当政治公众人物与国家统治者有关联，而统治者认为"我已经意识到事情的诱因，我决定赦免它"，在这种情况下就很难将受贿钱财判定为犯罪财产。虽然很多读者会认为这不可思议，但事实是，现如今仍有很多经济实力很强的国家，其政治如同封建采邑一般，即统治者或其家族拥有绝对权力。

当对一个拥有政治背景的客户进行风险等级评定时，银行一般都会参考一些常识性因素。在一家为政治公众人物提供服务的银行，没有什么是本身具有本质错误的。值得一提的是，不同于普通银行客户，政治公众人物的身份需要银行对该客户事项和账户活动进行详细审查，银行可以认为政治公众人物的原籍国家和政治声誉风险太大，它们或许会决定在需要的时候，通过定期检查或采取合理步骤来管理风险。如果一位客户的财产所有权不是很明朗，银行在接待这位客户之前需慎思。

金融机构应认识到其在反腐过程中起着非常重要的作用。不仅因为它们能够在支付过程中及时发现贿金并阻止可疑的交易，还因为它们能够阻止腐败人员进入固有的银行系统通道，而这需要严格的尽职调查和对所有客户进行的全面调查，以便能够对客户进行合理的风险等级评估。基本法将有望阻止西方企业的行贿行为，虽然世界各地竞争对手如此之多，而且似乎他们可以在接受一定处罚的情况下行贿，但这种认为在欧洲和美国禁止贿赂就能杜

绝这种行为的想法的确很天真。此外，西方发达国家采取的诸多措施并不能也不适用于解决新兴经济体和发展中国家仍然普遍存在的腐败问题。即便在一个法典中有明确的反腐败法的国家中，想要在国内为一位政界人士定罪绝非易事。例如，尼日利亚会为受到指控的现任官员提供司法豁免权，这对阻止腐败根本无济于事。腐败导致的灾难性后果而引发的伦理思考也必须发挥其作用，确保让金融机构意识到其肩负重责，不被那些剥夺国家和人民未来的官员所利用。

遗憾的是，在我跌宕的职业生涯中，我发现，贿赂和腐败几乎是最常见的上游犯罪类型。纵观我亲眼目睹的所有案例，这些由金融机构给予政治公众人物的所谓"特殊待遇"无非就是按照比普通大众更低的标准对他们进行尽职调查，这就论证了一句古谚：只许州官放火，不许百姓点灯。我见过诸多腐败方法，但是要从中找出一个作为本章的案例却难上加难。我选定了这样一个案例：有人通过一家欧洲大型军火商向中东某国高官行贿2 000万美元。我想以此说明行贿者是如何滥用金融服务行业行贿的，以及政客们如何受贿并对非法收入进行洗钱。

情景案例

一位欧洲军火商的资产负债表上的负债高达数十亿，他获悉中东某地想要更新其老化的军用战斗机库存。该合同可以为公司创造数亿净利润，并可以提供数千个工作岗位。风声传开了，有五个竞标者的位置虚位以待，一个位置价值2 000万美元。该武器制造商认为，对于金额如此巨大的合同，且只有五位竞标者，2 000万美元真的不高，他也迫切地想参与其中。他深知，这个价格只是为筛出初选投标者，要赢得合同就需要制造一个更大诱惑，这似乎触及了他好赌的本性，他认为只要舍得付出，后期必有满意回报。

Criminal Capital

　　该公司请了一位代表该中东国家国防部长的中间人从中斡旋，并参与了投标。该中间人要求 200 万美元的"好处费"，这相当于竞标总金额的 10%。谈判结束，该公司在这个过程中暂时胜出，于是决定将 2 200 万美元汇给国防部长的代理人，而未发现这一举动违反了该国国内的《反贿赂公约》。参照"启动—疏远—伪装"的新型洗钱模式，该公司的目标仅局限于利用金融业实现贿金支付。军火商和 2 200 万美元之间的分离通过如图 5-1 所示得以实现。

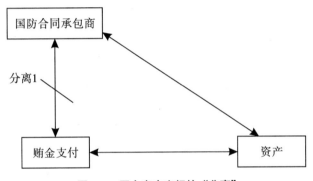

图 5-1　军火商应实行的"分离"

　　正巧，该军火商在境外拥有一家税收中性的特殊目的实体（SPV），并拥有 3 000 万美元的资产。最初该 SPV 是准备与另一家军火供应商成立合资企业时而专门设立的，但合资最终并未取得任何成果，SPV 账户中的资金也就被注销了，继而通过落户 SPV—合法化—置于资产负债表外等一系列手段，成功地逃过了会计师及其他所有能够看到资产负债表的人的眼睛。

　　为了掩盖受贿的事实，国防部长请一群依附于他的心腹和顾问代表他建立了一个信托和隐藏的底层体系。与军火商相比，国防部长在滥用金融体系方面有着更多诉求，他需要：（1）受贿但不会被抓；（2）及时转移贿金，绝不能因此追溯到其罪行；（3）掩盖其与洗过的财产之间的联系。他的每个目的之间的分离可以用如图 5-2 所示的方式进行描述。

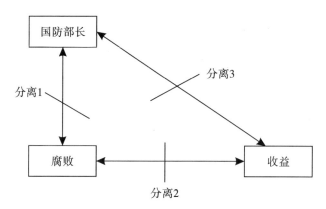

图 5-2　国防部长的三个目的之间的分离

　　对于军火商和国防部长而言，分离 1 分别表示行贿和受贿，同时避开任何监督执法。同时这两人都依赖于中间人，他选择的是一种以隐藏公司和相关联的银行账户为基础的结构体系，中间人由瑞士律师事务所出面，他们的确非常严格地履行着其为客户保密的职责。

　　军火商、国防部长和中间人相互串通，他们的关系如图 5-3 所示。

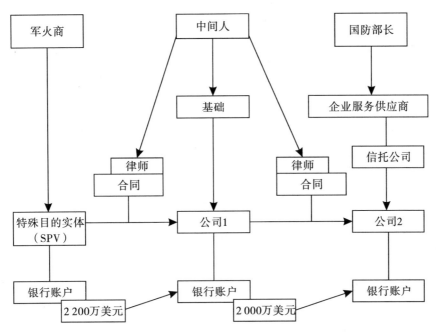

图 5-3　军火商、中间人与国防部长之间的关系

随着结构图中每位主角依次对号入座，你会发现难点在于如何通过中间人将贿金转移给国防部长。

首先，中间人指示瑞士律师事务所起草一份真实可信的合同，紧接着军火商和公司 1 之间签订一份（虚构的）主咨询合同，合同内容是提供辨识世界各地各种武器的服务。合同规定公司 1 应提供附录 1 所列举的各项具体服务，该附录共 75 页。因为这些服务，军火商的 SPV 将在接下来的 4 个月中每月向公司 1 支付 550 万美元，总金额 2 200 万美元。

同时，公司 1 迅速与公司 2 签订咨询协议的子合同，该合同规定公司 2 在世界某些特定的地区将代表公司 1 执行某些合同。子合同的条款完全参照军火商和公司 1 之间的主咨询合同制订。合同履行完成后，公司 1 同意向公司 2 支付 22 000 万美元咨询费（即中间人保留了其应得的 200 万美元）。合同签订后，资金在各个账户中按合同约定流转。倘若在汇款过程中，有比较精明的银行家提出质疑，合同就可以用作解释说明，并且因为有瑞士律师事务所的印章，这两笔交易怎么看都没有问题。主合同和子合同上的服务项目一致，这也会让银行感到欣慰。考虑到这些因素，银行家很满意，因为所有的汇款都是光明正大的。四个月过去了，最终的款项也已经进入国防部长的银行系统，他也将因 2 000 万美元到账而变得富有。

明目张胆的贿赂经过伪装摇身变为一系列的咨询服务费，向国防部长行贿的事实也因银行系统的所有权体系和银行账户而变得简单。若非有银行系统的帮助，该笔贿赂款至今仍无法支付。金融服务行业帮了大宗贿赂一个大忙。

在这个计划中，哪些地方是明显的处置和培植活动？答案是：计划中并不具备这些特征。首先，没有处置阶段，因为早在这笔钱变成贿金之前，它就已经存在于 SPV 的账户中了；其次，也没有培植阶段，因为一旦这笔钱作为其犯罪所得进入国防部长的银行系统中，就已经到了后一个阶段。这一结构体系使得军火商和国防部长都与他们的犯罪行为实现了分离。

通过这一结构体系，国防部长将自己置身于受贿行为之外，但是他依然经不起调查。于是我将目光聚焦在他如何处置自己的非法所得。他决定用一半资金在日内瓦投资一家可以盈利的精品酒店，再将酒店利润作为红利分配给受托人。事实上，国防部长并未直接从受托人处获得过任何收入，只是受托人替他支付了孩子们在私立学校的学费、私人飞机的部分所有权时间、信用卡账单以及某些员工的工资。部长的朋友和家人来日内瓦购物都可以自由出入该酒店。

最后，该酒店也被用作购买韦尔毕耶滑雪屋或停泊在摩纳哥的 92 英尺①游艇的贷款抵押。这样一来，部长和他的亲朋好友们可以根据自己的喜好，冬天住滑雪屋、夏天享用游艇，好不惬意。

国防部长决定用另一半资金在瑞士投资一只成熟的对冲基金，该基金收益非常高。正应了一句老话"钱能生钱"，不到三年时间，1 000 万美元就变成了 1 500 万美元。国防部长听取了顾问的建议，向瑞士的基金经理建议不要将 1 500 万美元返回原账户，而是转移到另一家公司名下，该公司的实际管理人也是这位国防部长。随后这家公司就用这笔钱投资了一家合资企业，利用部长的影响力，该合资企业在部长所在的城市获得了投资大型酒店和商贸综合体的合同，并获得了丰厚的收益。随着计划的顺利进行，部长投资的合资企业收益翻倍，故事还在继续。这个过程如图 5-4 所示。

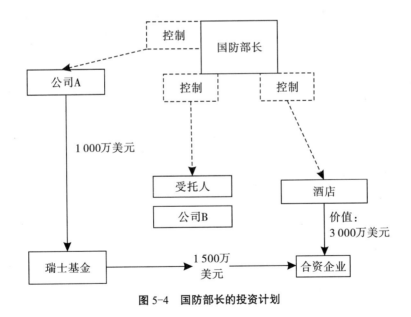

图 5-4　国防部长的投资计划

---

① 1 英尺 =0.3048 米。——译者注

结果是部长在任职期间通过由职业中介机构、私人银行家和企业服务供应商监管的综合组织获得了数亿美元的银行存款和其他形式的资产。参与其中的各方均采用阳奉阴违的方式，因为他们都害怕与这样一位在政治、经济领域都有影响力的人物之间的那些利润丰厚的合作关系受到影响，所以每个服务提供方都各显身手，卖力表现。

该情景案例回避了问题的实质：银行在无意识的情况下协助犯罪的行为原本是可以避免的。以下两种情况应该引起注意：第一，银行应该能够意识到由一家独立的贸易公司履行的咨询协议存在高风险，因而应继续追查该业务在商业上的合理、合法性；第二，两份提供无形服务的合同结合在一起（因而难以核实），一位政治公众人物和一位中间人，这足以引起警示。如果对该组织结构进行了风险分析，那么调查可能更深入，并且非法资金终会被拦截。

第 6 章

海盗

2009 年 10 月发生了一桩经多方报道的事件，退休的英国夫妇保罗·钱德勒（Paul Chandler）和蕾切尔·钱德勒（Rache Chandler）驾驶自家的游艇"林恩对手"号度假时，在塞舌尔附近遭海盗劫持。一群索马里海盗登上他们的游艇，迫使他们登上附近的一艘"捷诚号"货船，弃"林恩对手"独自漂泊。"捷诚号"也是在不到两周前被这群海盗劫持的船只，海盗们将它作为"母船"。海盗们可以在距其出发地索马里海岸线沿岸数百英里内，借助母船向其他目标发动攻击。"捷诚号"原是一艘从新加坡驶往肯尼亚的货船，海盗劫持了全部船员，并向船主索要赎金。在被劫持 10 周后，船主支付了海盗330 万美元赎金，船员才被释放。钱德勒夫妇却没有这么幸运：在他们被挟持在索马里期间，海盗要求支付 650 万美元作为赎金。这显然是不可能的，钱德勒家族没有这么多钱，尽管经过与各种经纪人和安全专家协商，双方就赎金达成了一致，但是据报道，英国政府最终以英国政策不支持赎金支付为由阻止了付款。引用英国外交大臣威廉·黑格（William Hague）的话来说，要以对绑匪进行打击的方式对其施加影响，随后英国政府表示他们不对绑匪让步看起来是正确的。

据报道，2010 年夏天，钱德勒的亲戚筹集了 44 万美元空投给海盗，但是海盗以期望他们筹集更多现金为由，又将钱德勒夫妇多扣押了几个月。居住在伦敦东部的一位索马里前出租车司机的儿子们在电视上看了钱德勒夫妇的遭遇以后，要求其父亲采取行动，最终这位父亲确保了钱德勒夫妇的释放。海盗向英国媒体透露，对方最终又通过哈瓦拉向索马里支付了 30 万美元赎金。在被囚禁 388 天以后，这对夫妇最终被释放，噩梦就此结束。

海盗长期存在，且常被赋予传奇色彩，但它的确是一种现代现象。当代全球海盗活动的特点是依赖劫持和赎金，这就导致海上货物运输的成本出现了上涨。这种现代海上犯罪行为也引发了移交作为赎金的大额资金的目的和目的地问题。虽然很难得知具体金额，但是据估计，2005 年赎金支付金额平均为 15 万美元，而到 2010 年，该数字已飙升至 520 万美元。2010 年最高的赎金金额是 950 万美元——为了释放一艘被索马里劫持的韩国船只而支付的。据世界银行发布的名为《海盗踪迹》（*Pirate Trails*）的研究报告指出，劫持钱德勒夫妇的索马里海盗每年会蚕食世界经济总量中的 180 亿美元，这个数额相当于从海湾到亚丁湾的海上旅游总收入再加上预计 1.1% 的税额。

索马里海盗已经进入了世界最重要的战略航运区之一——苏伊士运河。尽管最初只是以海岸为基地，但是"母船"的广泛应用大大拓展了他们的活动范围，南至肯尼亚，北至整个亚丁湾沿岸，东至印度沿海水域，总范围约有 250 万平方海里。再加上囚禁的人力成本以及偶尔发生的人质伤亡事件，海盗已经成为一个非常重要的问题。

自 20 世纪 90 年代初期以来，海盗事件迅猛增加。最近索马里海盗事件有所下降，而海盗的焦点逐渐转移至几内亚海湾，这一地区的海盗以前在尼日利亚海岸周边活动，现在他们将其活动范围分别向东西拓展至科特迪瓦和加蓬。根据国际海事提供的全球海盗年度统计数据显示，1991 年，非洲没有发生过海盗事件，而东南亚发生 88 起，远东发生 14 起；到 2000 年，该数据上升为非洲 68 起，东南亚 242 起，远东 20 起；到 2010 年，非洲已经成为世界海盗活动的主要区域，那里共发生了 259 起海盗事件，远东发生的海盗事件也增加至 44 起，而东南亚则降至 70 起。索马里海岸的海盗事件呈指数级增长，从 1991 年的零发生到 2010 年的 139 起，而印度尼西亚从 2000 年最高的 119 起降低到 2010 年 40 余起，2013 年又再次增加到 106 起。

海盗事件的性质已经从短期且易抵制的试图登船发展为全面劫持船只并扣押船员，还要经历漫长且大费周章的赎金谈判过程。2013 年国际海事局发现，当年全球范围内通报的海盗意图袭击及已实施袭击的案例高达 264 起。受到攻击的船只各式各样：小游艇、帆船、拖船、拖网渔船，还有大型油轮。在 264 起海盗袭击事件中，有 12 起船舶劫持事件。许多被通报的海盗袭击事件都是发生在东南亚的随机抢劫事件，这些事件的持续时间通常在一个小时以内，与世界上其他地区发生的人质劫持事件有本质的区别。

2009 年至 2011 年，在被报道的海盗袭击事件中，与索马里海盗有关的事件大约占其中的一半。现在这一比例正在迅速下降。在 2013 年报道的 264 起海盗袭击事件中，只有 15 起（5%）发生在索马里海盗的巡视区域，即亚丁湾、红海、索马里、阿拉伯海、印度洋和阿曼。在过去的几十年，索马里海盗减少的一部分原因就是政府控制了其规模。为了减少袭击事件的数量，政府采取了一系列有针对性的措施：海军加大了对这些地区的巡逻力度，私人武装安保服务更是时常在这些水域登船巡视，对海盗家乡的公共支持逐渐减弱……所有这些因素，再加上索马里中央政府的相对稳定，使 2012 年至 2013 年间的索马里海盗事件的数量大幅减少。

虽然前景光明，但是船主不断采取措施制止和应对海盗袭击以及实行这些措施需要的经济投入证明，非洲之角的水域依然危机重重。自 20 世纪 90 年代以来，索马里沿岸通常以家族为单位展开的海盗活动，成功地让非洲之角成为对海上商船而言最危险的区域之一。与世界上其他地区的海盗相比，索马里海盗所使用的技法大不相同，主要表现在一个方面，即赎金支付。远东或西非的海盗通常登上船只（通常在船舶停泊时），并在离开之前盗取船上的贵重物品，比如货物、现金以及船员的物品。而索马里海盗的典型做法正好相反，他们劫持船只和船员并索要赎金。这种形式的海盗行为一般是在受害船只运输过程中实施，因此通常比世界上其他地方发生的海盗行为更为暴力。除了使用枪支，据报道，索马里海盗已经开始使用火箭推进榴弹，这使他们的活动更为有效。据世界银行估计，2005 年 4 月至 2012 年 12 月间，非洲之角附近的海盗索取的赎金总额为 3.39 亿～4.13 亿美元。金额之高引起了人们的关注：这些征战队的背后主使到底为何人（包括他们是否与恐怖主义有关）？全球金融体系在帮助海盗洗钱中到底发挥着何种作用？

索马里有 1 000 万人口，人均国内生产总值仅为 248 美元，其北部的邦特兰和索马里兰两个地区在 20 世纪 90 年代脱离索马里成为了半自治地区，虽然不被官方承认，但是这两个地区民间高度自治。索马里海盗活动猖獗是因为其国家缺乏全面执行的政府规则和法律法规。据一些海盗和索马里官员称，海盗活动最初是为了应对国外船只在索马里海域非法捕鱼和倾倒有毒废弃物，而之所以会发生这样的事情，其根本原因在于缺乏有效的政府，这使得索马里海岸线变成此类活动首选的目的地。阻止非法船只并索要钱财很快成为了一种有利可图的行业，渐渐地，他们也将矛头对准那些既没有非法捕鱼，也没有倾倒有毒废弃物的船只。由于索马里缺乏中央集权政府和系统性的法律体系，使海盗数量不断增加，因为其政府和法制规范都回到了 20 世纪 90 年代的旧部落体系水平。

随着 2012 年选举出新的联邦议会，这个国家的命运似乎正在发生改变。接下来的 8 年将会由一个过渡政府——过渡联邦政府（TFG）执政。该政府成立时着眼于重新创建一个基于民法管理的国家，但其很快发现，伊斯兰法庭联盟（ICU）竟是一个很强劲的对手，该联盟由一批激进组织组成，而且几乎已经控制了索马里南部的大部分地区。过渡联邦政府成功收复了大部分由伊斯兰法庭联盟侵占的领土，但伊斯兰法庭联盟随即又分裂为其他各种团体，并持续打击索马里过渡政府。这些分裂组织中最强大的要数索马里伊斯兰青年党（Al Shabaab），这个组织成立于 2006 年，据称有 8 000 余名战士。2012 年，青年党领导承诺服从基地组织的头目艾曼·扎瓦希里（Ayman Al Zawahiri）。次年，该组织还宣称对发生在肯尼亚购物中心的袭击事件负责，显然这起袭击事件是在报复索马里的国家军事部署。作为被包括美国和英国在内的多国所认定的恐怖组织，索马里青年党对多起大规模暴力事件、人质绑架和发生在索马里南部的多起宗教冲突事件负责。邦特兰国一直试图驱赶青年党，积极地反对其各种活动；埃塞俄比亚军队最近加入了非洲联盟，并派遣维和部队镇压青年党的各种活动。该组织对索马里大部分地区的控制最终会被削弱。

经常会有关于索马里海盗组织与宗教激进分子之间相互关联的指控被提出，但人们很难找到确凿的证据证明两者之间是相互支持的关系，传闻和事实很难区分。一位评论员在《纽约时报》撰文，认可了对海盗和恐怖分子之间的合作进行鼓励的试探这种做法。作为回应，英国反洗钱金融行动特别工作组在其发布的一篇名为《有组织的海盗和相关的劫持赎金》(*Organised Maritime Piracy and Related Kidnapping for Ransom*)的报告中指出，在某个劫持案例中，索马里青年党曾建议海盗击沉或烧毁船只。一位联合国顾问认为索马里青年党与海盗组织之间存在着天然的联系，因为后者为前者提供收入来源。虽然有时海盗会向武装分子支付一定数额的"保护费"，但是据报道，因索马里青年党对哈拉迪港的军事控制，海盗将其20%的赎金收入付给索马里青年党，这便被视为海盗与该组织之间的联系。然而《纽约时报》的评论员最后指出，这两个集团之间是没有关联性的。他指出，事实上，索马里青年党在从其港口驱逐海盗的方面表现出色，这与他对宗教激进主义的推行以及介乎于赚钱的海盗和激进派武装分子之间的个人态度有关。无论事实如何，本章后面的情景案例会分析并说明两者之间任何形式的合作伙伴关系都是危险的。

要估算世界范围内海盗行动的成本是非常难的，但是随着时间推移，海盗袭击事件导致了一系列全球性成本的上升。世界银行每年180亿的估值都是基于各种因素计算得出的，比如除了赎金支付外，由于面临越来越多的风险，船运公司面临更高额的保险费。逃避索马里海盗的步骤包括获取情报、选择不同的航线（通常绕道好望角）以免船只会经过索马里海盗的活跃区域、将航行时间延长数周以及削减船只每年的盈利航程。如今，比较普遍的威慑海盗的做法是雇用武装警卫（这种做法之前比较少见的，但是 2011 年得到了政府的许可）或在船上安装铁丝网、高压水枪和泡沫喷雾。虽然安全性提高了，但是成本也增加了。据估算，海军巡逻队（联合国、欧盟和国际特遣部队）每年的费用高达 20 亿美元，而起诉和关押被扣留人员的成本更远高于此。除了要支出这些费用的国家（多数是发展中国家），对于那些地处海盗猖獗区域周围的国家来说，它们脆弱的经济会因此受到严重的创伤，它们不仅要承受高昂的物价，还不得不面对旅游收入受此影响而出现的大幅下滑。

海盗行动到底是如何筹集资金的呢？要获得与此相关的可靠消息非常不易。世界银行认为，索马里的海盗行为可能遵循三种运行模式——作坊式、合作式和个体主义模式。小规模的作坊式组织的实施者通常来自同一家族，经费支出大约 300 美元，投资回报也相对偏低。相反，合作式或"股份制"的这种组织中集合了大量金融家资源，它们可以发动较大规模的攻击，前期成本预计达 30 000 美元，而且这种组织结构更为细化，领导者和实施者各司其职。在个体主义模式中，主要投资人控制整个行动并抽走 75% 的赎金收益。2009 年，据路透社报道，在哈拉迪港成立了一个专门为海盗提供服务的股票交易所，大约有 70 家海盗公司先后在那里上市，显然，该系统允许其成员用金钱或武器来交换一定比例的最终收益。

因此，融资阶段可能会涉及大量的现金流动（赎金分配阶段也一样）。来自索马里国内外的投资者可能会为前期的支出存入一些资金。在策划一次行动的初期，如果投资者想要从境外账户将资金汇入索马里，他通常会采用基于贸易的方式来操作。比如，一名海盗或许会与一位合法的当地商人合作，而这位商人正好要从肯尼亚进口某种商品。这位商人会先从肯尼亚某机构购买该商品，然后用海盗存在塞舌尔银行账户中的资金来支付货款。一旦肯尼亚的商品到达索马里后，当地商人会再次用当地货币支付货款给海盗资助者，这时候，海盗投资者就可以在当地花费这笔资金了。

关于赎金的准确信息很难获得，因为船主有强烈的动机低报赎金金额，或者有时根本不提赎金之事。人们担心一旦公开了船主为赎回船只准备支付的实际金额，海盗会在未来索取更多的赎金，谈判会愈发艰难。一旦发生劫持事件，船主也可能极力避免被公开，因为调查会拖延时间。从报道的信息来看，海盗们索要赎金的金额差异很大，有时似乎取决于船上货物的性质。海盗们知道，考虑到拒绝支付产生的人力成本、货物损失带来的经济成本以及船只本身的价值，船主根本不可能拒绝支付赎金，即便他们接受的金额只是最初被索要金额的一部分。

在索马里海盗的案例中，当船上船员被劫持并带上岸后，当事船只通常行驶至索马里海域，海盗随即向船主提出赎金要求。谈判可能会持续很久，一般会持续数月。2008 年 9 月，索马里海盗劫持了乌克兰船舶"芬娜号"，这是一艘装载武器并且准备驶往肯尼亚的船舶。海盗最初提出的赎金要求是 3 500 万美元。5 个月后，经过各国和北约组织与其进行的谈判，最终在支付了 320 万美元赎金后，船舶被返还，船员全部被释放。尽管媒体报道称，被劫船只被美国舰队包围和封锁之后，武器完好并且仍在船上，但是谁也不清楚船上价值数百万的武器到底发生了什么。同年 11 月，在距离肯尼亚海岸 450 英里以外的海域，海盗袭击了载有价值 1 亿美元原油的"天狼星号"超级油轮。最初，海盗提出的赎金要求是 2 500 万美元，他们还竟然大言不惭地声称会用机器点钞以防出现伪钞。据报道称，最终支付的赎金金额为 300 万~800 万美元。在从船上逃走的过程中，有几名海盗溺亡。据报道，人们在其中一具被冲上岸的尸体身上发现了一个装有 15.3 万美元现金的袋子，这说明海盗在收到现金赎金后马上进行了分配。

海盗在与船主谈判时通常会派一名讲英语的谈判代表。最初，赎金要求通常都非常高，但在谈判过程中会逐步降低。协议达成后，现金会通过多种渠道被送到指定地点，有时只需安排一个人和几只手提箱，但一般是在船舶和船员被释放后，现金会被空投到一个指定位置。一般而言，只要支付了赎金，船舶和船员即可获释。然而有时船员会被谋杀，但这种情况相对较少出现。2011 年 2 月，索马里海盗劫持了一艘小型游艇"探索号"，当时船上有 4 名美国公民。当海盗提出赎金要求后，美国海军试图与海盗谈判。然而，在被美国海军俘获之前，这些海盗射杀了 4 名人质，缘由不明。穆罕默德·萨伊里·士宾（Mohammad Saaili Shibin）是一位会讲英语的索马里人，2010 年，他在索马里海域参与了劫持德国船只，2012 年，他在美国弗吉尼亚州因被控海盗行为并扣押人质而被判处有期徒刑 12 年。2013 年 7 月，士宾上诉失败。在上诉中，其律师曾辩称他的行为发生在陆地，不能被判定为海盗罪。

有关赎金的分配、转移和花费等问题仍有待调查，世界银行的《海盗行踪》（*Pirate Trails*）对此作了一些细致的研究。尽管在收集可靠信息时面临重重挑战，但这份报告最终对这项逐渐成长起来的、在索马里国内外有着大额现金流的价值数百万美元的产业提供了精彩且实用的深刻见解。

这份报告介绍了海盗在获取赎金后是如何在组织内进行分配的。那些为被挟持的人质提供食品、燃料、阿拉伯茶叶和酒水的商人通常是先记账，海盗会在收到现金后一并付清。在这种环境下，资本游戏蓬勃发展，商人们也都根据市场需求进行了相应调整。世界银行在调查时发现，像阿拉伯茶叶这种咀嚼时能够使人产生兴奋和快感的绿叶植物，对海盗的售价是正常市场价的 3 倍。该报道评论说："海盗们也能接受这种情况，而且他们认为这是经商的成本和社会准则。"毋庸置疑，虽然赎金支付后，大量现金的涌入能够使当地的企业和社会群体从这些明显的"机会"中获益，但是犯罪资本的流入也是造成国家社会、经济和政治形势不稳定的因素之一。

一旦地方债务全部偿清，赎金的最大部分要首先要付给初始投资者，他们可能获得赎金总额的 30%~70%。其次，能拿到钱的是劫持船舶并一直与人质待在一起的"步兵"，他们每人能得到 3 万 ~7.5 万美元不等。那些最初登上甲板的海盗因有较高风险，他们每人一般可以得到一些额外奖励，据说奖金可高达 1 万美元。

少量资金可能被用于购买奢侈品和嫖娼，尤其对于"步兵"来说。据了解，较多资金则主要通过跨境现金走私和基于贸易的洗钱方式被转移到吉布提、肯尼亚和阿联酋等国。他们一般采用开高额发票的方式来跨境转移资金。比如索马里的海盗资助者想要将其部分收入汇入肯尼亚的某银行账户。他会创建一种买卖白色商品的"合法"交易，然后从肯尼亚某公司进口价值 500 美元的冰箱。他要求自己在肯尼亚的同伙向他发运价值 500 美元的冰箱，并将发票金额提高至 700 美元。海盗资助者用合法资金支付 500 美元，再用海盗行为的收益支付剩余部分。而在肯尼亚的同伙会将 500 美元存入银行，然后将其余的 200 美元存入海盗投资人的肯尼亚账户。这样，这笔钱就被存放在境外，而且经过一桩表面正常的业务交易，这笔钱就被贴上了合法的标签。他们也可以通过传统的洗钱模式，比如现金充裕的酒店业和餐饮业进行洗钱。同时，作为赎金的现金也会通过其他行业流通，比如房地产、阿拉伯茶叶、运输和农业。不论通过什么渠道洗钱，值得我们高度关注的是，通过海盗袭击行为获得的收益有可能被用于购买政治影响力，或通过在索马里的土地上进一步投资于海盗袭击行动、人口贩卖、移民走私、民兵募集和提升陆军作战能力等再次进入犯罪循环。

打击海盗资金渗入全球金融体系的行动是一个复杂的过程，其核心在于赎金的法律状况。在英国或其他国家，赎金本身都不算非法，但是问题在于它们最终的目的地。大多数国家都对与犯罪活动相关的资金的使用问题进行了立法。在英国，不论是 2000 年的《恐怖主义法案》还是 2002 年的《犯罪所得法》（POCA），这些法案中都将出资资助恐怖分子或协助个人持有犯罪所得等行为判定为违法行为。毫无争议的是，海盗行为本身就是违法活动，由此产生的资金也构成犯罪财产，然而国际社会仍担心海盗行为在经济上与恐怖主义组织相关联。这就意味着根据《犯罪所得法》及其他国家的类似立法，支付赎金的人有可能会受到更严厉的制裁。如此一来，想要支付赎金的人必须征得本国执法机构的同意，经其授权并在其监控的情况下才能进行交易。如果没有声明，付款人不但有可能触犯法律，而且还有可能会阻碍金融调查人员追踪资金的流向。

2009年，英国上议院欧盟委员会审议了一份题为《洗钱和恐怖主义融资》（*Money Laundering and the Financing of Terrorism*）的报告。委员会清晰地阐述了支付赎金在英国是合法的，并且为了避免对那些支付赎金以换取其亲属、员工、财产的人定罪，接下来他们要考虑赎金付款人的合法性问题。尽管被告知海盗与那些在同一地区活动的恐怖分子没有直接已知的联系，委员会认为如果在后期发现了两者之间的联系，仍可依照《恐怖主义法案》和《犯罪所得法》对赎金付款人定罪。英国内政部对这一议题提出了批评意见，他们指出政府有责任为赎金是否被用于资助恐怖主义提供指导。他们对缺乏说明海盗行为与恐怖主义之间有联系的确凿证据而不满，并注意到国际范围内为瓦解海盗组织而投入的大规模的海军力量与"在抑制犯罪收益转移方面缺乏一致行动，甚至由此可能会帮助恐怖主义融资"之间存在着"鲜明的对比"。

关于联合国制裁海盗的计划是否会导致赎金付款非法化，以及国际社会打击海盗的努力是否受制于对此类可行措施缺乏共识一直存在着争议。美国已经指出联合国将两名有嫌疑的海盗组织者加入了制裁名单，他们分别是阿布夏尔·阿卜杜拉（Abshir Abdiuahi）和穆罕默德·阿卜迪·加拉德（Mohamed Abdi Garaad）。但是2010年，英国政府因担心对赎金付款人定罪后可能引发的一系列后果而阻止了这一制裁行为。美国已经表明了自己的立场，阿卜杜拉和加拉德是美国海外资产控制办公室认可的11位受制裁的索马里人中的两位。美国的这一举措使海运业的一些从业人员极度紧张，他们担心美国会与其他国家一起禁止赎金支付。

国际协定和合作已经延伸到依靠海运公司、保险公司、执法机构、金融情报单位和事后调查人员协力打击海盗行为。很显然，这种合作要想取得成功就必须要以事实为依据，这就使得对劫持事件和赎金的详细报告以及情报收集工作显得尤为重要。未向国家警察机关通报赎金付款情况比不保证免予起诉产生的影响更广泛。在打击滥用金融体系有组织犯罪的过程中，能持续提供准确的信息至关重要。如果不知道海盗赎金已经支付，那国际执法组织就失去了继续深入追查的机会。由于是现金交易，一些简单的工作，比如辨识纸币的编号就变得非常重要，因为这些纸币在进入银行系统时可以被有效追踪。

英国反洗钱金融行动特别工作组列举了几个典型案例，这些案例均是因为缺乏沟通和稳健的方法导致失去了追踪用于赎金支付的现金的机会。在其中一宗关于 2007 年劫持丹麦船舶的案例中，支付赎金的现金是从美国一家银行提取的，而且美国联邦调查局知晓此事。据说，虽然美国政府向丹麦提供了现金编号，但是丹麦金融情报机构却从未收到相关信息。这笔金额为 72.3 万美元的赎金是在迪拜一家酒店由一家私人雇佣公司移交的，但是由于丹麦金融情报机构未能向阿联酋当局提供序列号，这笔钱最终消失得无影无踪。尽管在一个受袭击的国家之外的某个具有高度发达的银行系统的国家举行一场有组织的会议会给追踪现金流向提供一个很好的机会，但是经常是事与愿违，很显然，各方都没有意识到向对方提供有关资金追踪的详细信息的重要性。无独有偶，在 2008 年的一个类似案例中，虽然相关款项是从丹麦银行被提取的，但是丹麦金融情报机构未能提供关于涉案的 170 万美元纸钞的编号信息，而且也没有及时提交可疑活动报告，最终导致信息分享和调查通道被切断。

在一些海盗行动中，收回的有些数据可能会对调查人员有用，但遗憾的是，由于相关部门之间缺乏协调，信息未被有效利用，人们很难发现新线索，并以此追踪到钱款。在其中一个案例中，欧盟海军虽然发现了与索马里海盗相关联的银行账户的详细信息，并将消息传递给比利时政府，但之后好像发生了一系列的通信故障，最终追查被中断。

英国反洗钱金融行动特别工作组认定了两种使全球金融体系更易被海盗利用的具体因素：第一，用于支付赎金的现金在跨境交易时一般不是那些已经公开披露的大量现金，这使得追踪工作变得异常困难；第二，相关金融情

报机构很少收到可疑活动报告，它们对赎金支付情况毫不知情。

除了试图追踪资金流向情况，国际社会还投入了大量资源，以武装舰艇应对海盗行动，特别是在亚丁湾海域。2008 年至 2009 年间，在这一海域主要发起了三次行动——欧盟的亚特兰大行动、北约的海洋盾牌行动以及 151 联合特遣舰队。很显然，这些行动是成功的。可以看出，与往年相比，2012 年至 2013 年间发生在亚丁湾海域的海盗袭击事件的数量显著减少。然而，有人担心，受限于参与规则的性质，这些军队除了海上巡逻之外，无法再有进一步的行动。

但是，也有一些对被俘海盗成功地进行了国际起诉的案例。世界各国均有权对海盗实行管辖，即普遍管辖，所以并非只能在海盗行为发生国对其提请诉讼。塞舌尔和肯尼亚都已经设立了海盗法庭，两地都积极协助针对这一问题的法律回应。此外，在毛里求斯、坦桑尼亚和索马里兰也都设有海盗法庭。起诉地的监狱经常人满为患，而且随着新人的不断涌入，监狱的压力也越来越大。联合国正在进行升级工作，并在索马里建设了新的海盗监护中心，以使海盗不再占用帮助定罪的国家的资源。2010 年，在索马里兰的哈尔格萨，一家专门收押在国外被定罪的海盗的监狱投入使用。这样一来，在审判流程的管理过程中就产生了检察官和监狱工作人员的开支，这又进一步提高了成本，而这些是社会无法承受的开支。

索马里本国对海盗的反应各异。随着权力基础的更迭，情况也不断发生变化。目前，新政府逐渐将国家带入相对稳定的时期，但是这需要一个过程。世界银行强调，尽管取得了进展，索马里地区依然存在持续的冲突，那里对武装力量的使用并没有合法的垄断，国家与社会之间以及社会团体之间的关系薄弱，高度依赖于外国人道主义援助和侨民汇款，并且存在大量战时经济，比如海盗和武器交易。英国布鲁内尔大学学者安雅·肖特兰（Anja Shortland）在其为英国政策研究所撰写的报告中分析了索马里食品价格和工资的详细数据，测量了城市发光区域，并与 2006 年和 2010 年的卫星图片做了比对。分析指出，邦特兰的一些内陆城镇似乎从海盗行动中获益匪浅，而一些沿海城镇收益却并不理想。这些外加其他一些海盗行动导致的财富增长的证据足以得出以下结论：由于海盗行动累积了大量财富，导致邦特兰政府不会采取任何严格措施控制海盗犯罪，因为当地极大受益于海盗资金的投资和消费。英国反洗钱金融行动特别工作组更是坚称邦特兰政府其实是牵涉其中的，并且支持或参与了海盗网络。与之相反，据报道，索马里兰政府与海运行业已经签署了相关协定，致力于更严厉地打击海盗。越来越多的人意识到由部族长老出面有可能会阻止海盗行为，而且新政府也特赦了一些与这些社区领导谈判的"步兵"。事实上，尽管人们普遍认为加强巡逻导致了海盗的减少，《纽约时报》的评论员却没那么看好国际海军在减少海盗行动中所起的作用，他撰文说："海盗减少的一个最可能的原因在于肯尼亚和埃塞俄比亚与索马里青年党之间的战争……破坏了索马里沿岸支持海盗活动的网络和商业环境。"

当国际和当地对此的反响初显成效时，谁是因谁是果却很难界定。无论何种情况，陆地上的诱因依然是未知的，虽然相关机构已经着手调查，但成效甚微。此外，很显然，国际范围内对始于海盗组织的资金流动从来就没有统一的应对措施。相关机构应团结一致，致力于追踪海盗活动的幕后主使，并且阻断其资金流；同时，金融机构很可能会在无意识的情况下帮助海盗处理其非法所得，所以必须提高防范意识。

情景案例

　　本章的情景案例准确地体现了资金流动是如何在没有任何监管的情况下畅行于全球金融体系的。不论是支付部分或全部赎金，通过金融体系完成支付对付款人和收款人来说都具有重要的意义。原因有二：第一，当船主不确定支付赎金是否合法，也不想因草率支付而被执法机构禁止付款时，他或许会暗中使用离岸组织来完成支付；第二，如果某个恐怖组织资助了一起海盗劫持事件，它们肯定希望将投资收益

Criminal Capital

存入其在英国的银行账户，而不是在吉布提收取现金。随着越来越多的商船在巴拿马和库克群岛这类透明度不高的离岸司法辖区完成注册，这种单边支付模式的风险越来越高。还有另一种影响因素，即很多商船本身就是由离岸公司所有，从而导致关于这类合作方式的信息很难被获取。

在本案例中，我们假设索马里青年党与索马里海盗组织之间是合作关系，而且收取的赎金将被用于资助一次基地组织的袭击行动（2012 年，索马里青年党领袖"宣誓归顺"于基地组织）。假设出现了这样一种情况，一位索马里青年党的高级成员在亚丁湾策划了一起船舶劫持事件，而与此同时，一位在吉布提的成员与位于伦敦的某基地恐怖组织有关联，而该组织的领导人是一位索马里人，其成员包括一名阿联酋的硕士研究生。而船主并不知道，他所支付的赎金中，通过银行系统支付的部分最终要被用于资助一起由基地组织发动的暴行。

索马里青年党决定将其所需的种子基金用于劫持一艘大型集装箱货船的行动。此次劫持行动非常大胆，其目的在于为其在肯尼亚的活动筹集经费，而且这是第一次在英国行动。索马里青年党从其在丹麦的"卧底"处获得情报，得知该船上载有易腐货品，而船主和出口商都希望能尽快追回货物。

本次行动由索马里青年党在吉布提的成员指挥，由一位身经百战的海盗头目伙同一群经验丰富的海盗准备实施劫持，他们决定将几周前劫持的一艘船舶作为母船，并从母船上发起袭击。海盗们用自动机枪和榴弹发射器武装自己，他们跳上 4 艘小艇，全速朝目标进发。虽然货船上的船员们尽最大努力试图用水炮击退海盗，但海盗最终还是登上了货船，并且控制了整艘货船。在随后的混战中，一名水手被杀。

回到母船后，海盗们联络了其头目，这位海盗头目又紧接着用无线电与位于吉布提陆地上的索马里青年党成员进行了联系。这位青年党成员委派了一位经验丰富的谈判专家专门应付船主。在得知有一名船员被杀后，船主非常震惊。尽管顾问告诉他在谈判过程中要保持冷静，但是他没有心情进行拉锯战，因为他害怕再有人员伤亡。最初的赎金要求是 1 000 万美元，谈判一度陷入僵局，此时船主认输，双方最终就 500 万美元达成一致。船主指示他的代理人要尽快支付赎金。整笔赎金最终按如图 6-1 所示的比例做了分配。

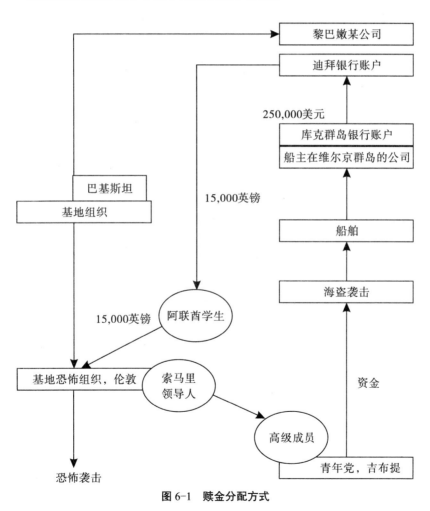

图 6-1　赎金分配方式

接下来，索马里青年党成员让海盗组织的谈判专家告知船主的顾问，赎金应被分成两部分支付：第一部分475万美元现金空投，第二部分25万美元电汇至某公司在迪拜的账户。被劫持的货船的注册地在库克群岛，其所有人是英属维尔京群岛的一家公司。英属维尔京群岛的这家公司反过来在库克群岛接受管理和控制，并在库克有着储备充足的银行账户用于日常经营支出，包括员工工资、保险和维修等。赎金中的25万美元就是从库克群岛的银行账户中电汇至迪拜账户的。电汇时，船主公司的银行需要其提供关于汇款目的等信息。当被告知货船在杰贝阿里港进行了必要的维修，需要支付相关费用时，银行就不再追问了。迪拜的银行账户在一家黎巴嫩公司名下，其最终的控制者是巴基斯坦的一位基地组织成员。25万美元一到迪拜账户，他就将部分美元换成15 000英镑并电汇至伦敦基地组织的那位阿联酋学生的账户中，汇款用途是生活费和学费。用这笔钱，伦敦的基地组织策划并实施了在伦敦同时发生的3起自杀式恐怖袭击事件，无辜平民被杀，伤亡情况严重。

通过这种途径，合法资金确保被劫持的货物、人员、船只能够及时获释，而资助恐怖主义显然超出了船主和银行的预期，银行系统内的一小部分赎金的确被用于资助了一位潜伏已久的基地组织成员，并且间接为3起恐怖袭击事件提供了资金支持。

然而，故事到这里并未结束，以现金方式支付的赎金被分配给海盗和当地的长老，并从邻国厄立特里亚购买了武器装备和重型车辆后，这位索马里青年党成员接到上级指令，要将赎金中的2万美元转给一个居住在美国明尼苏达州的基地组织支持者，美国1/3的索马里人在那里生活。因为索马里没有银行系统支持电汇，因此这位支持者不得不求助位于吉布提的哈瓦拉国际汇款代理。这家代理是被索马里移民广泛使用的大型索马里哈瓦拉代理人网络的成员之一。由于接收了大量索马里以外的侨民通过哈瓦拉向其国内的亲人发起的汇款委托，该代理机构目前急需资金来完成这些汇款的支付。汇款步骤如图 6-2 所示。

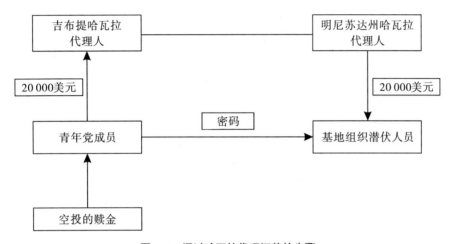

图 6-2　通过哈瓦拉代理汇款的步骤

这位索马里青年党成员将 20 000 美元的现金交给哈瓦拉代理，对方给他一个密码。由于不相信电话或电子邮件的安全性，密码经索马里青年党和基地组织成员口口相传，最终被传送给这位潜伏人员。得到密码后，他拜访了当地的哈瓦拉代理人，凭密码支取了 20 000 美元现金。他用这笔钱作为学费，并且在美国的监控下安然度日。

第 7 章

人口贩卖和非法移民

2000 年 6 月，英国多佛的海关工作人员打开了一辆刚刚从北海来的货车后门进行例行检查。这辆车表面看起来是一辆运输番茄的货车，但是他们在黑暗处发现了两名几近失去知觉的中国男人和 58 具尸体。因为货车司机害怕被发现，他关闭了车辆仅有的通风口，导致这些人窒息。据说，这批非法移民为了离开家乡到英国寻找工作机会，每人为这次行程花费了将近 20 000 英镑。此次行程由中国蛇头帮成员组织，他们通过提供伪造文件，策划了海、空、陆一体的行程，穿行了多个国家，从而可以在几乎没有风险的情况下赚取巨额利润。被捕的两个人都否认对其提出的指控，但都因出现了死伤事件而被监禁，其中荷兰籍货车司机佩里·维克（Perry Wacker）被判处有期徒刑 14 年（驳回上诉），中国籍翻译郭颖作为这批移民在英国的协调人，被判处有期徒刑 6 年。两人原本会得到这起悲剧的利润的一小部分作为酬劳，而利润的大部分则留在那些人口贩卖者手中。善良的民众出于信任将血汗钱交付给那些被利益蒙蔽了良知的犯罪分子，这种事情屡见不鲜，而他们不过只是其中的一小部分。

在全世界范围内，有数百万人是移民走私和人口贩卖这类犯罪活动的受害者。而这两种行为只是最普遍、最赚钱的有组织犯罪形式，并往往与其他犯罪，比如谋杀、信用卡诈骗、贷款诈骗、移民欺诈和组织卖淫等相关联。对佩里·维克提出控诉的检察官谴责了人口走私这种罪行，并将其称为"如

毒品般赚钱的行业"。联合国将人口贩卖列为继毒品和军火贩卖之后的第三大
经济效益最高的犯罪类型。尽管如此，从事这种勾当的人其实多数隐藏于社
会中，很少为大众所知。这两种类型的犯罪都是依靠对易受影响的人群许以
美好前程，并安排他们踏上非法且危险的行程，从而获取巨额利润；或者将
某些个体逼迫至无路可退的凶险境地，进而迫使他们从事卑贱的工作以换取
微薄的收入。移民走私者通过为非法移民安排秘密行程和沿途食宿以及伪造
文书来收费和谋利；而人口贩卖者则是通过将受害人圈禁在他们指定的场所，
强迫其卖淫或非法劳工，进而将他们获取的大部分报酬据为己有。人口贩卖
的受害人（包括非法移民）通常在极其恶劣的条件下工作：他们非法居住在
某国，没有合法身份，因此也就被排除在当地的医疗体系、社会保障和司法
体系之外。此外，他们通常居住在不安全或拥挤的环境中，没有人身自由，
不能随意离开，有时他们的护照和身份证明文件会被没收。他们已经沦为实
实在在的"奴隶"。

自 2003 年《联合国打击跨国有组织犯罪公约》(the UN Convention against
Transnational Orgainsed Crime) 生效以来，人口贩卖及走私已经受到越来越
受到密切关注。该公约有两份补充议定书，分别是《关于预防、禁止和惩治
贩运人口，特别是妇女和儿童行为的补充议定书》(the Protocol to Prevent,
Suppress and Punish Trafficking in Persons, Especially Women and Children)
和《关于打击陆、海、空偷运移民的补充议定书》(the Protocols against the
Smuggling of Migrants by Land, Sea And Air)。在一份全球性法律文书中，该
议定书对这两种类型的犯罪给予了统一的司法解释，这一点至关重要。21 世
纪初，很多国家并未对人口贩卖立法，而现在，在大多数司法辖区，人口贩
卖都被认定为违法，即使在执行过程中依然存在重大缺陷，而且缺乏国际合
作。人口的非法流动仍然是一项极不易被觉察的犯罪行为，其受害者往往都
深陷于恐惧之中。尽管利润丰厚且很普遍，但是定罪率却是极低的。人们对
腐败和毒品交易产生的资金流问题有着明确的认识，但因人口贩卖和移民走
私产生的可观利润却鲜为人知。在这种情况下，遏制此类犯罪只能靠公众自

觉遵守相关制度，而那些用于识别此类犯罪活动的合规制度并没有起到太大作用。尽管最近出台的几项举措使关于此类有组织犯罪行为的洗钱现象得到了媒体的一些关注，但是公众意识还有待进一步提高。2010 年，西联汇款公司同意支付 9 400 万美元解决一桩在美国亚利桑那州发生的法律纠纷，这起纠纷由该公司是否在被墨西哥贩毒组织和人口贩卖者进行跨境洗钱方面尽了应尽的责任而引起。这起纠纷是该地区与合规失误相关的操作风险和声誉风险的典型案例，这可能会促使公共意识进一步觉醒。

人口贩卖和移民走私经常被混为一谈，然而，尽管两者都是以找工作为目的进行的人口非法迁徙，但两者却大不相同，有的不同影响到它们的管理方式，有的则影响到对非法所得的追踪。其中最重要的不同之处在于是否征得了当事人的同意。被贩卖的人口在变换了居住地后，往往是在受人逼迫的情况下进行劳动，有时一开始便是如此，有时是因为受害人被骗至无法逃脱的境地。与此相反，走私移民往往是一种两厢情愿的行为，他们有强烈的意愿非法进入所在国以外的司法辖区。为了达成目的，他们会向走私组织寻求帮助，并自愿加入由走私者策划的行程。除此之外，人口贩卖经常涉及对受害者的剥削，而非法移民则不同，虽然由于其弱势或者非法身份，他们最终有可能深陷受剥削的劳动力市场，或者靠工作来偿还他们行程中的部分花销，但这毕竟是少数情况。此外，还有一点经常被误解，即人口走私不一定会跨越国境，但是这却是移民走私的基本特征。

还有一点重要的差别在于两者获取利润的方式，这也与阻止其进入金融机构所应采取的方法有关。在走私移民安全抵达了目的地并且支付了全部费用，其与走私者之间的关系即刻终止，虽然有过关于走私者挟持移民，并企图勒索更多钱财的情况被媒体报道，但这毕竟是少数情况。然后，移民便可以按自己的方式生活，靠一份没有任何技术含量的工作赚取一份微薄的收入，且享受不到员工应有的保障。然而，被贩卖的人口却一直受控于贩卖他们的人，男人们多被送去工厂或农场，并且在苛刻且危险的环境下从事户外或建筑方面的工作，他们的健康和安全完全得不到保障。这种情况多发生在欠发达国家，这些国家的工作场所缺乏监管，而且大规模的商业活动都可以暗中进行。女人也会被送去工厂做工，但是多数情况下，不论在发达国家还是欠发达国家，她们都被安排在隐蔽的地方。女人多数充当家政人员和清洁工，从事非技术性的工作，但多数被贩卖的妇女都遭受过性剥削，而且多发生在暴力和危险的情况下。儿童也被派往工厂工作，他们还有可能被强迫加入武装民兵、被带到富裕的地方去乞讨、被卖给国内买家充当性奴，还有一小部分被贩卖或被走私的移民被摘掉了器官。法国某银行就曾遇到过一件疑似这种犯罪的案例，该国国民向境外某位女性汇款，汇款用途一栏填写为"移植捐赠"。其实并非所有的人口贩卖案例都有这么明显的表征。

人口走私和贩运网络多由全球性的跨国集团操控，它们在各中转国都有得力的成员，这些成员能够负责犯罪过程中的方方面面：陪同并监督受害人，去中途停留点与受害人见面并为其安排住宿，将受害人介绍给其他主要成员，通知受害人关于下一段行程的注意事项，并在目的地迎接他们。

此外，在人口贩卖网络中，发起国可能还设有大量的招募网点，专门劝说潜在的受害人并且引诱他们；还有安保人员，他们会确保受害人不会被别的帮派抢走。在目的国也有人员专门负责受害人的住宿和工作问题，并控制其日常活动，比如提供医疗和银行服务。一些团伙很有可能与境外有组织的犯罪团伙相勾结。

现在，有越来越多令人不安的证据表明，其他犯罪团伙，比如贩毒组织和军火走私团伙，也将人口贩卖和移民走私当成副业。据说，墨西哥的哲塔斯毒品集团就涉足了此类犯罪活动，他们涉及从毒品交易到包括绑架和勒索在内的其他多种犯罪活动。毒骡[①]一般都是瘦弱的女性，在跨越边境前，她们被迫吞下毒品。她们往往是人口贩卖的受害者，为主使者履行双重职责，有

---

① 毒骡一般指运输毒品的人，并不一定是毒犯。——译者注

时甚至还有生命危险。墨西哥某个关于性工作者的非政府组织的一位发言人在面对《时代》杂志采访时这样说："随着毒品战争愈演愈烈，贩卖妇女的组织与贩毒组织缔结了某种合约。"

人口贩卖组织的招募网点往往因所处环境不同而采用差异化策略。通常比较常见的情形是，年轻男子用甜言蜜语引诱弱势妇女群体在离家较远的地方从事卖淫工作。他们会将自己伪装成一副非常值得信赖的好男人形象，并且声称他们会将这些妇女的利益放在心上，一旦建立起信任，这些妇女离开了熟悉的环境，他们就开始奴役和利用她们。据报道，在东南亚地区，招募者往往是受害者大家族中的一分子。也有很多涉及强迫婚姻的人口买卖案例或者更极端的案例，比如父母将子女卖给人口贩卖者。尽管大部分被定罪的人口贩卖者都是男性，但是据统计，与其他犯罪行为相比，女性更容易参与到人口贩卖这样的犯罪中。有时，她们在招募环节发挥着非常重要的作用，因为她们的性格特征更容易令其获得女性的信任，进而用高薪工作引诱其他女性；有时，她们被安排从事管理方面的工作，比如监视受害人或经营妓院。

尽管移民走私是基于当事人同意的，但是多数移民最终成为了游民，或者在危险的地方从事受人剥削的工作。导致这种结果的原因多是因其没有合法身份，而且走私者会向他们收取巨额费用，即使此前他们已经支付过一大笔费用。有这样一种说法。随着政府对之前那些较易通过的边境加大了管制力度，对走私者们开拓新的难度更高且更危险的路线的需求也越来越多了。据估计，每年有 1 500 名~2 000 名难民在地中海溺亡，他们多是想从北非沿岸地区非法偷渡到诸如西西里、撒丁岛、加纳利群岛和希腊的部分岛屿地区，因为这些偏远的海滩为他们秘密登陆提供了可能性。他们在途中经常乘坐的是那些并不适合航行的船只，常常会导致海难的发生。在 2003 年的一次偷渡行程中，有 360 名来自厄立特里亚和索马里的非法移民在意大利小岛兰佩杜萨岛附近溺亡，他们每人已经为此次偷渡行程支付了 3 000 美元。为了寻找类似这种平静而且易登陆的海岸，每年都有大量来自东南亚一带的难民和非法移民在澳大利亚附近海域溺亡。

很多非法移民的弱点使他们容易沦为走私者和人口贩卖的猎物。有些年轻人受很多说辞的蛊惑，认为如果到了国外，他们就能够赚到足够多的钱来养家（有时的确如此），所以他们通常愿意参与移民走私活动。然而，他们往往都意识不到一些危险的移民路线存在的风险。人口贩卖的受害人之所以被贩卖，往往是因为他们正处于诸事不顺的境地：贫困度日的年轻女子，或许还有个刚刚建立起的家庭；对那些孤儿或离家出走的少年来说，如果有陌生人关心或者向他们许以美好明天，他们怎能不受感动；更有如吸毒者或避世者之流，她们极易被有心之人一击而中。美国国务院每年发布的《人口贩运问题报告》（*Trafficking in Persons Report*）收录了一些人口贩卖受害人的经历。在 2013 年度的报告中引用了以下几个故事：两名缅甸籍的 16 岁男孩，他们被许诺到泰国做家庭佣工而被诱拐到泰国，但最终他们被迫在一家肉料加工厂每天工作 19 个小时；一名失业的萨尔瓦多人，他被承诺会去美国工作，但最终被卖往墨西哥沦为性奴（还被哲塔斯贩毒组织打上了"Z"的文身作为标志）；有 12 名来自哈萨克斯坦和乌兹别克斯坦的移民，他们被承诺会有合法的就业机会，却被囚禁于俄罗斯一家超市长达 10 年之久。

偷运移民的工作条件有时也同样危险。2004 年，有 23 名拾贝者在英国的莫克姆湾溺亡，可以确认的是，他们是某非法劳工组织的成员。他们缺乏监管、无人支持、不会讲英语而且没有意识到那些可能挽救性命的重要安全信息。团伙头目林良仁被控 21 项过失杀人罪（因有两名被害者遗体未被找到）、妨碍司法罪以及协助 23 名拾贝者违反移民法而被判处有期徒刑 14 年。林良仁是一名赌徒，也是一名会计师。面对指控，他否认应为拾贝者之死负责。8 年后，林良仁获释，并于 2012 年被遣返回国。几年后，《卫报》采访了一些死难者家属，他们说虽然从某种程度而言，他们赢了这场官司，并且该报也发现，尽管支付给蛇头的费用早已付清，但是这些家属仍身负债务，其中一个家庭因其亲属的莫克姆湾之行仍欠有 1.99 万英镑的外债。

官方对于移民走私和人口贩卖的数据有一定的预估，但是原始数据却是零星而且不完整的。因为某些原因，这个主题也是很难去研究的，并且相对较少的起诉案例也说明几乎没有可靠的数据。

据国际劳工组织估计——该组织承认是保守估计，在任何给定的时间点，都至少有 240 万被贩卖人口。联合国毒品和犯罪问题办公室将人口贩卖列为第三大最赚钱的有组织犯罪类型。据国际劳工组织估算，其年利润可达 320 亿美元，其中 280 亿为性剥削所产生的收入。一名被实施性剥削的女性每年可为抓住她的人获利 10 万美元。而且据欧洲刑事组织估计，一名被拐卖儿童的年收入可达 16 万欧元。这的确是一笔不小的收入，因为"购买"一名儿童的平均成本才 2 万欧元。

据联合国毒品和犯罪问题办公室报告，运营东 / 北 / 西非至欧洲线的走私者的年收入可高达 1.5 亿美元；而运营南美至美国路线的走私者的年收入可高达 66 亿美元。据估计，欧洲的移民走私是一项估值 80 亿的产业，每年有大约 60 万人次非法移民进入欧盟境内，其中 80% 都是由蛇头帮输入。20 世纪 90 年代中期从美国撤离，随即在鹿特丹的唐人街设立总部的"萍姐"（Sister Ping）是业内最赚钱的老大。据估计，在她从业期间，她帮助 20 万人成功进入欧洲，共非法获益 1 500 万英镑。据 FBI 透露，她的收入最接近 4 000 万美元的标志线。2003 年她在荷兰被捕入狱，两年后被纽约某法院判处有期徒刑 35 年。

移民走私的费用差异很大，主要取决于目的地、可实现的工作类型和生活方式、行程距离、旅程中的舒适程度或危险等级以及需要准备的文件类型等因素。最贵的都是大家最向往的地方，比如美国、加拿大和斯堪的纳维亚，很显然，这些地区成本最高。跨欧洲的行程可能只需要花费几百欧元，而从中国到西方国家则需要花费超过 1.3 万美元。与出发国的平均收入相比，移民走私的费用往往高得离谱，有时相当于其 10 年或 20 年的工资。很显然，即便是一位很低水平的走私者在其母国境内都可能赚取高额利润。金融机构在其中所起的重要作用不言而喻。

人口贩卖和移民走私的模式受特定地区地理和经济情况的影响，这就使分析人员能够根据具体的模式判断出其相对应的地区。这对执法机构提高破案率有很大帮助，同时，这对金融主体为相关机构就如何处理此类犯罪产生的资金流问题提出指导意见也很有帮助。

从全球范围看，欧洲是最主要的移民输入地区，有大量非洲和亚洲人口通过移民走私和人口贩卖进入欧洲。据估计，每年通过这些途径从非洲来欧的移民达 55 000 人，其中来自尼日利亚的人数最多。一般情况下，移民的输出国和目的国之间在殖民时代就有千丝万缕的联系，这使走私移民和人口贩卖的受害者很快就能融入族群并适应语言。然而，某个大陆内部也有明显的移动模式。欧洲刑事组织发现，在欧洲参与人口贩卖最多的团伙大多数都来自阿尔巴尼亚、保加利亚、罗马尼亚和立陶宛等国。据说，他们的目标客户一般来自本国以及俄罗斯、摩尔多瓦和乌克兰，最常走的路线包括巴尔干半岛、东欧、地中海东部和北非／地中海南部。巴西和葡萄牙是南美人最常选择的移民国，可能因为他们的语言和文化关联度高。而从非洲来的被贩卖人口和非法移民一般选择经加纳利群岛进入西班牙，或从摩洛哥走海路进入西班牙，或从利比亚和埃及抵达意大利南部，或者经陆路或海路到达希腊和土耳其。

在美国境内，不论是被贩卖移民还是经当事人同意的非法移民，他们都一路北上，跨越墨西哥跨越边境进入美国和加拿大。南美洲移民的目的地很广，包括加勒比海地区、远东地区和欧洲。据联合国毒品和犯罪问题办公室发布的报告显示，每年有 300 万拉丁美洲人将墨西哥作为中转国主动移民，而 90% 的墨西哥裔移民更倾向于使用那些通常被称为"土狼"的专业走私者。在那些北上的移民中，每年有成百上千人死于暴晒或脱水。根据 2010 年和解声明中的"认定事实陈述"，某些西联代理商在 2003 年至 2007 年间通过参与洗钱而协助了犯罪。随后，西联公司以合规标准不达标为名，与墨西哥境内近 7 000 家代理终止了合作关系。

发生在亚洲的人口贩卖多是将人口由欠发达地区输往比较繁华的地区。被贩卖的受害人多被从贫苦的东南亚国家运送到比较富庶的国家。然而，也有大量非法移民将大洋洲和欧洲作为他们的目的国。发生在这个区域的人口贩卖多是由日本黑帮等帮派谋划组织，而且往往与毒品交易和盗窃同时进行。

不论是人口贩卖还是移民走私，利用人类进行的犯罪活动的收入是非常巨大的。据国际劳工组织估算，此类收入大约高达 320 亿美元，这足以涵盖其实际利润。2011 年，反洗钱金融行动特别工作组的一项调研显示，保加利亚某性交易团伙在 4 年时间里实现了 1 000 万欧元的利润（组织者只将其中的 30% 交给卖淫妇女本人，而且只有在她们被评估为"高产"后才能得到报酬）。这两种形式的犯罪活动都被视为低风险、高收益的工作。他们一般不会被捕，虽然被贩卖的对象或非法移民在其目的国容易被发觉，但是由于其迁出国和迁入国两个不同的司法辖区之间毫无联系，因此顺藤摸瓜追踪到犯罪团伙几乎是不可能的事情。人们对于此类犯罪所得的洗钱模式的认识一直没有什么进展，所以这种犯罪活动很少被侦察到真是一点也不足为奇。欧盟委员会旗下的评估反洗钱措施特设专家委员会，以及反洗钱金融行动特别工作组分别进行了调研并进行了案例分析，目的在于研究那些被人口贩卖和走私者利用的金融机构，但是最终得出的结论都只是基于相对较少的个体样本，并未发现有关洗钱的新方法和新探索。但是，很多被证明容易被其他类型的有组织犯罪滥用的金融机构也存在着漏洞。

移民走私通常只涉及一次性费用，而人口贩卖则持续不断地产生利润，而且人口贩卖的受害人所从事的工作一般都能产生连续且低级的现金交易。比如，在欧洲某国首都的一家妓院中有 5 名性工作者，她们每天可以为妓院实现成千上万欧元的现金收入，但是只有极少部分能分到她们手中。雇用那些被贩卖人员的公司基本都是没有注册的非法企业，这些企业可能不会使用已申报的账户进行操作。虽然人口贩卖和移民走私多是在人口迁入国产生收益，但是赚取的收益需要定期交给母国的头目，而这些地方往往也是犯罪的

发源地。

谈到洗钱技术，最普遍的是使用现金或资金服务业务转移收入。然而，由于人口贩卖既可以发生在国与国之间，也可以发生在国内，因此可疑交易并不一定是国际性的交易。在欧洲，人们多采用幌子公司将非法收入用于购置房地产或昂贵的奢侈品，比如汽车。在美国，洗钱除了使用国际通用的现付制公司和资金服务业务，也包括赌场和进出口业务。在非洲和亚洲部分地区，人们通常使用传统的汇款业务，比如哈瓦拉。在亚洲，人们通过在合法资金中混入非法收益来洗钱。对非洲所做的调研显示，资金或许会被用于投资俱乐部和房地产。

评估反洗钱措施特设专家委员会和反洗钱金融行动特别工作组在对大量案例进行分析后，列举出了金融机构应该特别警惕的类型和指标。此外，他们还研究了在人口贩卖和移民走私案例中发现的方法。虽然有些调查是因银行监管而引发的，但是反洗钱金融行动特别工作组在 2011 年发布的一份报告显示，相比其他上游犯罪而言，人口贩卖和移民走私的可疑活动报告相对较少。许多调查选择以刑事调查为由展开，这表明目前公众对金融业缺乏了解，而且目前，支票的承兑也并不依赖于相关的信息。

客户信息分析依然是按照合规优先级进行的，这在一定程度上可以帮助人们筛选出从事人口贩卖的客户，不论是在人口贩卖的发起国还是目的国。这并不是说任何一个阿尔巴尼亚人或乌克兰人在阿姆斯特丹开立银行账户后就会自动被归入可疑客户行列，而是说银行应该对人口贩卖和移民走私这类活动的高发国家有所意识，并确保在客户筛选时将这一点与其他因素一起纳入考虑范畴。除此之外，了解客户资金来源及其工作区域的可靠信息也非常重要。

人们在目的国银行和货币服务分支机构的真实表现也会暴露出很多信息。我们曾经发现过受害人本人向其母国或贩卖组织头目汇款的案例。被拐卖的妇女或许会被允许开立账户，并且可以利用账户直接向其家庭成员或控制者汇款，只是在她们去银行完成这些交易时都处于监控之中。当一个女人在另一个女人的陪同下到银行开户，尤其是当她每次来银行分支机构办理业务时都在其他人的陪同下进行时，银行应当有合理的理由对她的行为提出质疑。此外，当银行账户经常与同样的地址或电话号码发生关系，或者客人在开户时提供的信息显示其从事的工作属于强迫性劳动等行业时，这些情况也应该被列为怀疑对象。

账户的使用方法有时也能显示一些信息。如果有人经常接收或汇出小额现金，但是交易频繁发生，尤其当汇款地都是同一个地方时，这应该引起银行或提供汇款的机构足够的重视。如果某客户的实际交易记录和账户使用情况与其客户档案中提供的收入情况和与之对应的生活方式不符时，客户信息调查就可以说明问题。在已经侦破的大量案件中，经常有无业人员得到大量定期存款的情况，如果对他们的背景信息进行进一步的深入调查，就有可能发现他们可能涉嫌人口贩卖或移民走私活动。对于公司账户而言，收到非常规的巨额利润也可能表明其有从事犯罪活动的嫌疑，有时深入的调查或许也会发现一些与非法移民相关的犯罪活动。

在研究以往案例的过程中，人们发现了一种利用银行账户获得信用贷款的情况：在抵达目的国后，受害者的相关文件会被用于开立银行账户，紧接着，该账户就会被用来获得贷款、透支或者获得信用卡和签账卡。有时候，在客户被遣返回国之前，该账户也会被用来获得社会保障或其他类型的贷款，这会对银行收回贷款带来不便。

由于缺乏监管，从事汇兑业务的公司常被用来洗钱。由中国香港政府和中国大陆政府联手进行的一项调查指控一家由五位家族成员运营的汇兑公司在移民走私的过程中转移了约 2 570 万美元，这项调查在反洗钱金融行动特别工作组的研究中附有详细资料。然而，逐渐觉醒的公众意识促使这类公司采取了与合规相关的措施，并尽可能借鉴了西联汇款公司的处理机制。当有大量汇款进入同一高风险司法辖区，并且与常规的真实交易，如某人将自己工资的一部分汇给家人等类似情况不符时，这极有可能与人口贩卖有关。还有其他一些类似的情形，比如汇款金额刚好设定在现金限额以下或申报限值以内，或者汇款人选择收费更高的资金服务公司，即当汇款人汇出一笔金额不算大的资金时，明明可以选择手续费比较低的金融机构，他却偏偏选择了某家特定的汇款机构。

还有一些行为与人口贩卖的特定部分相关联。比如，那些涉及商业性性交易的人可能会通过在线目录和小广告发布受害人的信息。那些定期为此类公司支付小额款项的人可能会引起关注。美国一家调查机构在对圣地亚哥的一个人口贩卖团伙进行深入调查时发现，可以使用信用卡为发布的在线陪护服务支付费用。

易被人口贩卖和移民走私集团利用的金融工具与其他洗钱活动中用到的金融工具类似。常用的掩藏利润的方式（包括幌子公司）通常用于现金集中行业，比如餐厅和二手车交易，或其他轻资产企业，比如旅行社或进出口公司。据反洗钱金融行动特别工作组的描述，在英国警方破获的一起大规模的移民走私团伙的案例中，该团伙使用烤肉店、外卖店和台球厅等来洗钱。大量土耳其籍移民被走私。他们的第一阶段行程是穿过欧洲，每人为此支付了1.45万欧元；后来在跨越海峡时，每人又缴纳了额外的3 500英镑。2005年被捕的犯罪团伙头目被认定共走私移民20 000人，他后来被处以罚没120万英镑财产的处罚，该金额实际不算太大。

与其他洗钱形式一样，通过设立境外公司或空壳公司进行洗钱同样存在漏洞，尤其当境外公司或空壳公司被用于将资金跨境汇入人口贩卖者或走私者的母国作为其自留利润时。对此类犯罪活动和其他类型的犯罪活动而言，信托也存在其固有的弱点，即匿名性和其为客户保密的特性。反洗钱金融行动特别工作组曾经参与处理过一起案例：一个南非的卖淫团伙利用从东欧拐卖的妇女从事卖淫活动，并成功利用设在根西岛的一家信托基金公司藏匿了高达 4 000 万英镑的非法所得。

为了鼓励金融机构将筛选移民犯罪纳入其合规程序，政府已经出台了多项举措。在美国，STAMP 计划 ① 使鼓励金融机构协助对犯罪所得进行洗钱调查的相关措施得以落实。同时，它鼓励了《银行保密法案》的实施，并且再次向金融机构的从业人员强调了安全分析报告、现金交易报告、国际货币转运指南和外国银行账户申报的重要性。摩根大通银行进行的一项研究提出了更为复杂的分析方式。这项研究分析了银行和其他风险行业可以纳入其系统技术中的、可以从整体上识别可疑客户的方法——不依赖于本身并无可疑特征的个体交易，而是从模块整体去识别。其中一个模块识别出了那些累计向在线广告商支付小额广告费超 100 次的客户。在反洗钱金融行动特别工作组提出的建议中，有很多都是关于移民犯罪问题的。除了集中对涉及企业受益所有权、金融情报机构的作用、跨国公司的收益等问题提出了建议之外，这项研究还强调了要落实特殊建议的第四条（汇款）、第七条（电汇）和第九条（现金递送）。作为其杜绝人口贩卖措施的一部分，欧洲刑警组织目前正在对一项关于人口贩卖的金融调查进行分析，预计很快就会发布相关的分析结果。

近年来，多国的立法状况都发生了改变，这些国家都将人口买卖和移民走私判定为非法行为，但仍然缺乏关于此类犯罪收入的洗钱活动的相关信息。关于这一问题的多则报告均指出了大多数国家存在的问题，即很多国家都把注意力放在犯罪行为本身，而不会为后续的资产问题投入更多的精力，更不会花费力气去了解被犯罪分子利用的金融体系。事实上，人口贩卖往往因其他罪行（如卖淫的证据）才显现出来。这进一步加剧了问题的严重性，也说明表面问题虽然得到了解决，但是根本问题却没有解决。受害人不愿意承认其面临的状况并作证是造成这种情况的原因。其次，在很多司法辖区，查处并没收此类犯罪所得的法律行为只有在确定犯罪事实后才能实施。如果因各

---

① STMP 为 Smuggler and Trafficker Assets，Monies and Proceeds 的缩写，即走私贩和人口贩卖者的资产、资金和收益。——译者注。

种原因无法证明嫌疑人有罪，那么要阻止他们的行为就不过是一句空谈。不仅国内执法机构与金融情报单位缺乏凝聚力，而且各国之间也普遍缺乏凝聚力。这意味着，就整体而言，国际社会对于此类犯罪所得的洗钱方式的分析并没有付出足够的努力。这一观点认为，追查此类犯罪或许并不符合某些发起国的利益诉求，从而使追踪资金流向变成一项更加复杂且艰巨的任务。

或许人口贩卖和移民走私都属于秘密犯罪的范畴，因为相对于其他类型的有组织犯罪，媒体对此类犯罪中受害人的背景信息以及犯罪分子的定罪情况都极少披露，因而公众对此也知之甚少。迄今为止，犯罪分子利用金融服务在全球范围内流转了数百亿美元。通常情况下，此类犯罪活动的资金流转都是与其他类型的犯罪一起进行的，而且以其他类型的犯罪为由头，犯罪分子有机会继续从事其犯罪活动。在以下的情景案例中，相对于犯罪分子复杂的投资资金结构而言，在论述了被拐卖妇女从东欧到西欧经历的同时，我也用了最精彩的部分来佐证这一点。

情景案例

这个特定的情景案例涉及阿尔巴尼亚的一个犯罪团伙，其作案手法是利用其团伙成员假扮成客户，并将性工作者诱入其设计好的圈套。然后，他们会将受其奴役的年轻女性贩卖至伦敦、巴黎、阿姆斯特丹和法兰克福等城市从事地下色情服务。他们也将这些妇女贩卖给不受他们控制的其他城市的一些帮派。一旦被抓，这些妇女的财产和身份证明文件都将被没收。无法证明自己的身份，这些妇女只会陷入无望的境地。除了人口贩卖以外，这个团伙还从事毒品、小型武器和军火交易。部分警察部队的内部腐败严重使该团伙能够继续从事他们的龌龊勾当而不受惩罚。

这些妇女被关入货运卡车并经陆路贩运。必要的时候，这个团伙

Criminal Capital

会买通边防警卫和海关关员，所以大量女性可以在不被拦截的情况下被安全运送至目的国。到了目的国，犯罪团伙会让这些女性持续吸毒，以至于完全受他们的控制。有些女性被卖给意大利北部的犯罪团伙，这些团伙也从阿尔巴尼亚团伙手中购买毒品和武器。该意大利团伙是一个高度复杂的组织，其在欧洲和美国的有组织犯罪团伙中有着相当不错的成绩。该团伙拥有由银行家和律师组成的专业洗钱团队，代表其进行包括电话欺诈和财产诈骗在内的金融犯罪活动。有一宗欺诈案涉及了一家设立在税收中性的司法辖区的投资基金，意大利犯罪团伙利用该投资基金向阿尔巴尼亚人支付被拐卖妇女、毒品和武器的款项。

首先，该意大利犯罪团伙精心策划，在一个多重基金结构下设立了一支私人投资基金，利用所谓的"专业投资者基金"的优势很快得到了政府的授权。该基金由一家经授权的服务供应商协助管理，由一只母基金和三只分别投资于不同资产类别的潜在子基金构成。据那本虚夸的投资者宣传册介绍，其中一只子基金是东欧某地产公司的基金，据说该地产公司拥有自己的物流园、购物中心和未开发的地块。该子基金最初的种子基金来自于意大利团伙靠实施电信欺诈赚取的非法利润。该意大利犯罪团伙的组织结构如图 7-1 所示。

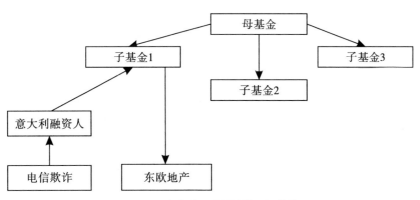

图 7-1　意大利犯罪团伙的组织结构

这种结构并不罕见，该子基金有一个基金托管人，基金托管人有保管该基金资产（通常为一家银行）所有权的法律责任，并由一家企业服务供应商管理。后者的前身是一家私人财富管理机构，最近才转型从事基金管理工作。它之所以被选中，是因为它非常急切地想要得到该业务，而意大利人则考虑到它虽然是新手，而且缺乏经验，但是少了深入探究问题的风险。仅仅基于一个短期的正收益业绩记录，该子基金就吸引到了一支小型养老基金，这支养老基金预计，东欧的商业地产在不久的将来一定会蓬勃发展。基金的单价随之攀升，但不为投资者和管理者所知的是，该子基金并没有资产。管理者依据纸质的地产估值对子基金的地产进行了估值计算。管理者深知，通过基金经理提供的估值，东欧的地产估价代理机构已经完成了对子基金的估值；但他不知道的是该估值从头到尾都是假的。基金托管人确认其妥善保管了能够证明基金资产所有权的文件副本，但是他所保管的这份文件（从未被翻译过）却是伪造的。

作为计谋的一部分，投入子基金的资金被转移到一家全资子公司名下，而该公司注册地所在的司法辖区与声称的资产所在国具有双重税收协定，这大大地增强了投资者的信心。这些公司反过来再将资金借给随后专门为在东欧保管地产资产而设立的特殊目的工具（SPV）。管理者知道，这些特殊目的工具由基金经理的代理人管理，但是，它们实质上是由意大利犯罪团伙的融资人控制。这些资金并没有用来购置资产，而是被转移到位于塞浦路斯的一家第三方公司名下。该公司的幕后所有人是阿尔巴尼亚的犯罪团伙，阿尔巴尼亚人继续将这笔资金用于购买武器，他们从塞浦路斯公司将这笔资金电汇至东欧专营未经许可武器的武器制造商的账户。

通过这种方式，阿尔巴尼亚人无需承担运送大量现金的风险就收到了拐卖妇女、贩卖毒品和武器的相关款项。对于阿尔巴尼亚人而言，他们非常高兴能直接收到"干净的"资金而不用担心如何再将这些资金放入金融体系。即便投资人或该司法辖区政府发现该基金有诈骗性质，意大利人的全部目的也都实现了。这笔资金稳居于如图 7-2 所示结构的中心位置，而正是通过这种结构，犯罪团伙欺骗了投资人，为意大利犯罪团伙的犯罪行为提供了资金支持，并且将犯罪财产转移给阿尔巴尼亚人。

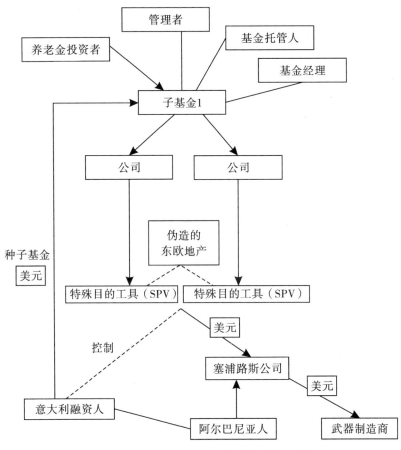

图 7-2　意大利犯罪团伙设计的多重基金结构

在这里，值得我们用"启动—疏远—伪装"的洗钱模式来对这桩骗局进行考量，并与传统的"处置—培植—融合"的洗钱模式进行比较。我们先从后者着手分析。纵观全局，"处置"发生在什么地方？答案当然是并不存在"处置"行为，因为用于支付被拐卖妇女、毒品、武器等相关款项的欺诈所得早在其被犯罪活动污染之前就已在金融体系中。也并不存在"培植"活动，因为相关资金只是通过基金结构简单地被转移至一家由阿尔巴尼亚人控制的公司。当然，也没有清晰的"融合"活动，因为阿尔巴尼亚人最终将收到的资金电汇给了东欧的军火商。

总而言之，整个结构之所以这样设计，无非就是为了帮助意大利人实施诈骗（分离 1）、支付被拐卖妇女的款项（分离 2），并掩饰其与阿尔巴尼亚人之间的联系和转移给他们的财产（分离 3）。

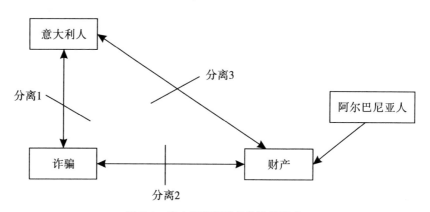

图 7-3　意大利犯罪团伙的洗钱模式

第8章

恐怖主义融资

2013 年 2 月，3 名男子因涉嫌为恐怖主义行动做准备，在伦敦的乌尔威治刑事法庭被判有罪。三人是来自伯明翰的伊斯兰激进分子，他们已经着手计划并组织一起恐怖袭击事件，并希望该事件能够成为另一个"9·11"事件，其中两人在自制炸药之前，曾在巴基斯坦参加过恐怖分子训练营。他们和其余三人曾经设法为此次行动募集了 13 500 英镑的资金，但这笔钱并非来自志同道合的盟友，而是通过假冒的慈善机构，利用伊斯兰世界人们的善良筹到的，而这些人则认为他们将钱捐给了真正的人道主义事业。身披慈善的外衣，手捧印有"援助"标志的募捐箱，该团伙就这样挨家挨户向当地民众募集，而援助则是该团伙的一名成员在注册为资金筹集人后取得的合法慈善许可。该组织无所顾忌，以慈善之名让无辜的人们在不知不觉中为恐怖主义提供了资助。据报道，他们在斋月期间也依然进行着骗取善款的勾当，因为进行慈善捐助是身处伊斯兰世界的人们义不容辞的责任。尽管最终募集了大量善款，但其中只有 1 500 英镑真正来自穆斯林援助。该团伙计划将募集到的大部分资金投入货币市场，而用剩余资金中的一部分来添置装备。只需假扮成慈善募捐者，并进入一个由善良的捐赠者组成的社区，就可以轻而易举地募集到大笔资金，这从另一个层面显示出如果恐怖分子想要实施暴行，他们可以很简单地筹集到充足的资金，而不需要再进行其他类型的犯罪活动。

　　恐怖主义是全球安全的主要威胁之一。西方社会认为，恐怖主义是指近十年来发生的具有大范围影响且造成巨大灾难的事件，比如"9·11"事件、发生在马德里和巴厘岛的爆炸事件、孟买枪击事件，以及纽约时代广场和伦敦豪车爆炸未遂这类非常著名的"侥幸脱险事件"。然而，除了大规模的一次性暴行，还有很多国家长期受本地恐怖分子和游击队网络的统治，当地居民长期处于恐惧中，也使自己处于脆弱的政治环境中。阿富汗、巴基斯坦、索马里、哥伦比亚、斯里兰卡、印度尼西亚和尼日利亚这些国家定期会发生暴恐事件，原因是国内某些集团想要将自己的政治理念、意识形态和宗教信仰强加给他人，不惜发动枪击和爆炸事件。

　　在过去的十年间，已经有越来越多的人意识到恐怖主义融资是通过标准的金融体系实现的，不仅金融机构应采取根本措施识别并破坏这些资金流，而且那些活跃机构提供的信息也应作为调查和惩处恐怖袭击参与者的关键因素被采纳，银行及其他金融机构在其中所起的作用非常重要。为了提高公众的这一意识，审批流程在不断增加，新的立法和监管框架也在不断出台。但是，在有效辨识恐怖主义资金并防止其被转移方面仍存在着监管盲点。

　　由于导致可疑交易的因素未被金融体系的其他方面滥用，这就使恐怖主义融资比其他"正常"类型的洗钱行为更难被识别。其资金并非全部来源于犯罪活动，也常有通过合法渠道流入的"干净"资金。近期的研究和情报都指出，有越来越多的证据表明，恐怖分子的资金并非全部来源于捐赠和政府资助，他们越来越多地涉足包括毒品交易、军火贸易、货币走私和各种类型的欺诈等犯罪活动以筹集资本。在这种情况下，适当的反洗钱立法和尽职调查就变得更加重要了，因为涉及金融犯罪的嫌疑人也有可能与恐怖主义有关，只是尚未被发现而已。虽然有一些警惕性非常高的银行因某些交易而启动了调查机制从而披露了一些重要信息的案例，但也有一些大型金融机构卷入资助恐怖主义活动的相关案例。如果金融机构能够将恐怖主义融资当成一项挑战来认真应对，了解其常用方法并将自身的各项程序落实到位，以便对检测到的异常情况都给予严格审查，这对打击恐怖主义将非常重要。

"对于恐怖主义，学术界和法律界都给出了大量不同的定义，其数量之多有如寻找圣杯的 150 名骑士，而且他们达成的明确共识也犹如圣杯一般让人捉摸不透。"这是一位法律专家的评论，此观点已经得到了很多学者、专业人士、历史学家和政治家的响应。要寻找恐怖主义的定义，可以参考联合国安理会的决议。它将此类活动描述为：

> 包括旨在针对平民的、造成死亡或严重身体伤害的犯罪行动或劫持人质行为，其目的在于在公共场合或特定人群或某个人身上营造恐怖氛围以恫吓人民，或强迫政府和国际组织从事或不从事某种行动，以上均属于恐怖主义行为，其罪行符合国际公约和协议有关恐怖主义的规定……（此类行为）不管其背后的性质是政治、意识形态、哲学，还是种族、宗教等，都不能使之合法化。

联合国本可以将这一定义书面化，但是各成员国正在为定义这一概念作出不懈努力。在达成共识的道路上经常出现绊脚石，比如政府批准的针对平民的暴力问题，以及在被他国占领的领土上抵抗他国占领者的权利问题。

争议很复杂，而且主体经常因主观因素发生变化。美国的冲突历史学家约翰·鲍耶尔·贝尔（John Bowyer Bell）阐述了关于定义这个概念的主观方面的问题，他说："把你关于恐怖主义的想法告诉我，我就告诉你你是谁。"当记者们在费力报道某件事的"真相"而要描述那些涉及恐怖主义的行为时，他们在语言的使用上会非常谨慎，会尽可能采用最中性的语言。路透社在其风格指南中就建议记者们尽量采用"更具体的措辞"，如"炸弹"改为"爆炸"、"劫持者"改为"劫持"、"袭击者"改为"袭击"、"枪手"改为"持枪歹徒"等。

人们普遍认为恐怖主义是为了达成政治、意识形态或宗教方面的目的而使用暴力，但是很难否认，近几十年来，恐怖主义的确已经成为了全球性的重大问题。即便是在过去的十年里，对恐怖主义的描述也发生了很大的变化。在 20 世纪 80 年代和 90 年代，欧洲时常发生为达成政治目的而发动的恐怖袭击事件。在英国，爱尔兰共和军的竞选活动曾造成 1 800 人死亡。据官方统计，自 1968 年以来，巴斯克分裂组织埃塔（ETA）共涉嫌 829 起杀人案，该组织曾频繁从事绑架和勒索等犯罪活动。在世界其他地方，恐怖主义常因政治或因宗教原因在本国内不断发动这种运动：在哥伦比亚，哥伦比亚革命武装力量（FARC）发动过多起针对美洲原住民的绑架、劫持、处决、袭击和暴力事件；黎巴嫩真主党的什叶派伊斯兰激进组织在中东发动过袭击和暴恐事件，并经常在以色列和巴勒斯坦边境有争端的地区发动火箭袭击。此外，还有科索沃解放军（KLA）、库尔德工人党（PKK）和车臣分裂分子等，它们也不断在其国内发动反对现行政治环境的各种暴力事件。

从那时起，这种类型的国内恐怖主义逐渐衰落，或许是因为停火协议相对获得了成功。在撰写本书时，哥伦比亚政府与哥伦比亚革命武装力量的和平协议取得了历史性进展。此外，2011 年，埃塔单方面宣布永久停火，并于此后开始裁军。人们越来越关注伊斯兰激进组织，它们不仅在本国活动，而且欧洲和美国也有其身影。这逐渐成为一种全球现象，它有几种典型的类型：类似于"9·11"事件，操作人员从本国出发，并以发动袭击事件为目的前往美国；本土化的"土生土长"的参与者，比如伦敦爆炸事件的发起人就出生于英国，这种人看起来已经较好地融入了英国社会；极端组织在世界多个国家发起普遍性的袭击事件，而这些国家多是伊斯兰国家，但也有其他国家。由伊斯兰宗教激进派在其本国内发动的袭击事件最为常见，其中包括伊斯兰国（IS）在叙利亚和伊拉克的部分地区发动的暴力事件；索马里青年党在其国内进行的政治运动；博科圣地在尼日利亚对基督徒发起的攻击；塔利班在阿富汗发起的针对政客和武装力量的攻击；以及发生在印度尼西亚由极端分裂分子发动的袭击事件。2013 年，伊斯兰强硬派叛乱分子在马里发起了武装袭击后，法国军队对其进行了武装干预；同年，在临近阿尔及利亚沙漠的因阿迈纳斯的一处天然气设施，伊斯兰激进组织发动了袭击和人质劫持事件，此次事件在阿尔及利亚军队的围攻下结束，并造成了大量人员伤亡。对西方人士，比如记者和救援人员的绑架事件在伊斯兰国家也很普遍。对于圣战恐怖组织 IS 而言，挟持人质并索取赎金是其重要的收入来源。2014 年，在劫持了一名美国籍记者詹姆斯·弗雷（James Foley）之后，该组织索要 1.32 亿美元赎金，最终因美国政府拒绝支付赎金，弗雷被斩首。

发生在欠发达国家的暴力事件并不总能引起国际社会的公愤，当然也无法引起公众对发生在西方或针对西方国家人民所发起的袭击事件的广泛关注。这类事件只会危及当地居民，使该地区本就岌岌可危的政治环境再受重创。更重要的是，它会对外交关系和当地急需的国际发展与援助项目产生负面影响。所以，切断想要在本国发动袭击事件的人员的筹资渠道从道德上讲是可取的，这和切断在境外发动袭击事件的人士的资金来源是同样的道理。

恐怖主义融资既包括对某一特定的恐怖活动或袭击事件提供资金支持，也包括经营一个长期致力于促进和筹备此类活动的团队。在前一种情况中，资金会因特定的目的而被转移到特定的地方交给特定的人员，专款专用，比如专门用来购买武器或爆炸装置、租用基地、购买车辆或用于短期的生活开支。后一种融资方式为恐怖主义组织提供在其运营过程中可能用到的费用，比如招募、交流、宣传服务（有时通过电视台、广播电台、社交网站、组织自由网站等进行推广）和人员培训，有时也用于支持某些组织的社会保障活动，这类活动对增加该组织在当地的支持率起到非常重要的作用。恐怖组织筹集资金的方式有很多种，包括捐赠、善款截留、毒品交易、信用卡诈骗及其他类型的欺诈、绑架和政府资助。这些融资渠道或多或少都会被侦查到，也都与正规的金融体系有着或深或浅的交集。

那些重大恐怖事件令人震惊的事实之一竟然是其所需的资金数额都非常小。有评论认为，震惊世界的"9·11事件"从计划到执行的费用一共不到50 万美元，而伦敦爆炸案的花费更是不到 8 000 美元，马德里火车爆炸事件的成本也不足 10 000 欧元。从某种意义而言，一个恐怖组织是否足够强大，并不是取决于其设备多么精密或者资金多么雄厚，而是取决于其成员的心理素质是否过硬。只要实施者目标坚定，即便使用最便宜的自制炸弹，都能造成巨大的伤害。其中，最大的影响因素在于实施者本人是否专注、周围的人是否都忠诚于他、他是否具有判断情势的能力以及他是否有能力躲避相关的调查部门或监控部门。然而，在这些袭击事件背后都有一个给予他们动力和激励的组织，这个组织的日常运营需要大笔资金。恐怖分子和叛乱分子使用金融体系这一事实已经为大众熟知几十载，但是在过去的十年间，各国政府才制定出在全球范围内打击恐怖组织利用金融机构的相关措施。美国国家反恐委员会的《恐怖主义融资专刊》(*Monograph on Terrorist Financing*) 在讲到发生在美国的恐怖袭击时承认，在 2001 年以前，"无论是境内情报收集还是境外情报收集，恐怖主义融资都不是重点"。

恐怖主义接收资金的渠道非常多，并且绝大多数资金流向都非常难以追查。在这些资金中，有些是通过合法途径输入的，比如捐赠；还有一些通过非法途径筹集，比如毒品交易、武器贩运和诈骗等。据悉，IS 曾通过在黑市销售被其控制的油田的石油，在短短的一个月内筹集到数百万美元的资金。据说，它们还通过定期勒索当地企业和非法走私文物等方式获取现金。据国际调查记者联盟披露，通过香烟走私，位于伊斯兰马格里布的基地组织获得了大量资金，该组织前任头目便是为大众熟识的"万宝路先生"。无人知晓恐怖主义组织到底通过这些犯罪活动获得了多少资金。

"9·11"事件以后，美国对基地组织的筹资方式进行了长期调查。调查结果显示，出身于沙特名门望族的奥萨马·本·拉登是该组织经费的主要来源，但是据美国中央情报局掌握的情报看，自拉登迁往阿富汗后，他本人就再也没有为该组织提供过资金支持。调查还发现，基地组织每年会收到来自伊斯兰慈善组织和海湾地区捐赠人的约 3 000 万美元的资金，其中 2 000 万美元都用于支持塔利班。据美国的研究发现，没有证据显示基地组织是通过毒品交易、钻石销售、证券贸易和政府资助等方式进行的融资。

"9·11"事件本身是由一系列来自德国和阿联酋的小额转账资助的，由于这类转账金额小，当时并未引起怀疑，而且资金都是通过自助设备和信用卡等渠道提取的。袭击事件的策划人哈立德·谢赫·穆罕默德（Khaled Sheikh Mohammed）曾在巴基斯坦给事件参与者提供现金捐赠。值得注意的是，对于此次资金募集活动，渣打银行的检测模型并未察觉到任何异常，可能是因为那时渣打银行把更多的精力放在了涉毒犯罪活动上而非恐怖主义活动。对此，美国的研究结果这样解释："现有的防止金融机构被滥用的机制并没有失效，它们并非专为侦查并破坏资助'9·11'事件这类交易方式而设计的。"英国下议院发布的《2005 年 7 月 7 日伦敦调查事件官方报告》显示，该组织在资金方面完全自给自足。从表面看，它们的资金全部来源于其头目西迪基·汗（Sidique Khan），他有 10 000 英镑的贷款，足以负担此次活动经费，其中包括去国外训练营接受训练的差旅支出。此外，他个人账户的交易活动也并无可疑之处：汗本人有正当收入，其贷款金额也并没有不合理之处。发生在 2004 年的马德里爆炸事件造成 191 人遇难，事件经费似乎是靠毒品交易获得的。据报道，其用于爆炸的炸药来自于用毒品交换而得的采矿项目。

以上三宗案例都表明，恐怖主义融资之所以难以被发现和阻止，关键在于有一个重要因素本应被考虑进去却时常被忽略，比如其中有人参与毒品走私案件。以上几个案例用到的资金数额相对较小，而且来自于合法的"干净"渠道，不需要再利用传统方式进行洗钱。如果有涉及毒品交易、原油交易或一系列明目张胆的离析交易行为，通常在早期都会被警惕性高的银行工作人员列为可疑交易，比如资金的来源或金额明显可疑，或者一连串对同一个账号进行的定向交易等。但是，如果某个人要转移一笔金额相对较小的资金，就很容易将交易伪装成合理转账，或可以被视为将合法收入的一部分转给家人，这就很难被侦查到。因为银行每天都会发生成千上万笔此类交易，而要锁定其中那笔转给恐怖分子的交易则犹如大海捞针一般。

除了平时应该加强防范、提高警惕以外，我们还应该认识到恐怖组织在接受来自个人或团体资助的过程中有两个特别值得注意的可疑之处：境外汇款时使用替代型汇款系统和滥用慈善捐助。这两种方式都被证明是恐怖主义融资的重要渠道，而且外界对其符合监管规范的要求使这两种方式面临着越来越大的压力。

在恐怖分子得到的资金中，很大部分都以慈善捐赠为幌子，因为这种汇款操作方便且可信度高。这些地区不但要长期忍受高强度的国内恐怖主义，而且还常被恐怖组织用作招募成员以及策划恐怖事件的基地，但是这些地区往往是那些高度贫困，且最能够吸引人道主义干预和慈善捐赠的地区。大众对慈善组织的信任协助了匿名基金的发展，并且使恐怖组织和恐怖分子之间实现了脱节。慈善组织和非营利组织常被用于以下三种情况：第一，虽然捐赠者确信其捐款会被善加利用，但是募捐者却将资金挪作他用；第二，慈善组织声称提供人道主义援助，而且也确实这样做了，只不过被用作帮助恐怖组织；第三，慈善组织本身就是一个虚假的组织，只是以慈善为幌子掩盖其真实目的罢了。

在以上三种情况中，前两种尤其适用于以移民人口为主的地区，它们觉得应该为与家乡有关的事业伸出自己的援手，比如教育和医疗事业，这在伊斯兰国家尤为普遍。扎卡特是伊斯兰教信徒的一种慈善捐款，用于帮助冲突地区的孩童或建设校舍。

然而，曾发生过多起慈善款项最终落入恐怖分子之手的案例。2012 年，伦敦 25 岁的双胞胎沙比尔·阿里（Shabir Ali）和沙菲克·阿里（Shafiq Ali）承认募捐了 3 000 英镑，并承认该笔款项本应给应得的受益人，但最终却被汇给了他们在索马里从事恐怖主义训练的兄弟。法官认为他们在进行汇款的过程中有"意识利益"，判处这对双胞胎三年监禁。

圣地救助和发展基金（the Holy Land Foundation for Relief and Development）

是美国三大伊斯兰慈善组织之一，旨在为巴勒斯坦人提供人道主义援助。该基金提供了一个关于利用其进行第二种恐怖融资的案例。2001 年，该组织被列入美国为受制裁的个体、组织和实体而制定的特别指定国民名单（Specially Designated Nationals List），不久后，该基金及其几名董事受到了犯罪指控。据称，尽管该基金的一些资金确实被用于人道主义援助，但仍有数百万美元被转移并被哈马斯挪用。人们发现，巴勒斯坦的一些组织用这些资金来资助学校和鼓励孩子们变成自杀式炸弹，并以支持其家庭为条件招募人体炸弹。2008 年，本案进行了重新审理，最终 5 名参与者被判 108 项罪名。此判决却存在着很大的争议：基金的发言人之一称，他们对陪审团的调查结果感到遗憾，陪审团似乎认为"人道主义援助是有罪的"，而美国律师只是明确地表示，美国人民不会容忍任何为恐怖主义组织提供资金支持的个人和团体。

国际金融机构也逐渐意识到恐怖主义利用非营利组织进行融资的风险性。反洗钱金融行动特别工作组也已经意识到，对非营利组织的滥用是全球阻止恐怖主义融资源头斗争中的致命弱点，并为此专门发布了一本指南，旨在让金融机构时刻警惕慈善机构涉及恐怖主义活动的现象。

除了非营利组织与恐怖主义之间有联系之外，毒贩，特别是活跃于产毒地区的毒贩更是与恐怖主义之间有着千丝万缕的联系，比如哥伦比亚革命武装力量（FARC）就一直与哥伦比亚的可卡因交易密切相关，该组织控制了当地大部分的可卡因产品；塔利班组织自掌权以来，控制了阿富汗的大量鸦片交易，它们囤积大量鸦片以增加其价值，最后再高价出货，从中获取了巨额利润。此外，毫无章法的国际犯罪集团之间也联系紧密，它们有的擅长毒品交易，有的有武器贩运的优势，有的现金充足。总之，它们八仙过海，各显神通，互相合作，互相利用。

在过去的数十年间，伊斯兰恐怖组织和南美洲的可卡因贸易之间的紧密联系越来越显而易见。美国国会图书馆联邦研究部于 2002 年发布的一份题为《关于麻醉性毒品资助恐怖分子及其他类型极端分子的全球概览》

（*A Global Overview of Narcotics-Funded Terrorist and other Extremist Groups*）
的报告指出，约有 600 万穆斯林后裔居住于拉丁美洲地区，并且与宗教激进
主义，包括 20 世纪 90 年代发生在当地的恐怖袭击有着密切的联系。最近有
消息称马格里布的基地组织曾协助哥伦比亚革命武装力量将可卡因运往欧洲。
此外，还有数据表明，与伊斯兰马格里布有关的恐怖分子在短短几年时间中
靠协助毒品交易和绑架事件就获得了 1.3 亿美元。哥伦比亚的黎巴嫩移民最
多，主要的中东恐怖主义组织，比如真主党和哈马斯，都从当地的战略影响
中受益良多，该地区非常利于非法资金的募集。此类操作过程非常复杂，据
援引美国国会图书馆报告的消息称，在南美洲发现了大量人造卫星通信设备，
其中有成百上千条与中东和亚洲的通话记录，显然这是为了躲避普通电话网
络的审查。要侦查恐怖主义与南美之间的金融交易的联系困难重重，两地的
金融机构都需要寻找新方法。

很难估计活跃于非洲和亚洲的恐怖组织一共从西方国家筹集了多少资金，
但很明显，它们通过跨境携带、金融体系、现金交易和基于合理贸易范围内
的合法资金转移等方式转移了大量资金。在那些银行系统尚不健全、消费基
本用现金支付的地区，现金交易更为普遍，而且这些地方的边境审查都不严
格。然而，据可靠消息，与高风险的恐怖主义融资有关的资金转移都是通过
替代性汇款体系完成的，其中很多汇款体系的监管不规范，或者有的资金转
移是直接在正规的金融体系下进行操作的。很多恐怖主义多发的司法辖区都
是欠发达地区，而且政治环境不稳定，正规的银行非常少，或者每个特定社
区都有一个能与传统转账体系的连接方式。虽然很多国家正采取措施加强对
汇款体系的监管，但风险依然存在。替代性汇款体系为资金转移提供了通道，
通常不需要实物现金的转移就可以实现转账。很多此类汇款体系都基于类似
哈瓦拉的原理。

尽管对非正式汇款体系的监管不断加强，但其依然存在以下问题：哈瓦
拉经纪人无需注册，他们或是出于文化原因，或是根本没意识到甚至抵制某

些司法辖区颁布的防范洗钱和恐怖主义融资的相关法律。他们很难判断隐藏在每笔交易后的真实动机。比如大量侨居美国的索马里人从美国向索马里的汇款都是合理合法的，汇款的理由可以是汇款人将平时收入的一部分提供给家乡的亲人。这样一来，一些有其他目的向索马里进行的汇款也都可以蒙混过关。2011 年 10 月，两名来自明尼苏达州的美国最大的索马里侨民社区的妇女承认，在她们从美国向索马里的汇款中，有超过 8 600 美元用于资助青年党。而该社区每年从美国向索马里汇款的金额就超过 1 亿美元。几个月后，俄亥俄州的一名男子被指控有相同罪责并认罪。据报道，这两起案件均以慈善捐款为幌子募集资金，但是所得资金却被转移到索马里用于资助索马里青年党。由于这种情况频发，出于风险考虑，明尼苏达州一家原本专门面向索马里汇款提供便民服务的社区银行——日出社区银行已经暂停了对索马里的汇款业务。遗憾的是，那些在索马里生活，并依赖美国亲人的这些汇款生存的家庭成员再也没有渠道收到来自远方的汇款。随后，英国的银行也开始效仿美国银行的做法。很显然，需要各方达成共识才能使这一问题得到解决。在英国，因担心被犯罪分子利用并成为其洗钱或恐怖主义融资的渠道，巴克莱银行欲关闭一批汇款账号，其中就包括了达罕什尔的账号。2013 年年末，达罕什尔赢得了高级法院的临时禁令，阻止了巴克莱银行关闭其账户的企图。据统计，侨居英国的索马里人每年向索马里提供的汇款总额累计达 1 亿英镑，如果巴克莱银行赢了这场官司，这将为那些依赖这些汇款维持基本生活的索马里民众带来灾难性的后果。

合规行业正在蓬勃发展，据环球银行金融电信协会统计，金融机构的常规合规成本被设定为每四年翻一番，而筛查恐怖分子名录就是这项工作中很重要的一部分。鉴于此，很多银行认为比起银行在根除恐怖主义方面所要花费的人力和物力成本，即便有小额资金流向恐怖分子，其影响也是微不足道的。在一篇讨论合规制度效力的文章中，一位银行官员甚至告诉《经济学人》杂志，强化安检其实没有任何价值，他认为想要通过可疑金融交易发现一起精心策划的袭击事件几乎是不可能的。此外，对于类似 IS 这样依靠控制地方经济和大量储备现金的恐怖组织，金融业所采取的任何打击恐怖主义融资的措施只能对其产生有限的影响。然而，撇开对人类产生的广泛影响不谈，最近的事件表明，向与恐怖主义有关的组织提供服务将会给声誉和经济方面带来巨大的负面影响。

目前，有三家非美国银行因涉嫌向恐怖主义组织提供银行服务有可能面临巨大的民事赔偿要求。在美国的反恐怖主义立法下，恐怖袭击事件的受害人及受害人家属有权向为恐怖分子提供过物质援助的机构或个人索赔，根据司法解释，其中包括银行服务。换句话说，无论恐怖袭击事件发生在何种情况，受到伤害或关联伤害的美国公民在美国司法辖区内都可以起诉任何为恐怖分子提供过金融服务的金融机构。我们来看两起正在进行中的诉讼案件，分别是韦斯与国民西敏寺银行（National Westminster Bank）案件以及里奇与黎巴嫩加拿大银行（Lebanese Canadian Bank）的案件。

第一宗案件中的原告是 2002 年至 2003 年间发生在以色列的、由哈马斯领导的系列袭击事件中的受伤者和美籍遇难者的家属。他们指控国民西敏寺银行向英国慈善机构英特派提供英国银行账户。英特派是一家对外宣称为巴勒斯坦人民提供人道主义援助的慈善组织，然而有一些未经证实的消息指出，英特派其实在为哈马斯组织提供金融援助。而英特派也只是在国民西敏寺银行账户重开几年后的 2003 年受到了美国的制裁。本案原告声称该银行早前已获悉英特派与恐怖组织之间的关系。虽然本案涉及的银行账户和袭击事件都未发生在美国，但是本案还是被允许在纽约进行审理。2013 年，美国地方法院法官批准给予国民西敏寺银行即决判决，认为原告无法提供充分证据以证明银行事先知晓或故意无视英特派为哈马斯恐怖主义组织提供资金支持。原告随后提出了上诉。

在里奇案中，2006 年黎巴嫩真主党发起的火箭袭击事件中的被害者家属声称，黎巴嫩加拿大银行负责为真主党转移了数百万美元的资金，而后经证实，这些资金确实被用于当时的袭击事件。2009 年，黎巴嫩加拿大银行以不

在管辖区内为由驳回了对其提出的一系列指控，也没有提出索赔。直到 2012
年年底，一名法官裁定被告人可以在纽约继续上诉其案件。由于黎巴嫩加拿
大银行与美国运通公司保持着代理行的关系，因而可将此案纳入纽约的司法
管辖。

欧洲多国和美国的国内立法已经明确将为恐怖主义募集资金的行为列为
一种刑事犯罪。一旦某项法律描述适用于成功贿赂了像大毒枭巴勃罗·埃
斯科巴一样的腐败官员和有影响力的官员，毒品恐怖主义（narco-terrorism）
是涵盖了这两项罪名的术语，这点在美国法律中已经有所体现了。2006 年
颁布的《美国爱国者法修改与再授权法》（*The US Patriot Improvement and
Reauthorization*）规定了一条新的罪行，即在世界任何地方以恐怖主义融资为
目的进行毒品交易。2008 年，阿富汗人可罕·穆罕默德（Khan Mohammed）
成为犯有新罪行的第一人，他被指控参与了恐怖主义行动并贩卖鸦片，被判
处终身监禁。审讯过程让警方有机会发现了他贩毒的事实，进而更进一步印
证了他的目标。对于他的上诉，法庭维持了原判，同时将穆罕默德提出的
无效辩护申诉递交至某个区法院。2012 年 6 月，阿富汗人哈吉·邦谷（Haji
Bagcho）因贩卖海洛因并将所得全部用于支持塔利班指挥官而在美国被判处
终身监禁。法院发现，仅在 2006 年，邦谷就进行了 2.5 亿美元的海洛因交易。
法院还下令没收他的毒品交易收入和其在阿富汗的财产。

海外资产控制办公室在其发布的 2012 年《恐怖分子资产报告》
（*2012 Terrorist Assets Report*）中指出，由于牵扯到恐怖主义组织或其他指定
组织，有 2 100 万美元的资金受到了影响。这些组织包括基地组织、黎巴嫩真
主党、哈马斯组织（其中的 2 000 万美元）以及一些规模较小的组织，比如泰
米尔猛虎组织和菲律宾的拉贾苏莱曼。美国还声称已经确定了在美的属于资
助恐怖主义的国家的总值约 24 亿美元的资产，其中大部分都因经济制裁被拦
截。这些数据全部来源于报告给海外资产控制办公室的资料，或许并不能涵
盖在美国的所有与恐怖主义有关的资产。

反洗钱金融行动特别工作组和《抑制恐怖主义融资的联合国公约》这类国际机构和组织会提出建议、制定标准、制定政策、进行研究并推动监管、立法和执行措施的落实。国际制裁制度有时也允许政府将对某些特定个体汇款列为非法活动，比如向已知的恐怖组织特工汇款。而且，监管框架也对反洗钱和反恐怖主义融资提出了更严格的要求，这就使银行更加重视对交易的源头、对象和交易风险进行全面的深入调查。有证据表明，审查和国际压力的增强确实大大降低了政府对恐怖主义资助的力度，但是对所有形式的破坏交易的监管也应该达到这种程度。

Criminal Capital

情景案例

波斯湾的一个统治者家族的家族办公室在海湾国家的两家银行拥有一系列企业和个人银行账户。尽管国际社会不遗余力地打击恐怖主义，但事实上仍然有大量涉恐现金在运作，而且相关国家尚未对恐怖主义融资定罪。虽然这两家银行都有一定的风险控制体系，但是在实际运作过程中，由于当地文化并不鼓励民众去举报与政治精英阶层相关的可疑交易，导致银行的风控体系形同虚设。家族办公室的银行账户全部由某大型能源公司现任董事、一位英国前银行家为其打理，而且该能源公司也有大量现金存储在这两家银行。银行高层也发现了其中的关联，如果处理不好家族办公室的账号，有可能会影响到能源公司对银行的信任，出现不利于银行的局面。这两家银行竞争十分激烈，并且双方都意识到该国及其邻国在海湾地区的发展潜力。

该统治家族成员是伊斯兰逊尼派政治的强有力支持者（虽然其未公开他的政治主张）。他们相信叙利亚总统阿萨德气数将尽，并向叙利亚的逊尼派政治集团——努斯拉阵线的伊斯兰军——提供资金援助，该组织自称是叙利亚的基地组织。此类金融援助的资金都来自该家族办公室的一个企业账户，而该账户在短短的数月时间里就已经支出了价值几十万美元的当地货币，这些资金看起来是支付给了迁入的炼油厂以及从印度次大陆通过好几个贸易公司雇用的建筑工人，而这几家中间贸易公司却是由该统治者家族成员所有。还有一部分现金在土耳其直接交到了伊斯兰军代表的手上，直接用于在土耳其购买武器弹药。

随着 IS 在伊拉克和叙利亚的崛起，以及逊尼派和什叶派冲突的加剧，银行改变了反洗钱策略，并且加强了对现金支取的管理，致使该统治家族成员的现金资助困难重重。然而，该统治家族受到了 21 世纪伊斯兰王权越来越好的现实图景的诱惑，决定支持建立伊斯兰王权。尽管 IS 组织公然发动了多起恐怖活动，他们也雄心不减。因此，在 IS 组织夺得了伊拉克北部城市摩苏尔附近的卡亚拉和那杰马两大油田以后，该家族对 IS 的支持就正式拉开了帷幕。这两大油田原本是由境外石油公司管理的，但是出于安全考虑，该公司最终放弃了油田。而 IS 虽然意识到该油田的巨大价值，但是又苦于没有技术，无法很好地运作和管理油田。于是，在与 IS 的中间人进行了简单的会面之后，该统治者家族表示愿意鼎力相助。这次，他们没有直接给予资金支持，而是选择通过派遣技术工人和工程师去管理油田，以间接给予支持。派往油田的技术工人和工程师（其中大部人以前都受雇于该统治者家族成员的石油公司）都与该统治者家族新近成立的一家公司签订了合同。

这家新公司在第二家银行开立了银行账户，并与另一家账户设在第一家银行的公司签订了劳务代理合同，规定新公司将为对方寻找、选择并提供劳务服务，而对方公司的银行正是之前该家族提取转往土耳其的现金的那家银行。经过这一系列的准备工作，最终资金以公平公正的商务合同为幌子完成了转移，名义上这笔资金被用以雇用油田技工。由于两家银行都与统治者家族存在敏感关系，且两家银行之间本身存在激烈的竞争关系，所以，为了不危及自己与统治者家族以及当地能源公司之间的关系，两家银行都未对客户进行尽职调查，也未审查两家公司之间订立的这份商务协议的真实性。

IS 将卡亚拉油田产出的石油运到其在叙利亚的移动炼油厂,然后换成低标号汽油,在当地又以现金卖给叙利亚总统阿萨德政权。由于受国际制裁,阿萨德不得不与其政敌进行石油交易。或者有时候,他们直接将原油走私到土耳其,由中间商以低于市场价的价格兜售以换取现金。石油贸易每天能为 IS 带来 200 万美元的收益,而如果没有统治者家族成员资助的技术,没有银行家为其提供电汇业务和银行服务,这一切都无法实现。统治者家族成员资助 IS 的方式如图 8-1 所示。

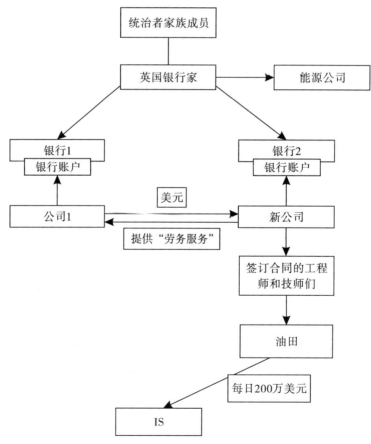

图 8-1 统治者家庭成员资助 IS 的方式

第 9 章

反制裁

在过去几年，全球多家银行因逃避制裁政策而支付了高达 115 亿美元的罚金和和解金。虽然此类绕开制裁的金融活动并不像贿赂和避税一样被归为洗钱或协助犯罪，但是近几年的调查发现，这类操作在大型金融机构非常普遍。与过度承担风险和不当销售金融产品的情况类似，金融机制在预防并阻止此类活动时的各种失误同样普遍存在于反洗钱和反协助犯罪之中。

银行因被指控系统性违反美国经济制裁制度而缴纳的罚款都进入了美国各级执法机构的账户。2014 年，至少 6 家美国权威机构介入了法国最大银行违反美国制裁制度，这 6 家机构分别是联邦调查局、纽约南区法院、纽约州最高法院、联邦储备体系、纽约金融服务部门和美国财政部的海外资产控制办公室。此类事件中牵扯到的一般都不是美国银行，涉及的问题交易大部分不是发生在美国。它们被美国制裁制度揪住不放，只因为交易货币为美元。大额现金源源不断地作为罚金被支付给美国各个机构，这也向外界传输了一个明确的信号：美国对外国金融机构违反其法律的事件绝不姑息。其实，其他国家和超国家机构（如联合国和欧盟）也对这些事件实施制裁，但是没有一个国家和机构的制裁制度能与美国的相媲美。此类行为不仅会涉及大额资金，还会为金融机构的名誉带来风险。但是，金融机构对于可能会因违反法律而出现在报纸头条这样的事情总是一副漠不关心的样子。无论如何，没有任何迹象表明美国的制裁行动有放缓之势。

美国的制裁制度一直备受争议，单边性可能是部分原因。对于非美国的金融机构（又称外国金融机构或 FFI）而言，它们并不愿成为被限制交易对象。而且，并非所有的国家和企业都认同类似古巴和缅甸（两者都是受美国制裁的国家）这样的国家威胁了全球安全，以至于美国应该对其实施金融隔离政策。然而，大多数国家和企业也认识到，在更极端的情况下的制裁是合法的。尽管有这样的共识，但是近期仍有大量的大型金融机构公然违反国际制裁制度。目前，公众已经意识到协助洗钱、避税和政治腐败的危害性，但是如果他们知道银行或金融机构同样也准备协助违反制裁措施，这将极大地损害银行和金融机构的声誉。可悲的是，人们并不习惯效仿他人好的行为。

制裁是指一方向另一方施加的处罚或禁止措施，其目的在于在不采取军事行动的基础上表达政治主张。制裁通常由一国发起，施加于另一个国家，但也可能施加于某个组织、个人甚至某条船舶。制裁手段一般包括贸易或金融限制，其目的在于削弱被制裁方的经济能力，使其不能参与国际经济。对个体实施制裁的形式多种多样，具体取决于制裁政策的制定方和对象：一般而言，同一司法辖区内的制裁措施对于该辖区内的金融机构或个人与不被许可的国家、组织和政党发生交易的情况即视为犯罪。

对在政治上被视为危险的或不受欢迎的国家实施的制裁经常发生，但是近年来，其对国际金融环境的作用日益增强。而且，通过贸易和金融交易的手段违反国际制裁制度已经成为当下银行和金融服务机构违反法律法规的重要原因。这种发展态势很大程度上是因美国在实施和执行制裁政策时所采取的激进方法造成的。

从全球范围来看，目前有三大实施贸易制裁制度的主体，即美国、欧盟和联合国。当然，一些个别国家也有自己的制度。

联合国的制裁由安理会实施，适用于联合国全体成员国。制裁首次被提出是针对南非（1963 年）和南罗德西亚（1965 年）的种族隔离政策。该制裁最初是自愿性质的，但是 1977 年和 1968 年两次变为强制性的。尤其是在 20 世纪 90 年代，联合国实施了一系列有针对性的制裁，包括对利比亚（1992 年 ~2001 年）、卢旺达（1994 年 ~2008 年）、科索沃（1998 年 ~2001 年）。目前受联合国制裁的司法辖区包括阿富汗、科特迪瓦、伊朗、伊拉克、朝鲜、利比亚、塞拉利昂、索马里和苏丹。

根据联合国的描述，其实施制裁措施的目的在于解决冲突、防止核扩散、反对恐怖主义、民主化和保护平民（包括人权）。制裁往往是在与被认为是有安全风险的国家，或者在对包含危险因素的商品进行交易时所作出的自然反应。目前，联合国贸易制裁措施禁止与朝鲜进行有关武器制造原料的进出口业务，对与查尔斯·泰勒（Charles Taylor）在利比亚的专政和与已知身份的基地组织特工有关联的商务人士进行资产冻结并给予旅行禁令。

2009 年，英国工程公司梅比约翰逊有限公司（Mabey & Johnson Limited）在其承认违反了联合国有关伊拉克的制裁制度后，被处以 200 万英镑的罚金，并向伊拉克建设基金支付了 61.8 万英镑。联合国独立调查委员会首先发现了该公司为确保其价值 360 万美元的桥梁工程合同能够顺利履行，曾向萨达姆政权支付回扣的事实（发表于《沃尔克报告》）。之后英国严重欺诈办公室于 2007 年对该公司展开了调查，最终对该公司的三名成员分别提出诉讼，其中，常务董事查尔斯·福赛斯（Charles Forsyth）被判处 21 个月有期徒刑，销售总监兼大股东大卫·梅比（David Mabey）被判处 8 个月有期徒刑，销售经理理查德·格莱德希尔（Richard Gledhill）被判缓刑 8 个月。起初，前两位否认了对他们的指控，但是格莱德希尔认罪了，并且提供了重要证据。值得注意的是，这是英国严重欺诈办公室依照英国立法将违反联合国制裁措施的行为绳之以法的第一宗案例。

随后在 2010 年，苏格兰发生了一起备受关注的案件，苏格兰工程公司伟尔集团（Weir Group Plc）承认其在之前十年间曾与伊拉克有过贸易往来，这违反了联合国制裁措施，被爱丁堡高等法院处以 300 万英镑的罚金。根据法院判决书，伟尔集团为确保其价值 3 500 万英镑的合同的履行，曾非法支付了 300 万英镑。法院还开出了金额为 1 390 万英镑的没收令，这是苏格兰法院迄今为止开出的金额最大的没收令。

联合国制裁的范围之广令人惊讶。有这样一则案例，虽然有可能其后果严重，但实则这是一起非常无聊的事件。2013 年年底，爱尔兰博彩业巨头帕迪鲍尔博彩公司（Paddy Power）因炒作成为新闻头条，原因是其曾向朝鲜领导人金正恩赠送了各种礼物，包括尊美醇（Jameson）威士忌酒、欧洲水晶、迈宝瑞（Mulberry）手袋，该行为可能违反了联合国制裁条例。据媒体报道，2013 年 12 月，在帕迪鲍尔公司赞助美国前篮球运动员丹尼斯·罗德曼（Dennis Rodman）访朝期间，罗德曼将这些礼物赠送给了朝鲜领导人。帕迪鲍尔公司否认违反了任何制裁条例，称这些只是"平价"礼物。专家们称有一项联合国决议规定，禁止向朝鲜传递"奢侈品"，包括特定种类的珠宝宝石、游艇、豪华汽车和赛车。帕迪鲍尔公司此前曾称其对罗德曼的赞助为"篮球外交"，但是在金正恩处决其姑父的报道出来之后，帕迪鲍尔公司声称"今时不同往日"，并且撤销了对罗德曼的赞助。

欧盟也实施了类似于联合国的制裁计划。不同的是，欧盟有权对特定的国家、公司和个体实时资产冻结和贸易禁令。其最近的制裁目标是伊朗国有的石油和天然气公司。回顾帕迪鲍尔公司的困境，欧盟对朝鲜的限制措施非常具体，其中包括禁止向该国出口奢侈品，包括高品质的烈性酒、高档手袋和高档铅晶质玻璃制品。而传言中由帕迪鲍尔公司送给金正恩的礼包中的那些礼物无疑都违反了这些规定。

欧盟的制裁可以通过每个欧盟成员国的法律强制执行。例如，最新的欧盟第 267/2012 号制裁条例禁止与伊朗进行某些交易，除非事先征得相关政府同意。然而，违反这一举措的罚款必须参照每个成员国的法律才能生效，这就意味着除非每个成员国政府都通过一项关于罚款的法案，否则违反欧盟制裁条例虽是一项罪行，但却没有相应的处罚条例。这种性质的法案在欧洲还是新出现的，很少有违反法令导致罚款或造成其他后续行动的先例。

在英国，外交和联邦事务部（Foreign and Commonwealth Office，FCO）负责制定制裁政策，而英国财政部部长部门负责维护由英国、联合国和欧盟在金融制裁制度下对特定目标进行资产冻结的"综合名单"。银行被要求定期核对清单，如不这样做，应说明原因。2010年，因苏格兰皇家银行未能进行适当的系统维护以防止违反英国制裁条例的行为发生，英国金融服务管理局对该银行处以560万英镑的罚款，并且称该银行拙劣的工作无异于暗中破坏了英国金融服务部门的完整形象。英国金融服务管理局发现，属于苏格兰皇家银行集团的各个银行（包括顾资银行和国民西敏寺银行）都没有遵守英国的反洗钱法规，而且它们在客户尽职调查、持续监测和内部管理等方面存在严重缺陷，并且也没有严格依照财政部的综合名单对客户及相关交易进行筛查。苏格兰皇家银行此次行为会产生多大的潜在风险可以通过以下事实判断：2007年，该集团位于伦敦的支付处理部门在全英国所有金融机构中外汇收付款金额最高。具体的数据很难想象：据英国金融服务管理局统计，通过该集团处理的欧元收汇金额就高达7.6万亿英镑，数额之大令人震惊。

这些程序并不复杂。它们所犯的错误都是一些明显且容易纠正的错误，这也说明了银行甚至连续记录各客户企业的董事和最终受益人姓名的这项简单工作都没有做好。英国金融服务管理局希望此次罚款能够帮助苏格兰皇家银行集团提升监管标准，并能阻止该银行继续违反相关法律法规。你可能会很好奇，8年前，苏格兰皇家银行曾因没有对新开户客户建立身份信息档案而被英国金融服务管理局处以75万英镑的罚款，当时的英国金融服务管理局是否也提出过类似的美好期望。在2010年的决定通知中，英国金融服务管理局大胆地希望经济处罚将有助于阻止其他公司出现类似的违规行为，并且证明合规经营的好处。

美国是世界上制裁制度覆盖范围最广的国家，制裁制度涉及全球所有的银行和金融服务供应商。美国的制裁制度由海外资产控制办公室管理并执行，

它是美国财政部下设的一个分支机构。美国财政部的制裁政策可以追溯至 19
世纪早期，当时由于"对美国水兵进行骚扰"，美国对大不列颠实施了制裁。
而现行的制裁计划始于 20 世纪 50 年代，美国冻结了中朝两国公民在美国的
财产。

美国海外资产控制办公室的制度对国际商务为何如此重要？为何其制裁
制度与联合国和欧盟的制裁制度不同？因为它不仅适用于居住在美国或受美
国监管或持有美国公民身份的个人和团体，该制度事实上适用于所有使用美
元进行交易的机构。美元交易使海外资产控制办公室能够介入，因为所有美
元交易都必须通过一个在美国的子公司或者美国代理行才能完成。因此，如
果银行在完成美元交易时没有与美国建立连接，那么其交易就违反了海外资
产控制办公室的制度，而且协助它的美国代理行也参与了违规，两者都要受
到法律惩处。导致美国人违反制裁规定本身就是一种犯罪，美国人被禁止参
与任何与受美国制裁的实体进行的交易，无论何时何地以何种货币进行，除
非海外资产控制办公室的制度事先给予其豁免权。例如，如果德国公司的美
籍员工帮他的雇主向受制裁的伊朗供应商支付货款，即构成犯罪，即使使用
欧元或者英镑交易。

重要的是，很多银行近年来发现它们受到来自海外资产控制办公室的审
查，而且仅仅是在美国设立一家分支机构，就足以将整个业务体系置于美国
法律之下。所以，当一家总部位于伦敦的银行在伦敦处理与苏丹进行的交易
时，如果该银行还保留有纽约的分支机构，那么即便其在英国向受制裁的实
体付款，而且交易双方都与美国没有任何关系，美国海外资产控制办公室也
有权对其实施抓捕。考虑到美元在国际上的普及程度以及大型跨国公司在美
设立分支的极高可能性，再加之美国制度对全球金融体系的影响及其处罚对
象的广泛性等特性，人们很容易撞到美国的枪口上。美国的制裁对象不光针
对公司，也针对个人。英国商人克里斯托弗·塔平（Christopher Tappin）就是
一个很好的案例。他被指控在 2005 年至 2007 年间帮助和教唆他人非法从美

国经英国向伊朗出口"霍克"防空导弹专用电池。作为被列入美国军品清单的重要防御物资，从美国出口该电池应取得特别出港许可证，但塔平及其同伙并未获得此证。在英国法院的尝试失败后，塔平在美国提出请求，以他要照顾病妻为由将审判拖延了三年，后又呼吁欧洲人权法庭阻止美国对他的引渡命令。2012 年，塔平被引渡到美国，他放弃了无罪辩护，改为公诉人辩诉交易，最终他被判处 33 个月有期徒刑。

金融机构违反制裁条例的形式有多种，其中最简单的是金融机构没有对客户信息进行全面的审核，因而并不知道客户要求其处理的交易所涉及的对象是受制裁的。在这种情况下，如果交易继续进行的话，涉事金融机构就构成了因疏忽违反制裁条例罪。然而，一旦对此类案例提出诉讼，其结果有一个共同的特征：采取一种更为谨慎的操作方法，即"剥离"。美国的银行认识到它们不能进行任何违反海外资产控制办公室制裁制度的支付，并且它们被要求若发现疑似与被制裁实体进行的交易，就应马上冻结交易账户并报告。为了避免出现这种情况，很多金融机构在进行交易时都会对发送至其美国代理行的电汇申请表上所涉及的违规信息做"剥离"处理，希望以此掩盖交易的真实（受制裁的）性质（通常涉及资金的源头、最终目的地以及当事人的身份）。在某些情况下，用于防止此类交易的过滤软件被用作识别送至美国的原始信息的第一步。有时，金融机构也鼓励其客户采取另一种更为复杂的做法，即鼓励其（受制裁的）客户在一个不太显眼的司法辖区建立一家空壳公司，然后通过该公司账户转移资金，从而掩盖资金真正的来源。这两种方法都涉及一定的前期规划和管理审批程序，一旦处理不好，很有可能加重当事金融机构所涉及的罪行。

多数观察家都认同在目前全球受制裁的国家、实体和个人中，的确有一些会对全球安全带来威胁。金融服务供应商应该重视制裁名单上的人员信息，并对自己违反规定带来的风险有所意识。它们的行为不仅协助威胁了全球范围内的政体、个人和机构的安全，而且也赌上了自身的商业声誉（至少在理论上是这样的）。然而，到目前为止，在美国政府进行的处罚中，还没有对涉事金融企业的高管实施监禁的案例，这会让很多人认为，如果对银行的惩罚只是将其年利润中很小的一部分作为罚金，那很难让事情有所改观，尤其是金融业的声誉已经受到了严重损害。

从海外资产控制办公室近年来调查过的金融企业名录中足以看出其权力之大，覆盖范围之广，很多国际银行的名字都曾出现在这份名单上，比如汇丰银行、渣打银行、苏格兰皇家银行和法国巴黎银行等。然而，美国海外资产控制办公室的目标并不仅仅局限于银行，该部门将其网撒向他处，以清除其他提供金融服务的机构。这一点从投资基金公司创世纪资产管理公司近期因明显违反对伊朗的制裁政策而提出和解的案例中可见一斑。美国海外资产控制办公室对违反其制裁制度的金融机构和个人的处罚从罚款到羁押都有，然而从其历来的做法来看，美国政府并不愿对违反制裁条例的当事人启动实际诉讼程序，而是先达成延缓起诉协议，进而请当事人采取具体的措施，比如缴纳罚金和采取补救措施。美国政府不愿意起诉大型金融机构的一个原因可能是因为一旦某个机构被定罪，理论上来讲，相关方将有可能不再与其继续合作，这可能会带来不稳定因素。这就出现了一个问题：是否会有金融机构因其系统重要性而享受到实际豁免权？这种地方性困难可能会通过起诉责任人得到部分解决。

2010 年，荷兰银行（2007 年被苏格兰皇家银行收购）和巴克莱银行因类似的行为被处以了巨额罚款。巴克莱银行因系统性地避开了美国海外资产控制办公室的过滤器而代表受制裁主体进行交易，违反了美国法律。为此，巴克莱银行同意支付 2.98 亿美元作为罚金。不可思议的是，如果某个个体涉及此类行为，通常不会被立即起诉或判处长期监禁，而是会收到一份延缓起诉协议。这样一来，与那些帮助受制裁方完成数十亿交易的金融机构相比，一名因偷盗几美元而犯罪的抢劫犯可能会受到更严厉的处罚。调查发现，在过去十年间，巴克莱银行通过美国的金融体系替古巴、伊朗、利比亚和缅甸等国的银行完成了数亿美元的交易。巴克莱银行的延缓起诉协议详述了巴克莱银行是如何通过"表面"支付处理系统作为幌子剥离信息的。最终，若非一名员工指出其使用的机制，美国财政部依然对其（支付）的存在浑然不觉。对于这种植根于文化的全行业对违反制裁条例的接受度，有一份内部备忘录描述得最好："如果我们继续使用表面支付处理系统，风险就依然存在，但那又怎样，整个行业的操作惯例便是如此。"备忘录的作者建议继续使用表面支付处理系统，同时也接受这种隐藏真正受益人的情况存在着一定风险。

同年，荷兰银行因涉嫌帮助受美国制裁的国家完成美元支付交易，最终被处以 5 亿美元的罚金。美国政府称，该银行故意未能落实反洗钱程序，这已经违反了荷兰的《银行业保密法案》。

那份一年期的延缓起诉协议描述了荷兰银行在 1995 年至 2005 年间，为避开美国海外资产控制办公室的过滤器，从实际付款信息中剥离了大量相关信息，并且用同样的方法处理了与受制裁国家相关的旅行支票、信用证和外汇交易等。通过信息剥离，涉及伊朗、利比亚、苏丹、古巴等国的数万亿美元交易顺利地通过了美国金融体系而未被觉察。

据延缓起诉协议描述，1995 年，就在克林顿总统宣布加强对伊朗制裁的同时，迪拜的荷兰银行已经着手说服总部接受某伊朗银行派代表（秘密）请求为其进行美元交易以及开出的利好条件：

　　我们的 [与一家伊朗银行] 关系非常紧密，它们经常帮我们处理隔夜迪拉姆资金。此外，它们一直与我们保持 2 000 万美元的调用余额。抛开这些关系，我们将获得以下利益：（1）对我们的余额实行免息；（2）管理费；（3）TT/DD 手续费等。此外，它们还有可能在未来通过我们承兑金额约 2 000 万美元的现金信用证。

与此同时，另一家伊朗银行发出了一份传真，指示某阿联酋银行（包括迪拜的荷兰银行）处理与一家欧洲金融机构的美元交易。很显然，这份传真中一定注明了"不用提及我行名称"的相关字样。在得到了相关法律意见后，荷兰银行决定处理与伊朗的美元业务。利益攸关之际，银行急于向其伊朗同业作出共同规避美国法律的承诺。2000 年，一位在迪拜的银行官员对一位伊朗银行官员这样写道："我行深知贵行美元交易的特殊性质，并将确保所有相关操作部门处理恰当。"荷兰银行纽约分行发给利比亚银行的一封电文则大胆地用"打印错误"来标识。迪拜分行随即告诉纽约分行，利比亚银行已经"被错误地提及"，并"礼貌地为其带来的不（便）表示'遗憾'"。纽约银行无论如何都会拒绝付款，最后才发现它已千方百计地将有关利比亚的信息全部剥离，使得以后能够更顺畅地通过美国的银行系统。这一系列举动进一步展示了荷兰银行对美国海外资产控制办公室之规则的蔑视和挑衅。荷兰银行迪拜分行甚至还让与它们进行交易的受制裁实体在付款信息中显示一个特别的代码"备用"。通过这种方式，这些特定的信息将会被重新手动处理，其中的相关细节将被剥离。

据美国司法部称，1998 年至 2005 年间，通过荷兰银行纽约分行处理的涉及空壳公司以及与境外金融机构进行的高风险交易的交易金额约为 32 亿美元。延缓起诉协议在这方面透露的一个最有趣的消息是，银行历来就有向法律妥协的强烈意愿。此外，为了不顾一切地从俄罗斯中小型金融机构吸引业务，虽然对其可疑活动有一定认识并且非常担心，但是 1999 年，荷兰银行纽约分行的员工还是写信给他莫斯科的同事，请求"电话联系他们（潜在的俄罗斯客户）并且努力推进，我们需要新客户，我想要将我的俄罗斯客户 1999 年的收益提高至 50 万美元，请助我一臂之力！"随后，这位美国员工会收到一封来自莫斯科的电子邮件，这封邮件表达了对于"为那些（被踢出美国金融机构的）半死不活的俄罗斯小银行"开立新账户可能会带来的"麻烦"非常担心。

在接近 2012 年的时候，荷兰国际集团、渣打银行和汇丰银行这三大银行达成了一大批延缓起诉协议。荷兰 ING 银行因过去十年间与包括古巴、缅甸、利比亚、苏丹和伊朗等受美国制裁地区进行了交易，涉嫌违反美国制裁条例，与美国当局和解。为避免刑事指控，荷兰 ING 银行最终同意支付 6.19 亿美元罚金，其中包括向古巴转移 16 亿美元、向缅甸转移 1 500 万美元、向苏丹转移 200 万美元、向利比亚转移 26 803 美元（制裁已被撤销）以及向伊朗转移 130 万美元。此外，对其还有一些其他故意采取措施违反制裁条例的指控，包括使用空壳公司和假印章以便古巴银行能够伪造美国旅行支票、提出了隐瞒美元交易的建议等。更有甚者，荷兰国际集团的法律部门竟将其某分行故意欺骗美国代理行的事迹作为"善意的谎言"为法律字典引入了一个新词条。银行还威胁那些不愿意参加违反制裁条例的工作的员工。这些行为不被称为偶发的或者无意的。

同样在 2012 年，英国渣打银行因与伊朗进行了数十亿美元的交易而与美国政府达成了和解。该银行向金融服务部门支付了 3.4 亿美元，向美联储支付了 1 亿美元，向美国司法部门支付了 2.27 亿美元，并且根据延缓起诉协议，该银行要接受为期 2 年的监控。最初，银行的代表对涉及制裁的金额据理力争，并且声称这个金额仅为数百万美元。但是，纽约州的财政政务监督人本杰明·劳斯基（Benjamin Lawsky）发表声明称："各方均已承认涉及制裁的金额至少有 2 500 亿美元。"本案之所以值得一提是因为一项谴责。在面对关于违反制裁的警告时，该银行的一位官员这样回应："美国人……你以为你是谁，你凭什么告诉我们、告诉全世界，我们不能和伊朗人做生意？"这件事情不仅表明英国人对美国的限制及其管辖范围非常不满，而且还说明即便美国禁止，英国还是已经决定要去完成这些相关交易。作为渣打银行的顾问，德勤金融服务咨询公司也受到了该事件的牵连，该公司负责人被叫到纽约州金融服务局办公室，并被指控该银行提供的服务"明显帮助了"渣打银行的非法行为。该公司被处以 1 000 万美元的罚金，并且被罚一年内禁止在纽约州从事咨询工作。

苏格兰皇家银行和法国巴黎银行是新近被发现有违反制裁条例行为的银

行。2013 年 12 月，苏格兰皇家银行顾问克里斯·坎贝尔（Chris Campbell）因该行违反美国制裁条例而签署了法律文件，表示愿意承担 1 亿美元的罚金，其中一半是纽约州的金融服务局开出的罚单。该部门发现，在 2002 年至 2011 年间，苏格兰皇家银行利用美国代理行不知情的弱点，通过纽约代理行与伊朗和苏丹的客户和受益人进行了 3 500 笔交易，涉及金额为 5.23 亿美元。苏格兰皇家银行的其余罚金全部缴纳给美联储，因其列出该银行"至少在 2005 至 2008 年间"的各种不当交易行为。美国财政部的和解协议指出，虽然美联储对其 3 300 万美元的民事罚款已经感到满意，但仍需列明该银行在 2005 年至 2009 年间的各项违规事宜，其中包括与缅甸、伊朗、苏丹和古巴等多国的交易。三个政府部门都发现了苏格兰皇家银行系统性操纵处理付款的相关数据，这些数据用以掩藏受美国制裁的主体的身份。

还有一个很有趣的故事。故事始于 1997 年，当时国民西敏寺银行（2000 年被苏格兰皇家银行收购）刚与伊朗国家银行和伊朗国家银行英国分行建立起代理行关系。作为其代理行，国民西敏寺银行将使用"表面"支付，通过 SWIFT 支付信息代表伊朗银行处理美元交易。因为利用"表面"支付，所以允许人们在将支付信息发往美国前剔除某些关键信息。这种操作进行了五年之久，之后有一次，因受够了"繁重的操作负担"，国民西敏寺银行——当时已经是苏格兰皇家银行的一分子——关闭了所有伊朗账号。

不满的客户开始抱怨，因其无法再向伊朗支付美元了。这点，再加上苏格兰皇家银行刚更新的"预付"系统使其不能从 SWIFT 信息中移除伊朗专用的相关信息，使银行一度陷入了困境。但这种困境没有持续太长时间，一群银行工作人员集思广益，终于想出了使用预付的方法。这样，苏格兰皇家银行还可以向伊朗付款，只需要删除那些可能引起美国清算银行怀疑其违反海外资产控制办公室制裁条例的相关信息即可。首先，苏格兰皇家银行要利用非美国银行的服务。在其对该非美国银行的付款指令中，苏格兰皇家银行填入英国的国家码和伊朗受益行的名称，而不使用伊朗银行的识别码。这家非美国银行就能从这条信息中识别出伊朗银行，但是由于苏格兰皇家银行早已设定了程序，任何有关伊朗的信息在被美国代理行处理时都会神秘消失。因此，最终发送到美国清算银行的付款指令没有任何伊朗或伊朗受益银行的信息。

这种做法其实已经是公开的秘密了。苏格兰皇家银行的付款操作员对此也非常清楚，这些操作员只需传递一份内部通知，包括以下指令内容即可：

【非常重要】对于那些面向受美国制裁国家的美元支付交易，付款信息不能包括以下内容：1. 受制裁国家的名称；2. 任何属于美国海外资产控制办公室拟定的限制名单中的名称，无论是一个银行名称，还是汇款人或受益人。

美国的调查人员发现，2003 年苏格兰皇家银行非常大胆地将这些"预付"指令公布在其业务支持手册和内部网络上。虽然这些指令只适用于特定的伊朗银行，但是已经能够将它们自由应用到其他受美国制裁的国家的业务中了。在一份关于利比亚的法律文件中描述了内部通知如何传递，并指出作为日常工作的一部分，苏格兰皇家银行的全球银行服务部告知员工，利比亚的银行名称和受益人名字不能出现在任何 SWIFT 汇款信息中，以防止在美国海外资产控制办公室制裁政策下的交易在美国被限。

公然藐视自己在 2003 年 12 月修订的制裁政策（"集团业务和美国的关系支付以及美元支付都必须遵守美国政策"）的表现就是，苏格兰皇家银行的一些部门专门处理对伊朗及其他受制裁国家的支付交易。该银行在 2006 年发布的、关于涉及美国海外资产控制办公室的银行政策的进一步声明也同样被忽略了。当年 12 月，银行总裁的咨询小组告知银行的反洗钱部门，银行已经采取了一项不与伊朗同行进行美元交易的政策。但是，苏格兰皇家银行依然继续通过美国代理行付款，继续违反各项制裁条例。

纽约州金融服务局确定，苏格兰皇家银行的行为不符合美国国家安全和外交政策，因其监管部门对安全性和合法性的担忧，其不当行为包括妨碍政府管理、未及时汇报犯罪行为、为档案文件提供虚假指令以及伪造交易记录等。2010 年，当苏格兰皇家银行启动其内部调查时，4 名员工被解雇，另有8 名员工被勒令退还奖金，但未对其启动诉讼程序。所有这些影响都难以引发银行业内部的焦虑。

最近遭到美国执法部门调查的是法国巴黎银行。调查发现，该银行在2002 年至 2012 年间代表伊朗、古巴和苏丹同行处理了数十亿美元的交易。这宗案件之所以被提出来，有以下三个方面的原因：巨额和解金（89 亿美元）、该行对刑事指控认罪以及美国监管机构禁止该银行进行特定美元交易一年。尽管对这起案件有各种非比寻常的惩罚措施，但是却没有对任何银行的高层提出控诉，即使这些瞒天过海的办法都是由高管们谋划出来的。这点在 2005年由多名法国巴黎银行的高管参加的日内瓦会议上所发表的文章中表现得非常明显。根据法律文件，由于多名瑞士合规官对于银行与苏丹进行的交易非常担心，因此召开了那次日内瓦会议。但是在会议上，这些担忧并未被应该知晓的人解除，而且该集团的首席运营官还要求不要做任何会议记录。

调查发现，这些银行虽然想方设法地帮助那些账户逃避制裁，比如通过"剥离"银行电子交易记录、清除所有关于涉事资金的真实来源和流向的信息等，但是它们都没有对账户的本质进行深入的分析。很显然，对它们而言，自称具有国际管辖权的美国是一个避之不及的烦恼，而那些需要坚决拥护的法律并不妨碍它们。所以，这些银行更愿意冒着风险去做这些事情，纵使被发现并受到惩罚，罚金数额与它们的利润相比也不过是九牛一毛。关于这种违反制裁条例的行为，最令人担心的莫过于金融道德风险。当人们认为这些系统性地忽视和逃避反洗钱法的银行（有时名字相同）旨在进行贿赂和洗钱，那么就表明宽松的制裁方式其实是鼓励银行去从事其他危险行为。

情景案例

　　为了甄别银行账户交易对象是否涉及受制裁方，银行在筛查账户进出款项方面投入了大量的精力。然而从以下的情景案例中可以看出，制裁风险不单单体现在支付上，它还有多种多样的表现形式，信息剥离也并非违反制裁法案的唯一途径。

　　一家涉及英国和境外银行的联合贷款机构已提前向一家大型商业航空公司的境外母公司支付了 1 亿美元的贷款。这笔贷款用于其母公司（后称"航空租赁母公司"）购买两家波音货运飞机，而每架飞机又是通过其母公司下属的独立控股子公司购买的。每架飞机的租赁期限都会经联合贷款机构的大多数成员同意。在取得成员同意后，其中一架飞机被租赁给一家跨国快递公司，另一架租赁给一家离岸公司，该离岸公司在美国特拉华州有在岸母公司，公司有注册代理为其提供的美籍经理人。在同意租赁之前，成员们对承租方公司进行了一些尽职调查，但是问题的焦点集中在信用风险。成员们最初的关注点在于承租方是否能够按期支付租金，因为这样租赁公司（联合贷款客户，即航空租赁母公司）就可以按期偿还贷款。一般而言，任何银行在进行客户尽职调查时，制裁合规这一项都不属于银行信用风险部门的考虑范畴。

　　租赁合同期限均为五年。一切运行正常。承租方按月将租金通过飞机控股公司的银行账户支付给租赁公司，这些账户再以每季度为周期将款项支付给联合贷款机构。

　　租赁合同进行到两年时，因担心伊朗可能发展核武器，国际局势紧张，联合国、欧盟和美国海外资产控制办公室加强了对伊朗的制裁。这就对与伊朗政府和伊朗各机构发展贸易关系造成了阻碍。

　　其中一家成员银行行进行了内部审查，对银行为离岸承租公司及其美国母公司进行尽职调查的能力及调查质量提出了疑问，因为美国母公司的最终利益所有人并没有掌握所有的详细情况。各成员银行就此担忧分享了各自的意见后，一致同意委派一家专业从事企业调查的第三方公司来分析其中的关系，并帮助获取遗漏的信息。该调查公司很快提出了问题：承租公司在替谁运输货物？成员们无一知晓此信息，因而也无法帮助确定航班日志的细节和航班飞行目的国信息。在经历了一场旷日持久的调查之后，调查人员发现，航班曾多次往返伊朗北部空军基地——位于阿莫尔的北什科拉机场。在成员银行、租赁公司、承租人的特拉华母公司的"提名"经理人等均不知情的情况下，承租方代表另一家在另一个离岸金融中心注册的离岸公司运输着货物，而这家离岸公司的幕后控制人则是伊朗革命卫队的代表。受此事件影响，每家银行都启动了全面的内部调查程序，它们深知，情况好的话，它们的联合贷款只是协助了违反制裁条例的行为，但是如果最坏的情况出现（这取决于运输货物的性质），它们就是在促进核扩散。虽然无法确定飞机在飞往伊朗北部时运载何种物资，但是成员银行发现，代表那家离岸公司的银行最终是由伊朗革命卫队控制的，而且该银行在汇款时剥离了详细的汇款人信息，以确保承租公司能够使用美元进行支付。整个流程如图9-1所示。

关于利用银行进行犯罪，该情景案例暴露了什么？首先，虽然银行明确地接收了犯罪所得，但是在整个过程中却没有界限分明的处置、培植和融合活动；相反，在整个过程中，成员银行充当了某个机构的合作伙伴的角色，但是这个机构却最终被利用而违反了制裁条例。其次，该情景案例还说明，所有权结构会被那些受制裁国家利用，从而绕开制裁条款，达到自己的目的。成员银行把注意力都集中在信用风险管理方面，从而忽略了这种关系中固有的另一种风险并非来自其客户，而是来自客户的客户的客户。在正常情况下，对成员银行缺乏专注最坏也只是暂时的尴尬，但是在这个案例中，它们要面临残酷的事实：因尽职调查没有按照要求执行，从而导致政府会质疑合规失误是否会引发潜在的犯罪行为。

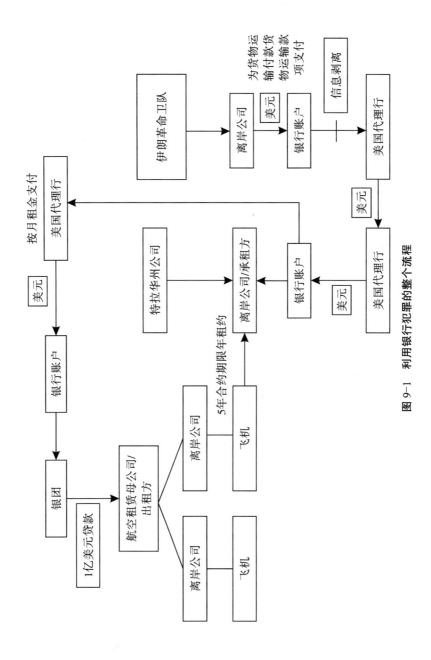

图 9-1　利用银行犯罪的整个流程

第 10 章

逃税 / 避税

1998 年，星巴克在英国开了第一家门店。之后，星巴克一共在不列颠群岛开了 750 家咖啡店。只要有点经济学常识的人都会对星巴克的扩张速度如此之快感到惊讶，但它还是宣称在英国要实现盈利很难。一家没有任何盈利的企业却能持续经营数百家门店，这的确堪称商业奇迹，尤其是在经济衰退之时。但从其营业额可能会看出些许不同：据报道，2012 年，星巴克在英国的销售额突破了 30 亿英镑，缴税 860 万英镑，约占总销售额的 0.3%。公众的巨大压力，再加上来自议员们的质询，星巴克应该为其没有被要求减免公司间购买咖啡的利息和特许权使用权费而感到庆幸。在耀眼的光环下，星巴克称此举是"史无前例的"，并将继续允许连锁店"作出更大贡献"。同时，星巴克选择缴纳了 2013 年和 2014 年的企业所得税共约 1 000 万英镑。此举给了那些税收员和立法者一记响亮的耳光。

事实上，当星巴克声称它技术性地遵守了关于"优化"应缴税额或者不缴税的法律条文时，它是正确的。与几乎所有大型跨国公司一样，星巴克也致力于设计一个复杂的内部财务变通系统，以实现减税的目的。它的做法一般是利用其整体结构将那些在高税收司法辖区产生的利润消除，并将利润都体现在低税收的司法辖区。星巴克这种操作并不违法，它的资产负债表是真实的，也没有欺骗税务部门，它只是简单地在其结构内确保了资产和负债做到最有效的分配。尽管获得了巨大的成功，一个全球认可的品牌咖啡店在其

售出的每一杯咖啡中加一点溢价价格，就可以使自己不用与那些没有复杂税务体系的公司按同样的税率纳税。

这可能会令人不悦，很多人都在辛勤努力地工作、兢兢业业地纳税，对他们而言，避税是一个遥不可及的概念，然而事实是，税收优化是自由贸易和市场经济的一个重要组成部分。如果你认为那些攻击型的商业企业愿意缴纳比它们实际应缴税额多的税，这简直是痴心妄想。税收优化的概念是受到美国和英国法院支持的。一个关于美国税法的里程碑式的决定便是美国高等法院同意勒恩德·汉德（Learnd Hand）法官的观点，他说："每个人都应这样让自己能尽可能少纳税。他不一定非要选择尽可能多支付国库的商业模式。增加个人的税收甚至都不能算是一项爱国义务。"

然而，个人和企业常用的减免税收的技巧无非两种，合法的或是非法的。世界各地的人们有一个共同的特征：尽量降低其向各级国家机关纳税额在其收入中所占的比例。这样一来，人们穷尽了各种办法，阻止国库实现应收税额。一般而言，采用精心筹划的欺骗措施来减少应缴税额的行为被称为偷税漏税，是非法的；而在法律许可的范围内采取一些非常措施来达到合理避税的目的则是合法的。然而，近年来，人们越来越关注介于两者之间的灰色地带。为了降低税收，各种有创意的方法层出不穷，技巧本身并不违法，只是频繁受到来自道德层面的攻击。随着全球经济大面积衰退，公众和政治对那些纳税额小于法定纳税额的群体的容忍度开始降低。最近披露的跨国公司利用其财务结构逃避了数十亿美元税收，以及利用离岸银行业务使其实际收入脱离了国内收入统计进一步加剧了这种情况。

当然，这其中涉及了法律和道德的冲突。首先，为企业提供避税服务对于离岸和在岸的银行家、律师、金融顾问和会计师而言是一项利润丰厚的业务。此外，有些避税行为并不违法，但是政府却对其横加批评，多数人认为政府的这种干预行为有损于国家与个人之间的关系，一方面想要吸引企业和资金雄厚之人到其经济区中，而另一方面却也要因为他们的支付能力而对他们实施必要的金融自由，这其中的平衡很容易被打破。其结果是，政府为了弥补税收的缺口，往往把重担都加到那些本就承担不起税收的群体身上。在过去的几年中，政治家们竞相抨击那些容易被利用的金融模型，关闭那些易被利用的漏洞，这也曾引起了立法方面的巨变。政府间税务信息共享协议不断出现，这预示着一个税收透明的新时代即将开始，也将有可能终结税收稽核人员看不到的账外账。即将生效的《海外账户纳税法案》以将不合作者排除在美国金融体系之外为条件，迫使外国银行向美国政府提供美国客户的账户详情，这或将有效地打破金融主权概念，进而永久改变税务立法状况。但是问题依然存在，专家们也将继续为其客户寻求减免税收的办法。对很多人而言，尽管有被开罚单的风险，但可观的利润仍值得他们为此奋力一搏。

逃税和避税是个人和企业常用的、为降低其纳税金额在其总收入和总资产中所占份额的方法。通常情况下，避税是遵守法律条文却不符合法律精神的减免税收的方法。英国税务海关总署（HMRC）将避税定义为"超出国会预期情况下，利用税法得到税收优惠"。在这些避税方法中，有标准的、可接受的方法，比如家庭税务计划和财务管理；还有一种更为激进的方式，即采用创新手段实现减免税收，这种方法本身并不违法，但能明显且大幅降低税赋。由于不违反具体的税法条款，不发生主动欺骗和欺诈行为，即使避税行为会引起公众批判，但它却基本合法，只要在操作过程中使用一些具体的方法时符合税务部门的限制即可。

然而，逃税通常涉及对资产真实价值的不实陈述、隐匿财产和低报应税收入等行为，这些行为没有在法律范围内进行，而是刻意违反法律。伪造账本、不申报对外投资收益、在国内外精心隐藏财产所有权，从而逃避应缴课税或其他费用均属于逃税。

逃税和避税的主体往往是富有的个人或大型跨国企业。用于维持复杂的非法逃税方法的结构往往需要重金聘请金融专业人士管理。而减免税收的金额的确非常之大，政府的应收税额也被剥夺了一大块。但是自2008年金融危机以来，政府逐渐意识到，不能因为由少数富人和跨国公司少缴税而造成的经济普遍停滞状态让受危机重创的纳税人和小企业接受公共支出削减和提高税率，并为其埋单。备受压力的部门，比如税收正义联盟，曾直言不讳地对税收结构的监管缺失提出了批评，并且成功地使国际舆论越来越苛责那些逃税者青睐的司法辖区。

虽然相对于全体纳税人而言，采取主动避税或逃税行为的人总是少数，但是避税和逃税行为产生的赤字却是巨大的。据英国税务海关总署估计，英国在 2011 年至 2012 年的税收缺口（即应收税款和实缴税款的差额）大约为 350 亿英镑，其中 43%（152 亿英镑）是由逃税者、隐藏经济和对税务体系的刑事攻击（如增值税欺诈）等造成的；而其中 11%（约 40 亿英镑）则是因为合法避税而产生的缺口。欧盟的年税收缺口约为 1 万亿欧元，尤其是考虑到持续的欧元区危机的情况，该缺口是非常大的。在美国，年税收缺口预计约为 3 850 亿美元，其中 1 500 亿美元是离岸避税方案造成的。在政府面临着要寻找能够使普通百姓受益的方式之时却有数十亿资产外流，不知所踪。为了补偿税收差额，欧洲已普遍实行了较高的个人所得税税率。许多人因不堪本国的税收重负，不得已移居海外，其中有法国演员杰拉尔·德帕迪约（Gerard Depandieu）。2013 年 12 月，法国宪法法院批准要向他征收 75% 的"百万富翁税"，致使他移居海外，并且加入了俄罗斯国籍。

国内减少税赋通常采取避税方案的方式，其中包括一些简单而且没有争议的养老金投资计划，比如将家庭资金投入信托，或者在业主还健在时，将高额资产，如房地产转让到他人名下以避免高额遗产税。此外，个人可以通过使用一名家庭成员来避税，这样可以降低家庭整体收入，而且两人都可以申领个人免税津贴。另外还有一些比较复杂的方法，比如投资计划和慈善计划。英国财政大臣在其 2014 年的财政预算案中明确表示，政府正在向这些计划施加压力。听闻这一消息，一家私人财富公司的合伙人这样说道："在政府的反避税战场上，这一些消息无疑是在激进且滥用的税收计划中对那些垂死挣扎的尸体补了一刀。"

21 世纪初期，英国政府大力提倡电影投资计划，这样做表面上是为了促进英国电影行业的发展，实则是通过有利可图的杠杆回租和贷款安排允许税收抵免。企业投资计划为新兴公司的高风险金融投资提供了减免税收的刺激政策。从表面看，减免税收刺激政策对英国企业可以起到了很好的作用，但是英国税务海关总署却不这样认为，比如对电影《阿凡达》和《少年派的奇幻漂流》提供融资的投资计划就被英国税务海关总署的前任管理者描述为"诈骗的混蛋"。英国政府认为，这种投资计划的目的就是减税而非真正的投资。投资计划背后的一家金融服务公司——Ingenious Media 否认其使用避税计划，而且它们曾于 2014 年 7 月警告其投资人应该至少准备 5.2 亿英镑核定税款。

还有一种常用的避税方法是利用慈善募捐实现税收减免。最近曝光的一宗备受争议的案例发生在 2013 年年初的英国，涉事组织是一家已注册的慈善机构——金杯信托（The Cup Trust），该组织旨在为儿童和青少年募集资金，其唯一的企业托管人的注册地在英属维尔京群岛。在没有任何公开资料的情况下，该组织在 2010 年至 2011 年间共募集了 1.76 亿英镑，使该组织一跃成为英国最成功的慈善组织之一。然而，截至 2013 年 3 月 31 日，该组织向慈善事业的捐款总额只有 152 292 英镑。据说该组织成立于 2009 年，事实上是它一项避税计划。该组织通过利用一个离岸账户贷款购买政府的金边债券，而后将债券以低价卖出的方式，要求其成员向英国税务海关总署提交了金额超过 4 600 万英镑的"资助赠予"（尚未支付）申请。紧接着，它们将其中的少量资金捐赠给了慈善机构，而其成员则按照市场价将金边债券售出，获得了实实在在的利润，继而又将这部分利润捐回该组织。由此，捐款人则可以向政府申请税收补贴，再用这笔钱来偿还贷款。尽管该避税计划的成员仅仅花费了很少量的资金从事慈善，但是该组织还是为"捐赠"给慈善事业的资金全额申请税收减免。在这里，"慈善"的概念似乎被彻底滥用了。为此，英国公共账目委员会这样总结道："该信托辜负了人们对慈善的期许。"尽管如此，慈善委员会称无法对此进行干预，因为作为慈善机构，该信托架构是合理的。对于慈善委员会称它们无法阻止这种对慈善滥用的现状的说辞，公共账户委员会对其权威性提出了质疑，并称这是无法接受的，这也引发了人们对慈善监督部门的监管有效性的质疑。而金杯信托对这种称其目的为避税的指控进行了反驳，并否认其托管经理人有任何不当行为或管理失误。

许多个人避税计划都是通过使用离岸账户完成的，而由于为此类计划提供建议能够获得丰厚利润，许多金融专业人士趋之若鹜。在英国，此类计划需事先在税务海关总署登记，而且需要评估和法庭诉讼程序来判断其是否存在避税以外的目的，才能决定是否可以实施。这种避税计划非常受欢迎：仅在 2008 至 2012 年间，就有超过 100 个避税计划进行了注册，其中包括著名的 K2 计划和高地计划。在 K2 计划中，计划中的一位参与者变成了泽西公司的员工，该公司将此人"临时调派"给公司的实际雇主，而反过来，此人还要给泽西公司支付费用。该公司随即"借钱"给计划参与者，他无需为这笔钱纳税，只是这笔钱是以"贷款"的形式存在的，所以最终他必须要偿还。2013 年 2 月，一份法院判决书让高地计划停止了，因其使用离岸中心的虚假损失成功避税 4 亿英镑，而这一切能够实现的基础在于，它是一个没有其他潜在目的的避税计划。

当高地计划、K2 计划和金杯信托的争议点主要围绕税法的避税技巧展开时，其他类型的避税计划则公然依赖于欺诈性索赔。在美国，西雅图一家法院对两名声称避税的个人进行了判决，他们涉嫌销售虚假股票得到了 96 亿美元。由 Quellos Group LLC 发起的"原点"计划（POINT）造成公众税收损失了 2.4 亿美元。有一些富人客户被告知他们可以通过销售一种基于某离岸投资基金的贬值股票，用收益和损失对冲的方法抵消参与者的现金收益，但他们最终发现那个所谓的"离岸投资基金"根本就是虚构出来的。不为投资者所知的是，"原点"计划其实是基于一个骗局制订的，两名高管已经因欺骗美国人民、帮助和协助虚假税务申报被判处合谋罪。该计划的成员为该计划支付了 65 万美元。该案也是一个关于财务顾问如何冒险从事此类工作以骗取巨额利润的案例。

不同国家之间的税收差异化使企业对复杂且人为的结构化关系的利用成为一种常态，而这些结构关系本就是专为客户减少税赋、提供税收优化方案而设计的。在过去的十年间，越来越多的企业通过境外子公司避税，而且这种现象并没有放缓的趋势。事实上，很多企业认为是税法积极地鼓励它们利用在岸 / 离岸关系进行避税的。

美国企业将大量的应税资金都留在了离岸公司，只有当这些资金被返回美国时才作为国外收益对其课税。对此，美国议员于 2004 年尝试在美国本土增加投资和就业机会。《美国就业机会创造法案》(*American Jobs Creation Act*) 允许美国企业将其在境外的收入调回国内，并可以按照 5.25% 的税率征税而非 35%，条件固然苛刻，但却最终关系到资金的使用情况。总体而言，企业共调回 3 120 万美元，其中大多数来自避税天堂，并规避了 33 亿美元的税款，然而却没有实现税收预期的增长。具有讽刺意味的是，自 2004 年免税期以来，美国的跨国公司实际上增加了其离岸资金的金额。对此，国会议员是这样总结的："赋税减免实则增加了离岸账户的使用率。"

跨国公司通常利用离岸公司转移利润，并根据全球范围内的不同税率设定恰当的盈利和亏损，调整税负，从而实现避税的目的。通常情况下，这些公司会让利润在低利率地区的子公司实现；反之，高利率地区的公司账目则显示为亏损。跨国公司设立在避税天堂的子公司或许只有一个铭牌，很多公司甚至都没有员工，更没有活跃的商业活动。有形商品和无形商品都可以发生利润转移，比如知识产权、管理咨询和商业计划。鉴于此，位于低税收区的公司可以向其位于高税收区的公司销售"特许权"，这样，高税收区的公司产生的实际利润就以购买特许权为名目花了出去，变成了低税率区的公司"利润"，而只需缴纳很少的税或者甚至不用交税。在这种活动中，转让定价是很重要的一部分：母公司将资产或产品以一个设定好的价格转让给其子公司，这个价格或许并不体现资产或产品的实际价值，但是却可以将公司利润转移至低税率区的公司。

在一次公共账户委员会的听证会上，英国的国会议员们对星巴克以其总收入为基数，向其位于荷兰低税率区但却掌握着公司品牌的欧洲发牌权的子公司支付特许权使用费一事提出质疑。星巴克以烘焙工厂坐落在荷兰为由辩护称，它们认为这笔特许权使用费是合理的。在类似这种情形中，人们认为在位于伦敦这样相对高税率区的子公司通常都需要在知识产权"使用权"方面花费一大笔资金：位于伦敦的公司赚得较少，而位于避税天堂的子公司最终实现了利润，并且只需缴纳少额税赋或享受零税。为此，人们也正试图去应对此类因有形/无形资产而引起的问题：经济合作与发展组织目前正在尝试制定关于无形资产的相关准则，意在防止企业因一些似是而非的理由，比如商标使用费等，将利润转移至避税天堂。

通过贷款转移，企业也可以利用税收裁定对债务偿还进行支配，从而在几个国家之间形成一种持续的贷款资金流，以将资金调回本国且不用按照标准税率纳税。美国参议院的调查小组委员会对大量这种短期贷款进行了调查，这种贷款不是课税对象，但它们互相交错且涵盖合适的会计年度，因此不作为应税收入。用这种方式，企业成功地将大量美元源源不断地调回美国。虽然只是名义上，但是也为企业免去了大量税收。

很多公司的董事会会采用离岸体系，其中也不乏日用商品类和技术服务类企业中的巨头。参议员卡尔·列文（Carl Levin）在其 2012 年提交的一份报告中写道，微软公司通过转让定价模式，将其在美国实现的销售收入的 47%转移到了波多黎各（几乎都算不上公司最大的市场）。列文描述了微软公司是如何将其在美洲（含美国）的知识产权的市场销售权出让给波多黎各子公司的。紧接着，美国微软再从波多黎各子公司手中买回其在美国的分销权，条件是美国微软公司同意将其在美国分销微软产品所产生的收益按一定比例支付给波多黎各的子公司。美国微软公司因美国的分销权向波多黎各支付的资金总额远大于其因一系列权益从波多黎各收回的金额。据列文计算，基于参议院小组委员会的调查，通过这种方式，微软公司在三年时间内就在美国为其销售的产品节约了 45 亿美元的税（他指出，这相当于微软公司每天少缴税 400 万美元）。调查小组委员会听取了比尔·桑普尔（Bill Sample）的意见，他在陈述中指出，微软公司遵守美国和境外的税法条款，同时也意识到这些法律条例都有很大的改进空间，微软公司认为美国税法已经落伍，而且"与我们主要的贸易伙伴的税务体系相比不具有竞争力"。

2012 年，《金融时报》的一位记者描述了谷歌是如何将总计约 88 亿欧元的特许权使用费收入汇入一家百慕大公司的账户的，因该公司持有谷歌集团美国以外地区的知识产权。很明显，这是通过先从高税率地区收取特许权使用费，然后再将资金汇入低税率地区实现的。几家位于高税率地区的谷歌子公司向享受企业所得税低税率的爱尔兰子公司支付了特许权使用费，这些款项随后汇集到荷兰，最终支付给一家注册地在爱尔兰但实际由百慕大管理的公司。2012 年，该公司在英国的税金账单金额为 5 500 万美元，尽管其在该国实现的销售额为 49 亿美元。同年，该公司为其在美国以外的 81 亿美元收入按照 2.6% 的税率纳了税。谷歌董事局主席埃里克·施密特（Eric Schmidt）决定不像其对手星巴克的高层那样急于安抚公众，据他称："我为我们建立起来的体系感到骄傲，并且因其资本运作而骄傲。"同样，英国谷歌公司的负责人否认公司是不道德的，并声称应该对此负责的是设定税率的政界人士。

2002 年，由于担心整个金融业在帮助美国纳税人减少向美国国税局缴纳赋税方面发挥的作用越来越大，美国参议院常设调查委员会启动了一项针对恶性避税手段的发展情况、市场走势和政策落实的研究调查。调查报告考虑到了潜在的恶性交易，着重研究了由毕马威会计师事务所提供的 4 种避税模式。据称，这几种模式在 1997 至 2001 年间至少产生了 1.24 亿美元的费用。据该报告称，毕马威会计事务所不但组织策划了此类纳税模式，并且还将其作为避税手段的一个升级产品进行了积极的推广，将以前那些见不得人的服务项目变成了世界主流会计师事务所的一种标准条款。事实上，该公司已经清楚地知道其销售的纳税模式可能属于恶性避税，因为在一封邮件中，发件人会询问一旦该交易被美国国税局认为是明确的避税行为，那么他们得到的报酬是否足以抵消可能发生的诉讼费用。毕马威会计师事务所发现，使用这种避税模式的潜在利润远远高于美国国税局可能给予其的罚款金额，于是他们义无反顾地帮助企业逃避了大额的税赋。事实上，为了逃避检查，该公司采取了非常谨慎的措施，尽管深知其肩负的职责以及国税局在发现之后可能采取的措施，但是它们仍未向任何税务机关登记或者披露其避税产品。2005年，毕马威会计事务所承认，它们使用了带有欺诈性的避税手段，并同意向纽约检方支付 4.56 亿美元的罚款。

自 2008 年以来，在打击蓄意避税、保密法案以及公民持有未申报的牵涉金融机构的离岸账户数量方面取得了重大突破。在这方面比较突出的案例涉及位于列支敦士登的列支敦士登皇家银行（LGT）以及瑞银集团、韦格林银行、瑞信银行等三家瑞士银行。

在某信托公司的一位前员工公布了一份包含了大量列支敦士登皇家银行的客户信息的名单之后，该银行的案件才大白于天下。随后，人们发现列支敦士登皇家银行使用避税手段，为其客户偷逃税款大开方便之门。之后，有十多个国家，包括美国和德国，开始对该银行的客户展开调查。美国参议院报的一份报告详细披露了该银行采用的协助方法，甚至有时是直接促进客户逃税的方法。参议院的调查发现，这些常用措施包括：建议客户以列支敦士登基金会的名义开户，从而掩饰其实际受益人的身份；建立离岸账户；创建转移企业，以隐藏资产转移。据参议院报告介绍，银行会帮助客户采取一系列措施千方百计地隐瞒他们的财产，其中有一个案例仅通过未按照合格中介计划（Qualified Intermediary，QI①）申报财产就帮助客户隐瞒了其 4 900 万美元的资产，该报告将此称之为"保密和欺瞒文化"。参议院报告中披露的其他措施还包括银行设定一种复杂的结构，以制造一种假象，让客户的财产看起来已经出售，但其实财产还掌握在客户手中，用这种方法达到掩盖其财产所有权的目的；以列支敦士登皇家银行提供的保密条款为由拉拢优质客户；隐藏客户资金，以逃避其美国债权人；创立列支敦士登基金，帮助客户转移婚内财产，隐藏因协议离婚可能要支付的另一半资产。值得注意的是，这些数据在德国曾被用来起诉逃税者，包括荷兰邮政前 CEO。此外，2011 年，列支敦士登皇家银行因被指控教唆他人逃税而与德国检方达成了一项和解协议，该银行为此支付了 5 000 万欧元。该银行的一位发言人强调，和解并不意味着认罪，只是为了避免繁冗的诉讼程序。

第二个受牵连的银行是瑞士的瑞银集团。瑞银集团高级职员布拉德利·博肯菲尔德（Bradley Birkenfeld）向美国国税局提供了一份银行的美籍客户名单，并承认他在该银行工作期间曾帮助多位美国人对总额高达 2 亿美元的离岸账户资产进行了避税。博肯菲尔德与美国政府达成协议，只要他说出他所知道的所有信息，美国政府将给予他豁免权。但后来，博肯菲尔德违背了协议，没有向美国政府提交在他帮助下逃避了数百万税赋的美国公民的名单，最终被起诉并被监禁。因为这些信息，美国参议院调查委员会对该集团进行了调查，并形成了题为《避税天堂银行及美国税务规范》（*Tax Havenbanks And U.S. Tax Compliance*）的报告。该报告指出，瑞银集团为吸引美国客户，千方百计地帮助客户偷逃美国税款。该报告还称，瑞银集团留有 19 000 个未申报的银行账户。由于客户和银行职员的纵容，银行系统性地避开了合格中介计划要求的申报美籍客户账户的义务，未将客户信息提交至美国国税局。参议院的报告详述了瑞银集团帮助客户使用离岸结构的事实，

---

① 该计划于 2001 年被引入美国，旨在鼓励外资金融机构在其账目上申报源于美国的收入，以扣缴相关税费。——译者注

并告知其员工避免就此问题使用电子邮件、美国邮件、快递和传真等方式以确保与客户安全相关的银行活动不被发现。参议院的报告指出，据瑞银集团估计，其 1 000 个已申报的账户和 19 000 个未申报账户所涉及的美国客户的存款总额达 180 亿美元。此外，博肯菲尔德估计，银行从未申报的账户上每年能获得 2 亿美元的收益。美国司法部就此事对瑞银集团启动了诉讼程序，双方于 2009 年 2 月签署了一项延缓起诉协议。这份协议意味着银行承认其通过帮助客户逃避申报要求、采取措施掩藏账户所有权等手段协助客户在美国偷逃税赋。瑞银集团最终支付了 7.8 亿美元作为和解金，并被勒令提供其离岸银行的其他美国客户的身份信息和账户信息。当时的瑞银集团董事局主席对此作出了回应，他说："瑞银集团依然致力于为客户保密，但是绝不保护欺诈行为，以及在银行工作人员积极协助下滥用客户机密保护政策的客户身份信息。"因为这件事情，瑞士银行神圣不可侵犯的客户保密制度受到了来自美国的强有力抨击。

之后不久，博肯菲尔德被释放，他因协助办案有功获得了美国国税局支付的 1.94 亿美元的奖金。而那些继续向美国公民提供离岸避税机会的金融机构应该意识到美国的域外法权制度的强大力量及其延伸范围：只因采取法律行动就成功获取了因瑞士银行保密条例几十年来都未曾公开的信息，这的确是一种威胁。另一方面，博肯菲尔德因其短暂的牢狱之灾而获得了丰厚的奖励，这对其他告密者和那些目前正在等待瑞银集团案件庭审的人而言的确是一种明确的激励。如果包括博肯菲尔德的前任老板在内的那些被控告并被判有罪的人选择合作的话，瑞士银行多年来坚不可摧的保密协议的盖子就真的要被风吹走了。

2013 年，当瑞士的韦格林银行（Wegelin）就其在过去十年中帮助美国公民实现了高达 12 亿美元的避税金额的罪行供认不讳后并被迫关停时，加之欧洲银行业离岸中心运作的进一步证据被掌握，瑞银集团案的余震开始了。2008 年事件发生之后，此类活动的数量明显大幅增加。经历了那一年灾难性曝光之后，瑞银集团与其他离岸银行一样，选择避开美国客户，这就将很多客户推向了韦格林银行。而韦格林银行的高管显然没有受到瑞银集团事件的影响，也并没有意识到此类事件可能引发的潜在风险，而是采取措施接手了瑞银集团已经退出的业务。客户向美国国税局提供虚假的纳税申报，而银行则因为明显相信其位于瑞士的地缘优势（这意味着它受到国家保密法案的约束），在避税天堂以虚假实体的名义开立了大量未申报账户以逃避审查。然而最后，韦格林银行也支付了 5 780 万美元罚款，并被迫关停。韦格林银行也成为在美国的打压措施开始后第一家在美国认罪的外资银行。韦格林银行不但认罪，并愿意为其帮助美国公民避税的行为承担责任；此外，它还就美国政府的判决备忘录递交了一份答辩，其中称美国政府一直"错误地试图将韦格林银行当成一家劣等机构，认为其表现与同行相比差很多"，并在提出一些结论时"没有抓住要领"。这样的回应突出了一个事实：一家银行可能真的意识不到在美国为客户提供一些普通的银行服务会存在招致刑事诉讼的风险。

自 2008 年以来，美国司法部因疑似此类行为对瑞士大大小小十几家银行展开了调查。从此，多米诺骨牌相继倒下。最近一个进入公众视野的银行便是瑞信银行。据 2014 年 2 月常设调查委员会的报告称，"这是对瑞士银行保密制度的案例学习"。调查发现，瑞信银行拥有超过 22 000 位美国客户，客户总资产高达 130 亿美元，并且多数账户都未申报。更重要的是，调查发现，瑞信银行"要么对账户的'未申报状态'视而不见"，要么"积极协助"客户达成想要逃避美国税收的意愿。

很显然，该银行在用以下方式吸引潜在的逃税者：派遣工作人员去美国秘密地招揽客户；在纽约设立办事处，向客户传达其支持瑞士活动的目的；将客户引荐到中介机构，进而为其设立离岸空壳账户；在苏黎世机场设立办公场所，以便及时迎接刚落地的美国客户。据官方文件显示，一位银行工作人员告诉一位想要向美国汇款的客户，每次转账时他需要低于 10 000 美元，并且要分批完成汇款，以满足监管报告的要求。银行还为一些客户提供了"人性化"的递送服务：许多客户要求不将银行对账单邮寄至其在美国的地址，为此银行工作人员扮演着账户文件信使的角色。

2011 年，7 名瑞士信贷前员工和瑞信银行的创始人被指控欺骗美国。2014 年 5 月，以上 8 位中的 2 位——安德烈亚斯·巴赫曼（Andreas Bachmann）和约瑟夫·道格（Josef Dörig）——对指控供认不讳。对安德烈亚斯·巴赫曼在美国所做之事的陈述真是一份极好的读物，其中对巴赫曼强化了银行工作人员与逃税客户之间勾结的详细描述使人毛骨悚然。这件事发生在 21 世纪初，巴赫曼出差到美国与客户会面。在纽约的某次会面中，一位客户亲手将 5 万美元现金交给了巴赫曼，并让其将这笔钱存入一个未申报的账户中，可政策规定不得带现金出入美国边境。巴赫曼随后在佛罗里达州与另一位客户会面，而该客户正好要从她的一个秘密账户中支取相同金额的现金。在佛罗里达州会面之前，发生了一点小插曲，警察在巴赫曼的行李箱发现了这笔现金，简单问询之后，巴赫曼继续其行程，但是该客户在得知巴赫曼的经历后，毅然改变了初衷，决定不再接收这笔现金。可能他当时很焦虑，巴赫曼随即将现金装入托运行李中，返回了瑞士。据报告描述，巴赫曼的上级纵容了他的做法，因为在银行于 2014 年 2 月向参议院常设调查委员会提交的报告中说，不当行为"已经集中于一小部分瑞士私人银行中"，并且称高管并没有意识到这些个体的行为。

2014 年 5 月，瑞信银行对于一项关于教唆美国公民向美国国税局提供虚假所得税申报表的指控认罪。瑞信银行的总裁发表公开声明称"对过往的不当行为深感抱歉"。正是这些不当行为导致瑞信银行面临诉讼，并被处以总额 26 亿美元的罚款。由于瑞信银行已被定罪，所以未能像其他银行那样与司法机构达成延缓起诉协议。

令很多观察家惊讶的是，美国司法部在最终的和解协议中并没有要求该银行披露在瑞士银行持有账户的美国公民的名单。而这份账户持有人名单是否会在某一时刻因美国更强大的新法规《海外账户纳税法案》被披露，仍受到多方专注。《海外账户纳税法案》于 2010 年颁布，它使得外国金融机构有义务遵守美国的金融信息披露法规，并有责任向美国国税局申报美籍公民在境外持有账户的详细信息以及应扣税收入。不遵守该法案的金融机构将不能享受美国金融机构提供的代理行服务协议，这意味着这些金融机构将被逐出美国金融体系，从而也无法参与全球金融体系。许多国家都已经签署了配合实施该法案的相关协议。尽管阻力很大，2013 年，瑞士和美两国也就该法案的实施达成了协议。

如果美国成功地将《海外账户纳税法案》推广到全世界，那么每个国家，无论其国内法律如何规定，都必须按照该法案的要求，全力协助美国国税局。尽管个别国家会因担心该法案的实施侵犯国家主权并增添新的合规负担而心存不满，但事实是，美国政府对于不遵守该法案者将处以极重的惩罚，其程度更甚于以往任何涉及此类事件时的纯经济罚款。虽然以往很多机构一般都对美国的此类法规敷衍了事，宁愿冒险被罚也不愿放弃利润，但这次恐怕不同往日。当然，银行对于《海外账户纳税法案》的态度会不会像合格中介计划一样，表面上看似履行了其应尽的义务，实则想方设法研究其要求，这一点还有待观察。然而，《海外账户纳税法案》的推进将有力地证明哪些机构和国家是偏好冒险的。如果那些曾经愿意为有避税需求的客户提供金融服务的机构不愿合作的话，它们将会面临更重的处罚和更大的风险。

对防止避税产生越来越浓厚的兴趣并不仅限于政治高层。日益强化的不公观念已经被权力集团利用，而且也正在被谴责非法避税行为的政界人士所利用。2012 年，当英国戏剧演员吉米·卡尔（Jimmy Carr）参与完全合法的 K2 避税案的事件被曝光，媒体的反应并不友好，以至于卡尔最终决定退出该方案。英国首相大卫·卡梅伦认为，卡尔的行为是不道德的。同年晚些时候，英国公共账户委员会主席玛格丽特·霍奇（Margaret Hodge）称，公众会认为避税方案是完全不道德的。这一观点得到了英国首相卡梅伦的回应。在 2013

年达沃斯经济论坛上，卡梅伦主张将解决避税事宜列为 G8 日程之首，并批评企业利用精明的会计师军团绕开税法规则的行为。2014 年 5 月，当某法官发现前接招乐队（Take That）成员盖瑞·巴洛（Gary Barlew）投资的一项计划是为了避税时，卡梅伦又一次发声，称其为"激进的避税计划"，但他不认为应该剥夺巴洛的大英帝国勋章。虽然巴洛的行为可能会被烙上不道德的烙印，他（与其他 1 000 名同类投资者）也可能面临高额税单，但是他不应该为此承担任何刑事责任。

很显然，"金融道德"的概念是卓有成效的。2013 年 2 月，巴克莱银行解散了其结构性资本市场业务，该团队曾负责通过复杂的国际交易和避税方案实现大部分的银行投资利润。尽管巴克莱银行并未因与此事相关的不法行为受到任何指控，但其仍然受到了一些媒体和政治团体的批评，其中很大一部分原因是因其卷入了最近发生的伦敦银行间同业拆借利率操纵丑闻。为了解释此举，巴克莱银行总裁安东尼·詹金斯（Anthony Jenkins）在一次演讲中这样说道："虽然此举（利用税务结构的行为）是合法的，但推进此类活动违背了我们的宗旨，也不符合我们今天实行的新税法，因此我们不会再参与此类活动。"

情景案例

有人说，如果人们非要有非法行为的话，道德因素的影响微乎其微。这一点在以下案例中得到了很好的例证。这是一个关于税务顾问与体育经纪人合谋进行一系列非法活动的案例。该体育经纪人有一群有钱且高调的体育界客户，他们不论是从事体育活动还是从事商品代言都能赚取巨额收入，然而他们都想要弱化纳税责任。作为辅助，该情景案例还包含了某明星通过亚洲博彩集团涉嫌腐败的案例。涉案明星是一位斯诺克球员，他接受了亚洲博彩集团的贿赂，作为回报，他故意输掉了几场比赛。

　　该案的背景是英国政府将高收入人群的个人所得税比例提高至50%。在这种情况下，税务顾问用一个简单的提议就接近了该体育经纪人。该顾问向经纪人解释，他有一个简单且"光明正大"的办法，即让该经纪人的客户们在慈善捐助的同时申请减免税款，这样就可以大大减少税赋。该顾问称这是一个双赢的方案：表面上看，他们少交了税，且在外界看来，他们为慈善出了一份力；而对经纪人而言，这也是一件好事，他的客户因为少缴税肯定非常高兴。此外，该顾问又向经纪人提了一个有诱惑力的条件，即将他得到的避税金额的 10% 的代理费与该经纪人五五分成。交易就此达成。体育明星对税收的法律细节既不熟悉也不关心，但是他们无一例外地都想要住大房子、开豪车，为此他们决定加入。明星们满意地将节省的税金收入囊中，打理着一些积极的公共关系，并乐在其中。他们对于代理帮助他们敲定细节并达成各种协议之事非常满意。

　　两家离岸公司成立了，表面上看，两家公司都是从事东欧石油和天然气调研的，都由某离岸中心的一家律师事务所管理。该律师事务所有 28 名员工，管理并控制着大约 1 850 个组织。重要的是，尽管只是采用传输带式的商业模式，该律师事务所还是一家小型的、被国际认可的证券交易所的上市保荐人。

　　体育明星们接到指令，去购买这家宣称从事油气调研的公司的小额股票。他们按指令做了，虽然一时因涉足能源行业而困惑，但还是期待着承诺的收益。他们有的是以个人名义购买，有的则以签约的经纪公司的名义购买。一旦所有的股票认购成功，该企业服务供应商就会成功组织两家离岸公司在当地证券交易所上市。这样，这两家公司的股票就可以与其他成千上万只股票一样进入证券市场进行交易了。

　　最初的四个月，这两家公司的股价一直停滞不前。但就在此时，在两个星期内，这两家公司前后发布公告，称它们的研究活动均取得了积极的进展，暗示有发现重大油气项目的极大可能性。消息如愿传到了投资者的耳朵中，两家公司的股价从此稳步上扬。事实上，两家公司并没有发布实质性的新闻，但是人为的炒作使两家公司的股价步步高升（又称"做多"或"炒高价格"）。

　　接下来，税务顾问告诉经纪人，是时候通知其客户将持有的股份捐给任何一家在英国注册的慈善机构了，而是否要公布慈善捐赠的消息则取决于他们自己。体育明星们捐出的股份的价格都在 50~68 便士之间，比原来的购买价格翻了好多倍。紧接着，他们敲开了英国税务海关总署的大门，要求按照捐赠价值申请税收减免。这些体育明星向各慈善机构捐款的总额超过了 2 000 万英镑，受捐赠的慈善机构包括儿童之家和一家专门致力于青少年体育发展的机构。按照捐赠股份的收入和公司收益计算，最终他们从英国税务海关总署申请到了 1 900 万的税收减免，但其捐赠的实际价值却远远低于申报价值。就这样，变魔术一般虚构出来的价值最终以税收减免的方式变成了实实在在的利益，被税务顾问、经纪人和体育明星们收入囊中。这个过程如图 10-1 所示。

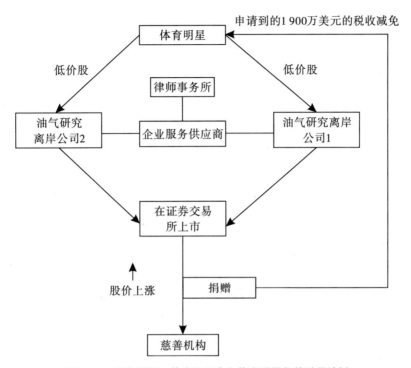

图 10-1　税务顾问、体育经纪人和体育明星们的避税计划

　　参与此项计划的明星中有一名斯诺克球员，他通过相反的结构得到了资金。他通过一家离岸公司申请了税收减免，该公司相当于他在亚洲市场的经纪公司。两年前，一家位于马来西亚吉隆坡的博彩公司找到他，以重金利诱他打假球。结果是交易达成，对方付给他一大笔钱。贿金是以代言费的形式支付的，并且是通过伪造该明星与一家马来西亚专业发品公司之间的代言关系完成的。尽管如此，这名球员仍愿意参与此计划，因为他相信这有助于将资金合法化。与其他犯罪分子一样，他们都想要将非法所得伪装成正当收入，而且希望能尽量少纳税。这个过程如图 10-2 所示。

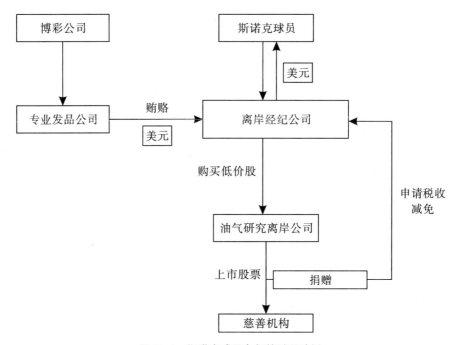

图 10-2　斯诺克球员参与的避税计划

第 11 章

原因及对策

2008 年 9 月 15 日，雷曼兄弟公司因负债 6 130 亿美元成为美国历史上最大的企业破产案例。雷曼兄弟的倒闭翻开了美国社会和经济历史的新篇章。很快，涟漪变成巨浪，国际金融业的巨头们都变得危如累卵。为此，各国政府投入数万亿救市，企图平复这场金融海啸，并阻止危机蔓延。从危机开始至今，数年过去了，但多米诺骨牌仍在不断倒下：失业者、被驱逐的业主、全球公共健康和教育体系的用户们继续经历着由于财政削减和紧缩所产生的影响。聚光灯下，其他有害和恶性行为都无所遁形，各种丑闻不断被爆出。尽管如此，对如何防止重蹈 2008 年覆辙的声音已经开始变小，尤其近期的数据显示经济开始复苏，世界银行也提出全球经济已经在 2014 年到达了一个 "转折点"。

在本书的开篇部分，我提出了各种有害行为背后的共同原因，其中既包括曾在雷曼兄弟急速发展阶段出现过的承担过度风险问题，也包括不当销售、利率 / 汇率操控、反制裁以及金融机构在洗钱和协助犯罪中所起的作用。我曾说过，拒绝对全球经济衰退的原因加以鉴别、研究和补救反映了人们对金融犯罪的态度。目前，我们处于一个立法和监管措施的风险都达到收益递减点的阶段，需要进一步改革，此举不仅是为了避免 2008 年灾难重现，而且也是为了解决金融机构参与洗钱和协助犯罪的问题。

为了理解这一系统性问题的原因，不可否认，我们已经投入了大量时间、金钱和精力，程度前所未有，当然，也取得了一些重大的进展。《金融服务法案》的出台已经对英国的监管体系进行了彻底的剖析，终止了英国金融服务管理局的权力，调查了审慎监管局和金融市场行为监管局。《金融改革法案》将投资银行业和零售银行业区分开来，而且在美国，《多德－弗兰克法案》引发了自大萧条以来金融监管行业最大的改革。但不可否认的是，我们能够真真切切感觉到自 2008 年金融危机以来，全球采取的各种措施有明显的不足之处，并且随着经济的复苏，各种措施也逐渐失去了动力。2014 年 5 月，世界货币基金组织常务董事克里斯蒂娜·拉加德（Christine Lagarde）谈到金融业改革时这样说道："坏消息是改革的进程仍然很慢，终点遥不可及。部分原因是手头任务的复杂性。然而，我们也必须承认，这也源于激烈的行业竞争以及战线过长引发的疲劳。"

为使货币机制能够正常运转，涉及的各方需互联互通，共同出谋划策应付各种可预见的司法变数，深知危机解决之道并能够有效地预测风险，犹如半途加入一场三维象棋对决。然而，处于说客巧舌如簧、规制俘虏（regulatery capture）及其他各方利益冲突这种大背景下，这个任务有时候看起来似乎不可能完成。当然，并非一小撮拿高薪的银行高管的行为超出了立法者、监管者和银行本身的智慧，才构成了这最大的威胁。尽管从评论的角度看，贪婪是罪魁祸首，银行家及其奖金是核心问题。很显然，规范金融业的一个主要因素就是对利润的追逐。然而，金融机构及其员工都不是在真空中工作。要找出制度缺陷背后的根本原因，需要金融机构、立法机构和监管机构三方携手承担责任。

有效的改革必须要依赖强有力且合规的监管和立法部门，并且需要金融体系内部有一系列行之有效且设计、实施和管理等各环节都完备的机构从中配合——而这正是本章剩余部分要讨论的主要内容。我的分析未必能做到详尽周全，我想只要点出迫切需要改变之处已足矣。

人为因素

随着合规负担不断增加，金融业在设计和落实内部风险控制体系方面已经投入了数十亿美元。然而，似乎没有人对为什么有害行为并没有明显减少停止质疑。原因很简单：整个行业都忽视了一个事实，即问题出在人身上。正确的人遇到正确的制度，这种幸福的结合才是改革成功的关键。尽管在风险管理方面，人为因素与制度同等重要，但是一直以来，整个金融业和监管部门都忽视了人的作用。

每次爆出丑闻，立法者的反应就是通过一项项新的法规，这无疑强化了制度在解决问题时所起的作用，但最终导致的结果就是制度越来越多。这样一来，就如同电子计算器对人的计算能力所起的作用一样，金融机构的员工越来越依赖于"制度"，而不愿动脑去思考。过去的时光要我们谨记，金融首先并且最重要的是一项关于人的事业。而我们之所以忽略了这一点，是因为包括航天和医药领域在内的诸多行业对人为因素的分析都取得了非凡的进展。在航空领域，人们对人为因素研究了多年，而且有证据表明，很多航空事故发生的根本原因并非机械故障，而是人的判断失误。在较好的情况下，人为的失误会造成时间的浪费或者效率的降低；在严重的情况下，人可能会因此付出生命的代价。在汲取了一些惨痛的经验教训之后，现在在飞行员的招募过程中，最先被淘汰的那些候选者所具备的某些特质却是金融业非常欣赏和看重的。所以，为什么一个集中了如此多权力的行业却对人类冒险和违规等方面的因素视而不见呢？难道雷曼兄弟倒闭之后，对社会动荡的真正恐惧都没有将人们的注意力吸引到分析影响诸如飞行员、医生和其他专业人员在遇到危险时的行为的因素上吗？

金融业之所以不重视人为因素，其中一个原因无疑是因为该行业的工作有地位却不具备专业性。整个行业都充斥着专业服务供应商，比如律师、会计师、信托从业人员、特许秘书和证券经纪人等，但关键职位，比如董事、合规官、洗钱报告官和首席风险执行官等，没有一个职位本身能形成一门学科，也没有一个职位需要从业人员经过专业培训、取得专业的资格证书并被持续评估。但是，近年来，在这方面也取得了一定的进展，比如从事管理职能岗位的个人需要得到监管部门的批准，而且在英国，担任银行高管需要经过更严格的审批。但是要通过严格的职业资格考评还需要很长的路要走。银行业要更加职业化并达到更高标准的观点似乎与英格兰银行行长马克·卡尼（Mark Carney）的观点相悖。他曾在2014年5月表示："要建立这种体制，商业最终需要被职业化，成为一种具有较高道德标准的活动，以传达特定的责任感。"没有人会反对他提出的目标，因为金融业一直被视为一个追逐财富的行业，而且已经病入膏肓。职业技能和较高的道德标准必须通过教授和灌输才能获得。这一点若要有效实施，金融业就必须走上一条包含各种银行专业职能链的专业化道路。核心的一点就是从表面上看，金融业忽视了人为因素，实则是因为整个行业缺乏专业性。

因此，金融业有各种各样人为因素方面的明显弱势，从董事会层面的能力不符到人格类型和性格特点。不出所料，业务能手一般都因伪装成葛登·盖柯（Gordon Gekko）而获得了最高奖赏，这也告诉其他民众，冒进或者偶尔不道德的行为反而更赚钱。很快，这种例子开始污染并最终成为了组织内的主流文化。另一种后果是关键管理岗位的主流人格类型得到了提拔，威胁型而非支持型的工作环境得到了发展，这就使那些掌握了关于不当行为重要信息的员工只能保持沉默。

当然，金融机构的目的就是赚钱。为了实现这一目标，野心勃勃和轻率冒进的性格比较有市场，尤其在华尔街。但组织真正需要的是其内部各种不同人格类型的结合，以及个体之间权力和能力的重新分配。想象一下，有一艘豪华游轮，坐在驾驶座位上的是一位才华横溢却刚愎自用的船长，他准备走捷径以节省燃料，使航运公司更赚钱。作为一名有表决权的乘客，你会希望谁和他一起？答案当然是一位分析能力强且头脑冷静的副船长，并且他的眼睛会一直盯着哪里有冰山。长期以来，在金融业内部，那些承担风险的人会挥动马鞭、耀武扬威，而那些被赋予风险管理责任的人则长期被视为二等公民。人们往往会认为，冒险比节制更具魅力，尤其是当行动获得成功，香槟满溢酒杯之时。而作为统管机构内部事宜的董事应该意识到机构内部的个体差异，并且帮助该机构恢复平衡。公司管理者应该意识到，业务骨干的业绩可以量化，因为公司内部有明确的政策和管理制度，但是风控部门为公司规避开了多少风险、节约了多少成本，这永远无法量化。困难在于很多公司管理者以前就是"盖科"，所以他们在没有看到明显的危机前可能不愿意接受这种改变，而能吓退他们的只有手铐、审查和被告席等，最不济也是严格的监管批评。这种状态的差异进一步证明，风险、合规和道德等职能部门只能算"后勤部门"。但是由于人手不足，看不见业绩，并被视为拖了负责招徕生意的"前台"办公室的后腿，这些职能部门迫切需要更多的权力、地位和资源。除非金融机构由专业的职业经理人管理，他们具备像飞行员在自身领域的专业技能，在平衡风险、制定薪酬方面具有专业资质，而且能意识到文化并不是旁枝末节，这种情况才不会发生。

　　毫无疑问，很多金融机构的文化从根本上就存在着缺陷。假设伦敦同业拆借利率操纵者、不当销售者和客户关系经理故意无视客户的犯罪行为，事实是，此类行为正是他们所处的工作环境的产物。往往在出现此类问题后，调查的结果最终都归咎于某位适时退出业务从而避免组织面对基本问题的员工——员工在多大程度上成为了环境的产物？这或许解释了为什么我们会在这么多大型金融机构观察到那些重复出现的不当行为的原因。企业必须由董事会领导，并且由认同文化（不仅是组织内的广泛的文化，还有各部门和各单位的亚文化）、对风险和道德有明确态度的监管机构来监管。每一个不当行为的实例背后都有一个对某位员工所在操作环境的客观评价。如果某位员工的行为在组织内部是被公开批评而在暗中是被鼓励的，那么处罚这位倒霉的员工或者开除他则无济于事。那么如何正面地影响企业文化呢？答案只可意会但不可言传。董事会必须履行其应履行的组织行为。有一则古谚说得很好：

"鱼总是从头开始腐烂的。"如果高层和中层管理者都从事不当行为，无论是
与员工的互动、运营企业所依赖的信息的质量，还是其利用不适用的内部尽
职调查程序管理那些高价值客户的频率等，他们的行为将会影响整个组织的
内部氛围。此处，我们要再次强调金融业专业化的重要性：专业化不仅体现
在单纯的能力上，而且还体现在在全体从业者中培养和鼓励正确的职业风气
和道德标准。

董事是公司结构的法定组成部分，从有限公司到有限责任公司以及其他
多种形式。我在本书中提到的大型金融机构多是由董事会管理的，一般有不
到 20 位董事：摩根大通有 11 位董事，高盛集团和瑞信银行都有 13 位董事。
在每种情况下，董事会都是银行管理结构的"心脏"。除了履行各项权力和责
任以外，董事会还负责制定公司发展战略和目标，设定企业文化和组织的透
明度。因此，很显然，一家机构的成败很大程度上取决于其董事会的表现。

从全球范围来看，很多金融机构的董事从技能上讲是不胜任的。这不足
为奇，因为董事会历来都是自我选拔的，这种状况直到最近才有所改变。无
知者选择无知者，这样有助于组成一个同质的群体。他们虽没有充足的准备，
却管理着整个组织最紧迫的风险。近年来，监管机构一直寻求在金融机构的
董事任命的审批流程中发挥作用，但是他们的参与却在很大程度上适得其反，
因为机构时常都有错误任命发生。但是即便是做了错误的任命，因为事先征
得了监管部门的同意，他们反倒觉得自己无需承担什么责任。令人难以置信
的是，2008 年金融危机以后，还有这种现象发生：一个人不用参加任何考试，
也无需接受在风险控制、利益冲突、管理和人力因素等方面的专业考评，就
可以坐上具有系统重要性的金融机构的董事会宝座。要驾驶车辆，你尚且还
需要通过笔试和实际道路的考试，更别说运营一家银行了。2009 年，英国议
会财政特别委员会针对金融危机所做的调研访谈对这一点给予了特别强调。
在访谈中，哈利法克斯苏格兰银行前主席史蒂文森勋爵（Lord Stevenson）、苏
格兰皇家银行前总裁弗雷德·古德文（Fred Goodwin）、苏格兰皇家银行银行

前董事局主席汤姆·麦克洛普爵士（Sir Tom Mc Killop）被问及是否之前有银行业的相关从业资质时，虽然他们都能说出相关的工作经验，但是委员会的质疑显示了他们没有一个人具备真正的从业资格。

　　金融业的董事会坐了一群资历不足的董事，这一事实证明，过去，大家低估了金融业的董事的专业性，而唯一的补救措施就是强制推行职业资格、培训和专业标准。在英国，有专门负责颁发职业资格证书的机构，比如英国的董事学会，但是没有专门针对银行业的强制或特殊要求。飞行员、律师、会计师、外科医生和护师都要经过这些程序才能被允许从业，我没见过任何人对此提出异议。为什么一家拥有数十亿资产的银行的掌舵人，可以在没有经过任何资质鉴定证明其具备适当的技能和充足知识的情况下坐上银行负责人的位置？

　　金融服务创新的步伐如此快速，对董事而言，持续的专业技能发展至关重要。我指的并不是每天读一读《金融时报》就能证明自己获得了持续的专业发展，而是接受有意义的、有关该机构的产品、服务、市场和风险等方面的持续培训。在商业航空领域，一位飞行员在其职业生涯中平均要接受 100次测评。在金融和银行业领域，一旦一个人进入了董事会，除非接受监管部门调查，他的技能不再会接受第三方机构的测评。高层的安逸从根本上背离了金融机构面向公众利益的运营宗旨。当然，持有职业资格本身并不能确保其在金融机构的管理工作中能做到专业且毫无瑕疵。专业体制永远也无法阻止不正派的律师和不称职的医生进入行业。但是，通过设定足够高的行业准入门槛，并迅速采取行动暂停或吊销那些被视为不合格者的执业资格，这无疑是确保正确的人选从事适当工作的最好方法，还能确保他们在其任期内可以一直胜任。

　　除了职业技能以外，一名得力的董事身上所需具备的最重要特质就是探索克难的意愿以及打破现状的勇气。而当前整个行业的普遍现状是，人们并不愿去做这两件事情，董事们因为惧怕暴露其无知，因此不愿对困难事务投入过多的精力。安徒生的寓言故事《皇帝的新装》虽然写于 180 多年前，却是如今这种情况的真实写照。在 2008 年金融危机袭来之时，大型金融机构中有多少董事知道什么是债务抵押债券？它是如何运作的？有哪些与之关联的风险？是否有一名执行董事隐约觉察到巴林银行有异常之处，但是并不想因质疑而触及逆鳞，侥幸认为有比自己更具资格的人早已关注此事？在 2009 年英国财政部特别委员会的访谈中，可以很明显地看出，董事们对其银行所使用的复杂的金融产品并不了解。但凡有一位董事能够认识到自己的不足，并有勇气要求获取信息以填补其知识空白，他的价值便会远超成百上千份乏味的董事会文件。

从内部一路爬上去的执行董事或许正是这种天生存在缺陷的体系的产物，但他们往往看不出来那些显而易见的内部问题。他们的每一个细胞都是为了向董事会的同僚证明他们当初的选择，证明他们的任命没错，从而确保自己的地位。既已爬上梯子，他们才不希望因为被问及自身应知却未知的细节问题而断送自己的前程。即便是处事极度公正客观的执行董事，在自己负责的机构中也难免会处事不公。并非所有的执行董事都有胆量向其管理者提出刻薄的问题，尤其是当他还胸怀抱负。那么，从结构上讲，如果董事会内部多数成员都是执行董事的话，这样的董事会很可能会存在先天不足，其中最可能出现的问题便是当组织内部有需要解决掉的毒瘤时，即便执行董事在第一时间有质疑此事的资格，他们也会选择得过且过。这样一来，非执行董事的作用就显得尤为重要了。非执行董事必须做到不惧权势、坚持真相，除了掌握每项产品和服务所涉及的信息和技术方面的难点，对于摆在董事会面前的那些关乎产品和服务方面的任何信息，非执行董事都应当身体力行，将大家的注意力集中在不懂的问题上。这看似有违常理，但是作为董事会成员，能够揭露无知是极其难能可贵的。反之，金融业不断出现的丑闻和企业倒闭案暴露了一个问题：董事们对自己不懂的事情没有任何作为。

所有这些没有只停留在理论层面。2014 年 5 月发表的一篇关于英国合作集团（Co-operative Group）监管职能的独立审查报告清楚地展示了一宗关于银行的操作失误与管理不善之间的直接联系的案例，其中也少量涉及了该集团的银行业务（对该集团而言，似乎是天要亡它，祸不单行。在这份报告发布的当天，该集团前主席因私藏可卡因和冰毒在法庭上认罪）。

英国合作集团有超过 150 年的历史，是一家产业多元化的消费合作社，其业务除银行以外，还涉及其他多个行业，由其 800 万名成员共同拥有。2013 年，该集团出现了其历史上最大的亏损——25 亿英镑，其中大部分损失应归咎于合作银行（Co-operative Bank）的财务漏洞。最终由外部投资者共同拥有银行 70% 的所有权的拯救计划才使合作银行免于彻底倒闭。

由麦纳斯勋爵（Lord Myners）牵头进行的这项审查发现，合作集团及其旗下的银行都存在着严重的管理缺陷。这篇报告的大部分篇幅对基于成员基础运营的组织有特别的意义（本书提及的大多数银行都不属于这种情况），麦纳斯勋爵的调查结果和结论大部分都是关于金融部门的管理结构的，并最终得出结论，进而论证了其主题：彻底改革金融业现有体制是保护金融业免受未来危机的关键因素。

麦纳斯勋爵特别强调，合作集团的掌舵人极度缺乏技巧、能力、资质和经验，而且到了一种令人无法接受的程度，这就意味着该集团的管理者未能得到充分的监管、激励、挑战和指挥。为此，他提出了一套对于解决方案，即在董事任命过程中，新成员应通过董事会现有的和缺失的一整套对于技能和经验的深入考核，还要符合一整套客观标准。该报告还指出，该集团未将其价值观和精神融入管理结构。为此他提出，在董事会成员任命的过程中，董事有责任从其任期开始便承诺要践行集团的价值观。此外，在审视合作集团的管理文化时，他还发现了普遍存在的问题：逃避责任、沉默抗议、无处不在的分歧，以及董事成员在没有充分了解其职责范围的情况下就开展工作。

合作集团已经踏上了漫长的复苏之路，前路或许布满荆棘，因为来自英国金融市场行为监管局、主要审查机构和财务报告理事会的审查如同灾难一般降临。毫无疑问，麦纳斯勋爵的报告令那些管理结构存在问题的金融机构心有余悸，它们不知道在自己被问责之前是否能实现有效的改革。

制度因素

在此之前，有很多关于如何制定和实施金融机构内部风险控制体系的书籍，本书不想老生常谈地对其加以回顾。有些模式要求组织机构自治并拥有自己的风险决策，而有些则要求企业内部风险职能部门认可新产品、新客户以及特定交易。不论可信与否，在两者之间都存在着多种折中的版本。世界上并不存在所谓"正确的模式"，不论使用何种模式，相同或相似的弱点都会引发灾难。

制定金融犯罪风险管理内部制度的目的在于防止并监测客户滥用金融机构从事协助犯罪或洗钱的勾当。这些成果应该被视为设计新制度或评估现有制度适用性的起点，尤其是现在有越来越多复杂的金融产品被投放到市场，而且金融犯罪已经适应了这种新环境。新制度必须要有新的分析方法并衍生出新型的甄别方法。在制度创新过程和员工培训计划中，金融业广泛持续地依赖"处置—培植—融合"的洗钱模式证明了这种做法在实践中并不多见。很少有人会停下来考虑清楚内部管理机制要达到什么目的，以及这种机构是否能够帮助机构免于被利用、协助犯罪或协助洗钱。我希望大家都能够对金融机构在以下几类上游犯罪中所扮演的角色有清楚的认识：毒品交易、贿赂、腐败、人口贩卖、移民走私、恐怖主义融资、反制裁和逃税等。前几章之后的情景案例都表明了现有的洗钱模式并不能帮助银行和其他金融机构免于被犯罪分子利用，这种行为往往都掩藏在众目睽睽之下。

一个行之有效的风险控制体系必须能够识别出高风险级别的客户、产品和交易，并将其置于更高级别的管理和监控之下。更重要的是，该体系必须足够稳定，当它不利于维护有价值的客户关系时，应能承受管控张弛变化的压力。以往有多起洗钱丑闻都牵涉一些高净值的政界人士，那些对自己有效地控制了环境而夸夸其谈的机构往往会对其优质客户（高风险客户）网开一面，致使其控制的环境几乎毫无价值而言。

除了对客户和交易实施风险管理之外，一个有效的制度还需要能够通报其业绩信息，以便相关责任方对改革和调整作出明智的决策。了解现有制度的有效性是制定高效管理制度不可或缺的一部分。这种情况与一名飞行员经常遇到的情况并无区别。对飞行员而言，若要评估风险是否全都妥善处理，各方面的因素都需考虑——天气状况、乘客因素（特别是自"9·11"事件之后）、机组人员、降落地的跑道特征，当然也要考虑飞机的自身的情况。飞行员需要不断检查飞行系统是否正常运行，并且深知飞行系统在运行过程中的状况都是无法预知的。他希望系统能够对异常和缺陷作出提示。但是，与之相反，在金融业的体系内，并没有能够反映"坏消息"的机制。相反，它们被设定成为组织的高级会员提供消费的相关信息，其结果是"向上"的沟通更多，而且传递的好消息比坏消息更多。

在风控体系内部，没有人愿意向位于食物链上游的同事透露自己所负责的部分存在的缺陷。很显然，这是很危险的。要向上级传递他们不想听到的信息的确需要勇气。作为金融机构的高管，系统的有效性问题最终会反馈到他们那里，那么他们首先应该对其下属想要告诉他们的信息（好消息）以外的信息感兴趣，即对暴露系统缺陷的信息（坏消息）感兴趣。要想有效管理风险，信息是至关重要的。一个控制系统必须能够产生坏消息，或者至少能够让高管掌握足够的消息，以便他们能提出梳理坏消息的难题。如果一个系统做不到这一点，那么它就是不合格的。坏消息也很重要，应该被组织接纳。如果做不到这一点，坏消息无法及时被共享，也就最终被隐藏起来。

保罗·摩尔（Paul Moore）在苏格兰哈利法克斯银行（HBOS）的经历可

以被当成一宗教学案例加以研究，该案例充分体现了不重视坏消息的制度和文化存在着固有的危险性。摩尔曾于 2002 年至 2005 年间担任该银行风险监管部门的负责人。据他说，在他表达了对银行运营中存在的严重风险的担忧后即遭解雇。但据苏格兰哈利法克斯银行发布的声明称，免除其职位的原因是由于银行重组后，他的职位有些多余。摩尔向该行发了一份不公正解雇索赔函，最终双方达成了一份和解协议，摩尔在这份协议中说，他遭受了"实质性的损害"，却不得不屈从于一份"禁言令"。2009 年，摩尔在其撰写的备忘录中回忆了他曾经如何要求董事会记录他对于银行"发展步调过快"的担忧，这似乎进一步印证了董事会只想听到好消息的观点。一位审计师被任命调查摩尔提出的担忧。当时摩尔已经离开了，所以银行里没有一个人质疑审计师是否会进行客观公正的评估。

为了检测出本书中所描述的可疑客户、行为和交易，合规部门的压力越来越大。这样做虽然促进了管理工作量的提升，却牺牲了工作质量，进而影响了管理的有效性。而工作量的增加无疑是由风险和合规部门尝试遵守日益增多的法律法规所导致的。但是，要想产生更好的效果，并且将这些信息都融入系统则取决于一系列有关联的因素：自动化系统的设计、系统识别相关异常的能力、信息是否被智能集成从而被整合成一幅全面图像，且其意义较之于其各组成部分之和要大得多。

董事会常常存在重视数量而轻视质量的问题。信息往往是以大量报告的形式传递给董事会的，而董事对其中的大部分信息都只是匆匆浏览一遍。这其中不乏一些对内部薄弱环节只字不提，或者内容一面倒，全选择董事爱听的好消息汇报的、一文不值的报告。会议纪要往往是对董事会文件的重新整理和提炼，但是却缺乏对于形成某个想法或达成某项决策背后的因素的考虑，更不会考虑这些因素之间是如何相互制衡的。缺少"坏消息"的因素通常是由于害怕承担法律风险，抑或担心完整的董事会会议纪要会成为监管者眼中的罪证。监管者围绕会议纪要实施的进一步指导和强化管理都将确保对董事会层面提出的意见进行审查和跟踪，从而提高会议质量，并鼓励对坏消息和难点案例的讨论。这种对会议纪要的简单改革可以从根本上改变董事会议的基调，并且使那些平时深知自己并不合格的董事们集中注意力。为了实现这一点，检察官和监管者需要进一步促进民众对金融业风险的认知，要让民众意识到金融业并非零风险行业。失误和损失不可避免，但是只有当未采取有效措施规避风险而任由失误发生时，金融机构才应该承担责任。那些可以证明机构对风险的认识、董事们的决策的会议纪要可以帮助监管者合理评估该机构是否采取了恰当的措施。而如果他们做了应做的，即使得出的答案是错误的，也应予以表扬和鼓励。

然而，只有在体系内采用相对较平等的职权梯度（authority gradient）的环境下，一个组织才有可能实行能够生成坏消息的机制。当组织环境使员工因惧怕而不敢向上级汇报那些"难以消化"的信息时，其管控机制即可被看作是有缺陷的。这种情况下，董事会议将变成老套的"成果汇报会"，并且缺乏对机构内存在的缺陷进行辨识并深入剖析的动力。有人认为，将文化导向一种更强的检举文化能促进坏消息的流通。尽管检举流程的必要性是显而易见的，但是过分强调检举和告发却有损于规范的建立，从而使负面新闻成为公司议程的一部分。将不受欢迎的信息传递给公司管理者或高管应该成为一种常态并加以鼓励（或许可以通过内部奖励的方法实现），这才是金融体制健康管理的模式。

立法者和监管者的职责

2006 年，安迪·霍恩比（Andy Hornby）被任命为苏格兰哈利法克斯银行的首席执行官，这一任命让他站上了其银行职业生涯的巅峰。而三年后，他坐在财政部特别委员会成员面前，被要求对其在英国银行业危机中扮演的角色给出解释。霍恩比垂下了头，承认了因苏格兰哈利法克斯银行的倒闭带来的灾难性影响，他说："这件事影响了股东，他们中很多人都是与我们并肩战斗的同事；同时，它也对我们赖以生存的行业造成了影响；很显然，它也影响到了纳税人。我们对此次事件的突变及其带来的后果深表歉意。"其他在座的相关人士也发表了类似的带有悔意的感言，史蒂文森勋爵、弗雷德·古德温和麦基洛普爵士都承认这件事是可怕的，而且本不应该发生，他们对此都深表歉意。

你可能会认为监管和司法程序即将启动，至少他们会面临罚款，或许会被永久吊销执业资格。但事实并非如此，科拉尔博彩公司（Coral）向霍恩比抛出了橄榄枝，霍恩比在接任了博彩公司首席执行官的同时，还担任了 2U 药房的非执行总裁。2U 药房非常欢迎他能加入公司董事会，因为他带来了"在诸多蓝筹机构担任要职所积累的丰富经验"。史蒂文森勋爵成为了沃特斯通控股有限公司（Waterstones）的一名非执行董事；古德温提早去体验惬意的退休生活了；麦基洛普爵士则在生物技术公司伊芙沃控股有限公司（Evolva）、医疗保健行业的美艾利尔集团（Alere）和生物医药公司比利时联合化工公司（UCB SA）这三家企业的董事会之间自如地转换着身份。而曾在 2006 年 6 月至 2010 年 12 月担任汇丰控股首席执行长的史蒂芬·格林（Stephen Green）则作为赫斯皮尔波因特的格林男爵被封终身贵族，并且在 2011 年成为了英国某州政府主管投资和贸易的一位部长。2012 年，尽管格林曾任职的银行因对反洗钱控制不力导致墨西哥贩毒集团通过汇丰银行新任首席执行官斯图亚特·格列佛（Stuart Gulliver）进行洗钱而面临 19 亿美元的罚单，但是格林依然稳坐政府部长的交椅。格林曾发表谈话称："在 2004 年至 2010 年间，我们的反洗钱政策应该是严谨而有效的，但是我们却未能发现并处理那些不可接受的行为。"这些事实告诉我们什么呢？它告诉我们，认为机构内部高级职员有错误行为是因人力成本的缺乏的观点是严重错误的。当然，肯定会有一场对名誉扫地的高管依然能拥有高薪且受人尊敬的职位的道德讨论，但是他们的处境与逃税者相似：如果不违法而且有利可图，他们就会迎难而上。如此高回报的最终受益人只会是那些"侥幸逃脱"的高管。他们在匆匆走出会议室的那一刻，打个响指，松了口气，感叹幸运之神的眷顾让事态没有向更糟的方向发展。那么问题来了，为什么没有往最糟的方向发展呢？怎样发展才是最糟的？具体而言，是什么促使公司董事、首席风控官和客户关系经理能够基于正确的标准作出明智的决策呢？相反，如何阻止他们基于无知和判断力缺乏而作出有缺陷的决策呢？最后，如何能将基于风险和道德的讨论与企业盈利联系在一起呢？

在开始探讨这些问题时，让我们先从立法者在分配责任时针对人为因素所采用的方法开始。方法一般是这样的：在已经保释的银行或者发现存在不当销售、利率操控、逃避制裁、协助逃税和洗钱等行为的银行董事会中，没有一个人被牵涉而接受惩罚，也没有任何一位因纵容犯罪资本进入金融体系而接受惩罚的银行高管因此穿上囚服。

金融体系中有众多的安迪·霍恩比，他们轮番出现在伦敦和华盛顿的议员和参议委员面前，接受有关金融危机的方方面面的调查。每一次的"调查"都像是准备不充分的哗众取宠，有哪一次真正考虑过这些高管是否应该被起诉，或者被剥夺因其董事身份而获得的权利？又或者，当前的法律和监管环境所提供的校正标准，真的能让这些高管们承担相应的责任吗？我确信，延缓起诉协议告诉我们，答案是否定的。如果你以前不了解延缓起诉协议的概念，那么现在你肯定对它非常熟悉了：你抱怨银行行为不端；你等了一会儿；你再次抱怨；你敲敲门；你向对方索要无数文件；或许你会发出几张传票；你审问老板们；你筛选收到的文件资料；你发现了违规行为；银行同意；你提出指控；你延迟了上诉；你告诉他们应该怎么做；他们同意了；他们支付了和解金。你将案子丢给律师事务所和审计师，因为这要花费很长时间。最后问题变成了这些毫无生机的公司最终成为了"惩罚"的牺牲品，就像毒贩和逃税者利用匿名空壳公司作为庇护一样，这些高管们将其庇护所暴露在外接受袭击，而自身则躲进他们所在的组织，免受法律制裁。

诚然，开罚单继而达成延缓起诉协议这种方法有其可取之处，并且有很多优势。达成延缓起诉协议的企业要为自己埋单。延缓起诉协议鼓励进行自我报告，并且比刑事诉讼快。但是批评家却持不同意见，他们认为这种方法缺乏威慑力，让高管们逍遥法外，而让股东和消费者为其罚金埋单。延缓起诉协议变成了商业成本的一部分。小偷被判了刑，而银行只是收到了一张缴款发票。同样，这种局限性也体现在对于大型金融机构进行刑事诉讼的案子中。2014 年 5 月，瑞信银行对协助逃税的指控认罪，随后法国巴黎银行承认其从事了违反制裁条例的活动，而美国的检察官却只能忍痛确保这些起诉不会对当事银行或更广泛的金融体系带来不稳定因素。如果某个个体被判定为刑事犯罪，其未来和前途都会受到实实在在的影响。但是在瑞信银行的案例中，定罪非但没有降低当事银行的地位，相反，据报道，该银行首席执行官布兰迪·杜根（Brady Dougan）在银行定罪后不久的一次会议上称，这将不会对他们的运营和业务能力造成任何实质性的影响。在这两起判决中，没有任何一家银行的高官被要求为银行的行为负责，更没有人被解雇。那么问题来了，采用延缓起诉协议后，刑事判决的意义何在？当银行面临的刑事判决这么容易就能被解决的时候，银行及其高管在这方面有可能进步吗？

反之，如果起诉和监管的对象不是机构而是管理者，这将是一个能够证明董事会成员能力不足会带来严重后果，并使立法者反复重申有害行为将不会被容忍的绝好机会。否则就无法激励高管确保内部制度落实到位，从而发现过分且有害的行为。我们越来越不重视声誉风险，那么发生对董事采取行动的威胁就变得至关重要了。公开谴责是不够的，不仅因为对消费者而言，要追踪到哪家银行一直表现得不好并不容易，也因为他们一直都没有离场。可是，即便他们离开了，又能去哪儿呢？

在提出遏制不良行为的替代方案时，很多人强烈建议采用奖金退回或红利封顶的方案。毫无疑问，薪酬策略能够帮助改善行为，但是要在自由市场通过设定薪酬奖金结构影响经营决策，进而试图决定金融业的行为，这注定是无法成功的。而金融机构本身就是各种巧思妙想的温床，在任何情况下，这些机构都可以绕过规则实现其目标，比如将奖金从一笔资金变为股票期权和其他福利。此外，还存在其他问题：干涉奖金不仅会在行业内产生不良影响，我们需要对其进行建设性的参与，以实现有意义的改革，而且更令人担忧的是，这可能会创造套利机会，因为司法辖区为了吸引更多客户到其辖区，并不愿遏制银行家的奖金。

因此，如果撇开红利问题，我们仍需要刑事和监管措施。针对高管的刑事诉讼应该是什么样子的？这样的刑事诉讼需要我们做些什么？英国的《银行改革法案》提出了一种专门针对因错误决策而导致银行破产的银行高管的刑事犯罪。这种罪行适用面窄且涉及银行的决策失误，能为这种行为定罪，要么证明英国银行业的游说团的力量不容小觑，要么说明立法者太过天真，要么两方面原因都有。为什么不借此次危机的机会为不当销售和利率操控等行为定罪呢？这些行为更为恶劣，但后果却并没那么严重。

前英国金融服务管理局主席特纳勋爵（Lord Adair Turner）曾建议明确一种罪行，将举证责任由法官转移到企业的董事。董事有义务在法庭上就对其提出指控的过失行为进行陈述，在这种制度下，他需要证明他是基于一系列客观的标准对其在管理过程中有可能发生的行为的风险以及可能产生的结果进行了充分的审查。通过这种方式，要客观评价该董事是否真的对他人的行为不知情就不是由法官或陪审团来完成。尽管有诸多优点，但我真的怀疑立法者会进行立法改革，从而使起诉银行董事比起诉普通罪犯要容易得多，但是不可否认的是，在其采用的监管处罚中实行举证责任转移还是有一定好处的。我们可以设定一个基准，并要求董事们按此基准证明他们的关注缺失是有原因的。这个基准强调了董事们首先应该对缺失给予关注，进而在明确的职责下支持立法者的工作。任何被证明未给予事态应有的关注或者未采取适当的程序来解决问题的董事都会受到监管部门的谴责，并且将面临罚款、公开声明或取消资格等处罚。这些标准将针对那些明显不能被合理化的恶劣行为——比如剥离活动，或者当某政界人士每年向银行存入数百万美元，而其官方薪水只占其存款总额的一小部分比例时，银行仍然继续与其合作。在我看来，毋庸置疑，如果某位银行董事被要求主动解释他未关注某些业务的原因时，他要么会因有自知之明，知道自己不能胜任工作而离职，要么会倾注更多精力提升业绩。

当董事们声称已经尽全力并且不应该指望他们知道世界上每个角落发生的事情时，还依然要对其采取监管行动或对其提出刑事指控，这或许看似不公平，毕竟英国的企业董事真的应该知道开曼群岛的合规官在做什么吗？对于这个问题，答案是模棱两可的。当然，作为企业董事，他们不可能对全球成千上万名员工每日的工作细节都做到了如指掌，但是他们可以制定策略、识别该策略的固有风险、影响接收消息的质量、对员工的提问作出指示，并影响围绕风险、道德、文化等问题展开的谈话质量。如果将这些改进意见加以整合并实施来确保企业董事有过硬的技能，而且风险管理体系符合要求，那么这个行业的信任危机将会有所减少。当然，负面事情或许还将发生，但至少不是因为管理不善造成的。

为了对银行家进行刑事或监管指控而选择进行司法改革并非灵丹妙药。这种后果以及法律被通过的可能性之间的差别是关键，这进而引出了更深层次的问题：追查金融机构高管行为的背后是否有什么政治目的？新出台的法律法规是否会被使用并执行？负责行动的相关机构是否有与对手相匹敌的充足的资源和专业团队？因为金融机构的董事拥有由机构资源埋单而获得的专业的管理、监管和律师团队。事实上，要达到那种程度，我们还有很长的路要走。如果立法者不能正视银行董事的专业资格和有意义的持续的职业发展要求，那么他们几乎不可能有什么措施和条件能让银行高管因其行为后果感到紧张。由于实施了古板保守的计划，使这种观点并不被看好。英格兰银行行长马克·卡尼对银行业标准审查委员会（BSRC）的新标准非常满意，该委员会是由英国工业联合会前主席领导的、没有纪律制裁权的银行业基金机构。卡尼说：

> 要对银行业的文化进行变革将需要该行业一个真诚的承诺。这

就是为什么银行业标准审查委员会的标准特别受欢迎的原因。这个新成立的独立机构也是由国会委员会表决成立的，旨在通过提升技术能力和完善行为标准在英国银行业中树立一种职业使命感。

由银行业基金机构通过公开点名和批评的方式（银行业标准审查委员会唯一可以实施的处罚手段）提升银行业行业标准的观点是对后危机时代银行已经错过有效改革期的有力证明。令人难以置信的是，银行业标准审查委员会的标准仅适用于那些在英国的银行实际操作，尽管很多重要的英国银行都是国际性的。

我们鼓励金融业在未来找到风险与收益间的最好平衡。运作良好的金融机构会对整个市场环境产生良好的影响，事实上它们对成熟市场经济的运行也至关重要。尽管有很多关于金融业的负面报道，其中一些也是真实的，但该行业也确实创造了巨大的经济和社会效益。除了通过可疑活动报告系统向执法机构提供有价值的信息之外，银行及其合作企业为整个经济提供了基本的服务，并且创造了税收和就业机会，与此同时，还为艺术、娱乐和慈善事业作出了自己的贡献。当然，这并不意味着该行业已经获得了完全自主权，相反，这更像一种能够确保该行业进行持续且有意义的改革的动力。这样，整个行业才可以作为一个整体服务于社会。

一方面，据报道，2012 年，英国金融服务行业的从业人数达到了 105 万人，同年，美国的金融服务和保险行业的从业人数为 580 万人；另一方面，要估算出整个金融服务行业的产值是极其困难的，但在公共领域却发现了一些有用的统计数据。普华永道提供的数据显示，截至 2013 年 3 月底，英国金融服务行业共实现税收 650 亿英镑，占全国税收总额的 11.7%；而在美国，金融服务部门为国家贡献了 6.4% 的国内生产总值。

实施改革以后，金融业能够更好地平衡风险和收益，减少不良影响，让经济、社会和文化等方面都获益。

　　看到这里你可能会想，前有 2008 年金融危机带来的急迫情势，后有因金融业的行为引发的一连串丑闻，那么在最后一章为什么不提出具体的改革建议呢？或许还有可能实现呢。让我们回过头去看看资本流动。尽管有爆发另一场危机的风险，而且对于犯罪所得也不可避免地会有更加恶劣的处理方法，但很少出现司法辖区疏远金融业，从而单方面将自身置于经济上的不利地位的情况。在金融业改革的"比赛"中，政府并不想在众多参赛队伍中位居第一，而更愿意享受身处大部队的那份安全感，因此，我们才会面临当前的这种无力的现状。我们无动于衷，我们等待着下一场灾难，同时我们看着金融机构继续填写一张张支票以支付和解金，而这些金额只是其年度利润的一小部分。与此同时，全球的银行高管们仍舒服地坐在董事会议的圆桌旁。资本，无论合法与否，都具有无穷的力量。

本书作者史蒂芬·普拉特是研究国际在岸和离岸金融服务犯罪方面首屈一指的专家，享誉国际，他常被委任调查涉及公务员贪腐、毒品交易、贩卖人口、海盗、资产转移、制裁和欺诈等重大案件。《资本犯罪：金融业为何容易滋生犯罪》一书是史蒂芬·普拉特以其对金融犯罪行为二十余年的调研和实践为基础撰写的，也是唯一一本研究为了实现犯罪目的而滥用金融体系的行为的权威论著。作为全球知名的监管和调查人员，史蒂芬·普拉特在书中探讨了金融业在贪腐、海盗、恐怖主义融资、毒品交易、欺诈、逃税、制裁和人口贩卖等活动中所起的作用，并且用基于滥用金融体系的情景案例提出了发现并预防金融业协助犯罪的建议。书中一些真实的调查、研究和观点发人深省，可以作为金融业从业人士以及负责制定金融政策、重要改革项目的相关人士的案头必备读物；而且，作者用通俗易懂的语言解释了一些看似高深莫测的概念，因此对普通读者来说，本书也极具可读性。

近年来，中国越来越多地参与到世界经济全球化和全球一体化的发展趋势中。中国在日益接近世界经济政治舞台中心的过程中，也越来越多地为全球性的经济、环境和犯罪问题所困扰。如何未雨绸缪发现和预防依附于世界金融体系的各类违法犯罪是摆在政府相关部门面前的紧迫问题。相信《资本犯罪：金融业为何容易滋生犯罪》一书所讲述的内容能为我国预防和应对此类犯罪、改革并完善金融体系、更有效地对金融业实施监管提供有益的借鉴。

在翻译本书时，我们遵循的基本原则是在努力忠实于原文的前提下，力求做到相对流畅和自然，尽量选择比较符合中文习惯的表达方式和修辞。我们对法律与犯罪问题的兴趣在很大程度上得益于西安交通大学法学院王保民教授的引导和激励。本书由赵晓英和张静娟合作翻译，感谢王保民教授对我们进行了专业指导，并对译稿进行了审校。感谢刘言、王碧、袁博和寇潇岑给予我们的帮助。无论如何，学术翻译是一项无比重要的工作。由于受到了英语水平与学术功力的限制，错误之处再所难免，还请各位读者批评指正。

译者
于西安交通大学

图书在版编目（CIP）数据

资本犯罪：金融业为何容易滋生犯罪 /（英）史蒂芬·普拉特 (Stephen Platt) 著；赵晓英，张静娟译 . -- 北京：中国人民大学出版社，2017.4

书名原文：Criminal Capital: How the Finance Industry Facilitates Crime

ISBN 978-7-300-23740-4

Ⅰ . ①资… Ⅱ . ①史… ②赵… ③张… Ⅲ . ①金融犯罪－研究 Ⅳ . ① D914.330.4

中国版本图书馆 CIP 数据核字 (2016) 第 288048 号

资本犯罪：金融业为何容易滋生犯罪

［英］史蒂芬·普拉特（Stephen Platt）　著

赵晓英　张静娟　译

Ziben Fanzui：Jinrongye Weihe Rongyi Zisheng Fanzui

出版发行	中国人民大学出版社		
社　　址	北京中关村大街 31 号	**邮政编码**	100080
电　　话	010-62511242（总编室）		010-62511770（质管部）
	010-82501766（邮购部）		010-62514148（门市部）
	010-62515195（发行公司）		010-62515275（盗版举报）
网　　址	http://www.crup.com.cn		
	http://www.ttrnet.com（人大教研网）		
经　　销	新华书店		
印　　刷	北京中印联印务有限公司		
规　　格	170mm×230mm　16 开本	**版　次**	2017 年 4 月第 1 版
印　　张	14.75　插页 1	**印　次**	2017 年 4 月第 1 次印刷
字　　数	185 000	**定　价**	55.00 元